ちくま学芸文庫

精選 シーニュ

モーリス・メルロ＝ポンティ
廣瀬浩司 編訳

筑摩書房

目次

凡例

一、本書は、Maurice Merleau-Ponty, *Signes*, Paris, Gallimard, 1960の抄訳である。現在は同社のfolio/essaisというポケット版として入手可能であるが、新たな校訂が行なわれているわけではないので、単行本版を底本とした。

一、メルロ＝ポンティによる原注は（1）、（2）、訳注は＊1、＊2の形で示し、各論文の末尾に置いた。

一、原著裏表紙にある無記名の文章は、メルロ＝ポンティの手になるものとみなして、巻末（三七二頁）に置いた。

一、〔　〕は、訳文の理解を助けるための訳者による注記や補足を示す。また、メルロ＝ポンティの原語は（　）に括って示した。

一、〈　〉は大文字で始まる普通名詞を示す。

一、原文においてイタリック体で強調された箇所には傍点を付した。

一、引用される文献や訳注で参照した文献に邦訳がある場合はできるだけ参照させていただいたが、訳出の都合上、一部ないしは全面的に改訳した場合がある。

精選　シーニュ

序

この論集に収録されている、哲学的な試論《エセー》と、ほとんどが政治に関する時局的な発言《プロポ》*1とのあいだには、一見したところなんたる違いがあることか。なんとばらばらなことか。哲学の場合は、道のりこそ険しいかもしれないが、一歩進むたびごとに、もう一歩進むことができると確信できる。政治の場合は、たえず道を切り開いていかなければならず、押しつぶされそうな気持ちになる。偶然とか不意の出来事などを持ち出して言い訳するのはよそう。本書の読者は、筆者の予測の誤りをいくつか見いだすことだろう。率直に言えば、誤りはおそれるほど多くないだろうけれど。事態ははるかに深刻なのだ。あたかも出来事が、それが顔をのぞかせたまさにその瞬間に、狡智に長けたからくりによって消し去られてしまうかのようだ。歴史を構成するさまざまなドラマに対して、歴史が検閲しているかのようだ。あたかも歴史は、隠れることを好み、混乱したわずかな瞬間にしか真理に対して開かれず、そのほかの時には、「乗り越え＝止揚（dépassement）」を頓挫させたり、古典劇にあるような決まり文句や配役を持ち出してみたりして、結局のところ、なにごとも起きていないと信じ込ませようと工夫を凝らしているかのようだ。モーラス[*2]は、自分は政治においては明証的なことしか経験してこなかったが、純粋哲学では一度もそのようなものは経験しなかった、と述べていた。彼は過ぎ去った歴史しか気にかけず、哲学もそのように確固としたものであることを夢見ていたのだ。もし哲学や歴史を、まさに作られつつあるときに捉えるならば、哲学は、その始まりの瞬間にもっとも確実な明証性を見いだすだろうし、発生状態にある歴史のほうこそ夢あるいは悪夢であることに気づかれるだろう。歴史が問いを発するようなことがあるとき、たとえば、幾重にも重なった不安と怒りが人間空間においてようやくはっきりした形をとるときには、それ以後はもはや何も以前のようではありえないだろう、とひとは思い込む。だが問いかけが全面的なものであったとしても、応答のほうは、その肯定的《ポジティヴィテ》な性格ゆえに、全面的なものではありえない。むしろ問いのほうがすり減ってしまい、問いのない状態がおとずれる。情熱がみずからの持続の重みで崩れて、ある日ふと消えてしまうように。戦争や革命で血を流したこの国、それが突如として、元のままの無傷な状態になる。死者たちは沈静化の共犯者である。というのも、死者たちが、彼らが消えたことによる欠如や欲求を埋め合わせることができるとしたら、それは彼らが生きていることによってでしかないだろうからだ。保守的な歴史家たちは、自明のこととして、ドレフュスの無実[3]を記録する。——それでいて彼らの保守性が減るわけでもない。ドレフュスの恨みは晴らされておらず、復権されてさえいない。紋切り型となった彼の無実は、彼の恥辱と比べて、たいした値打ちを持たない。彼の無実は、それが彼から盗み取られ、彼の支持者たちが要求したものであるという意味で、歴史には記載[4]されていないのだ。すべてを失った者から、歴史はさらに奪い取り、すべてを手に入れた者にはさらに与える。というのも、すべてを包み込んでしまう時効が、不正者を無実にし、犠牲者の請求を却下するからだ。歴史はけっして自白しない。

　これは周知のことだが、知ったからといって出会ったときの衝撃が減るものでもない。この時代の大きな課題は、旧世界と新世界の和解になるだろう。おそらくこの問題を前に、ソビエト連邦とそのかつての敵たちは同じ側、つまり旧世界側にいるのだろう。とにかく、冷戦の終結が叫ばれていることは事実である。平和を目指す競争において西欧は、民主的な経済規制をあみ出さないかぎり、ほとんど活躍することはできない。実際のところ西欧では、途方もない大混乱のなかで、産業社会が発展している。資本主義はその巨大な枝をあちこちに伸ばし、支配的な産業が国の経済をほしいままにし、街や都市を閉塞させ、人間がこれまで打ち立ててきた諸施設の古典的形態を破壊している……。あらゆる規模で、たいへんな問題が現れている。発明すべきなのは、諸技術だけではなく、政治の諸形態、原動力、精神、生きる理由なのだ……。まさにこのとき、植民地戦争において世界から長いあいだ孤立し、社会闘争を学んでいた一つの軍隊が、それを従属させていたとされている国家に対して全力でのしかかってくる。[*5] そうして、冷戦のイデオロギーから解放されようとしていた時代に、このイデオロギーを逆流させるのだ。二〇年前には「エリートたち」（とくに軍人のエリートたち）を選別することのできた誰かさん[*6]（ド・ゴール）は、いまでは国家の頂点に引きこもり、持続的な権力を打ち立てようと考えて、権力を議会の攻撃から免れさせるが、それを党派争いの渦中にさらすだけのことだ。[*7] 人民に取って代わることはないと言っていた彼が（だがおそらくこれは絶望の表明、「無駄な奉公」[*8] の表明でしかなかったのだろう）、国家的野望と、彼が生活水準と呼ぶものを分けて考えることにする。――あたかも、成熟した国家はどれもこのジレンマを受け入れることはできず、現実の社会において経済が、軍隊というまがいものの社会の経理局のごとき、下っ端の役割を果たすことさえできるかのように。あたかも、パンとワインと労働は当然のようにとるにたらないもの、歴史書にくらべて神聖さが劣るものであるかのように。

この停滞的で田舎くさい歴史、それこそがおそらくフランスの歴史なのだと言う人もいるだろう。だが世界は、おのれをさいなむ諸問題に、フランス以上に率直に立ち向かっているだろうか。共産主義と資本主義の境界を曖昧にしかねないというわけで、教会はこの諸問題を全力で封殺し、忘れられていた禁止令を復活させ、民主主義でないかぎり社会主義はふたたび糾弾されるべきだとする。国家宗教の地位をふたたび占めようと、まずは自分の仲間内から始めて、いたるところで探求の精神と真理への信頼を弾圧しているのだ。共産主義の政治については、脱スターリン化の空気が、パリやローマに到達するまでにどれほどのフィルターを通らなければならなかったかはご存じのとおりだ。「修正主義」があれほど繰り返して否認されたあと、とりわけブダペスト[*9]のあとでは、ソビエト社会が新たな時代に踏み込み、スターリン主義とともに同盟戦争《ソーシャル・ウオー》的な精神をも清算し、新たな形態の権力に向かっているなどと判断するには、たいへんな烱眼が必要である。これが公式には、共産主義のより高度な段階への移行と呼ばれているわけだ。世界共産主義への自発的な進化が起きるであろうという予測は、相も変わらぬ支配の意図を隠蔽するものなのだろうか。それとも、力尽くでの移行をあきらめてしまうことを、つつましく述べたものにすぎないのだろうか。あるいは、この二つの路線のあいだに身を置き、あぶないときには旧路線で我慢しておくということなのだろうか。目的という問いは真の問いではなく、仮面や素顔という問いもまた真の問いではない。十分に準備された計画より、人間的現実や全体的運動のほうが重要なのかもしれない。ソビエト連邦は複数の顔をもち、曖昧さは事態の中にあるのだろう。だとすれば、フルシチョフ[*10]とともに、ブラック・ユーモアと熱い平和が国際舞台に登場したことについては、明るい社会への進歩として敬意を表させていただかなければならない。フロイトが言うように、ユーモア〔フモール〕が超自我の優しさだとするならば[*11]、これこそ歴史の超自我が許容する最大限の緊張緩和《デタント》なのだろう。

昨日スターリンより正しかったと言い、今日アルジェより正しいと言ったとして何の役に立つだろう。共産主義と反共産主義の偽の絆を辛抱強く解きほぐし、双方が私たちよりもよくわきまえている事柄を明示しても何の役に立つだろう。もしそうした明日の真理が、今日の若者をファシズムと共産主義という運命から解放してくれないならば。こうした真理が、政治の語り口——つまり、語ることなく語り、各人の心の内では怒りと希望のバネに触れるが、真なることの散文にはけっしてならない言葉——によって語られないかぎり不毛なものであるとしたら。あらゆる哲学者、あるいはそのほとんどが、なんらかの政治を身につけていなければならないと信じ込んでいたとしたら、それは信じがたい誤解というものだ。政治というものは、〔デカルトの言う〕「実生活の営み」[*12]の領域に属するもので、知性では捉えられないものなのだから。哲学者の政治とは、行なう者が誰もいないような政治である。そもそもそんなものが政治なのか。哲学者なら、もっと確信を持って語ることができるものが、いくらでもあるのではないか。当事者たちがおよそ知ろうともしないというのに賢しらな展望を描いてみせるとき、哲学者は、そもそも何が問題なのかもわかっていないことを、ただただ白状しているのではないか。

＊　＊　＊

このような考察はほぼいたるところに潜伏している。そのことは現在マルクス主義者であるか、あるいはかつてそうであった読者や作家の作品を読めばわかることだ。彼らは、ほかのすべてのことについては意見が分かれているくせに、哲学と政治の分断という事実を確認するときになると意見が一致するようだ。誰よりも、同時に二つの平面で生きようとしてきたというのに。彼らの経験が問いを支配している。だから彼らの経験を通してこそ、この問いを考え直してみなければならない。

まず一つのことはたしかである。よい政治をしたことも、よい哲学をしたこともない哲学者たちにかぎって、政治に執着する傾向があったことだ。周知のとおり、政治は現代の悲劇であるから、大団円が期待されていた。人間的な問いはすべてそこに帰着するという口実のもと、あらゆる政治的な怒りが神聖なものとなり、あるときヘーゲルが自分の青年時代について語っていたように、新聞を読むことが哲学的な朝の祈りになっていた。マルクス主義は歴史のなかに〈存在〉と〈無〉のあらゆる抽象的ドラマを見いだし、莫大な形而上学的な重荷をこのドラマに負わせたのである。——それも間違いではない。というのも、マルクス主義は歴史の骨組や建築術について、物質と精神の、人間と自然の、実存と意識の重なり合いについて考えていたからだ。哲学はその抽象的な図式しか見せてくれなかった。新たな未来において人間的な諸起源を全面的に取り上げ直すこと、革命的な政治はこの形而上学的な中心を通過していたのである。だが最近になると、たんなる戦術としての政治に、つまり束の間の行動や、出来事《エピソード》の不連続な系列に、精神と生のあらゆる形式が結び付けられるようになってしまった。哲学と政治は、それぞれの美徳を一つにする代わりに、おたがいの悪徳を交換し合うようになった。議会の統一会派の一回の投票について、ピカソの一枚のデッサンについて、なんという時間や議論が浪費されたことか。あたかも〈世界史〉や〈革命〉や〈弁証法〉や〈否定性〉が、こんな些細な事柄として現存しているかのように。実のところ、知、技術、芸術、経済の大変動などとのいっさいの接触を断たれた瞬間に、歴史哲学的な重要概念は力を失い、——最良の人びとの場合を例外として——政治的な厳格主義《リゴリズム》が、怠惰や好奇心の喪失や即興に手を貸すようになった。こんなものが哲学と政治の婚姻なのだというならば、離婚こそが喜ばしいと考えてしまうのも当然だろう。マルクス主義の作家たちはこれらすべてと袂を分かち、自分の仕事を再開する。もっとましなものがあるか、というわけだ。しかしながら、哲学と政治の「悪しき」

断絶というものがあり、これはなに一つ救わず、双方をその悲惨な状態のままに置き去りにするのである。

これらの作家たちが言うことを聞いていると、なんとも居心地が悪くなることがある。ある場合には、彼らは本質的な点においては今もなおマルクス主義者だと言うのだが、どの点なのかはあまり明らかにせず、またあるいくつかの点においてマルクス主義者であることがそもそもどうして可能なのかもあまり明らかにしない。そのおかげで、マルクス主義者とマルクス屋さんとマルクス学者が肘をつき合わせている混乱の中で、苦笑しながら顔を見合わせるはめになってはいるのだが。——またある場合には反対に、新たな理論、さらには可能ならば新たな体系が必要だと彼らは言う。だが実際はヘラクレイトスやハイデガーやサルトルからいくぶんか借用する以上のことはほとんどしようとしない。この二種類の臆病な態度もわからないではない。彼らは何年ものあいだ、マルクス主義の内部で哲学を実践してきたのだから。若きマルクスを発見し、ヘーゲルという源に遡り、そしてふたたびレーニンにまで下っていったとき、彼らはおのれの未来のドラマを抽象的に表現してくれるものに何度も出会い、こうした伝統のなかに、一度あるいは何度か反抗してみるための武器がひとそろい見つけられるということがわかる。だから彼らが自分は依然としてマルクス主義者だと感じてしまうのも当然だ。しかしながら、彼らが結局のところ、長いあいだ共産主義者であり続け、共産主義に対して歴史の解釈者という特権を更新してやる根拠そのものを与えてくれたのもマルクス主義なので、事象そのものに立ち返ろうとするときにも、中間的なものをすべて取りのけて、まったく新たな理論を求めてしまうのも理解はできる。自分がかつてそうであったものに忠実であること、あるいはすべてを始めからやり直すこと、この二つの課題はどちらもたいへんなことである。いかなる点でマルクス主義者であり続けているかを明確に語りたいならば、どこにマルクスの本質的な点があるのか、そしてそれが失われたのはいつなのか、系統樹のどの分枝に身を置いているのか、つまり、新しい分枝、新しい主枝になりたいのか、それとも幹の成長軸に合流したいと思っているのか、つまり、マルクス全体をより古い、あるいはより新しい思想に組み込み、マルクスなどはその過渡的な形態にすぎないのかどうかを語らなければならないだろう。——要するに、若きマルクスとマルクスの関係を見直し、それらがヘーゲルと持つ関係を見直し、こうした伝統とレーニンの関係、レーニンとスターリンとの関係、さらにはフルシチョフとの関係を見直し、ヘーゲル・マルクス主義とそれに先行するものと後続するものとの関係を見直さなければならないだろう。これは膨大な作業であり、ルカーチ[*13]の著作全体を合わせたとしても、ささやかな草案くらいにしかならない。それでも〈共産〉党〉の時代には、ルカーチの著作はこの方向に引き寄せられてはいた。というのは、これが当時、それほど哲学をしているようにはみえないかたちで哲学をする唯一の方法だったからだ。今はもう〈党〉の時代ではないので、こうした作業はめんどうで些細なものにみえるにちがいない。そこで科学や芸術など、党とは無縁な研究に向かうことになる。だがマルクス主義のほとんど一世紀に渉る過去はもはやあてにならず、道具もなく、着の身着のままで、おのれの責任において試してみなければならないとしたら、内面の混乱はいかなるものだろう。しかもわずらわしいことに近くには、一度も別のことをしたことがないというのに、論争相手だった奴ら、というよりはむしろ、厄介払いしてしまった奴らがいたとしたら……。

というわけで彼らは依然として、忠実さと訣別という二つの要求のあいだで態度を決めかね、どちらも完全に受け入れることができない。あたかもマルクス主義など一度もなかったようなことを書くこともあり、たとえば歴史をゲーム理論の形式主義で処理してみたりする。だが他方では、マルクス主義は倉庫におさめられ、あらゆる修正が避けられる。実際には修正は進行しているが、それはおのれ自身にも隠されており、源泉への回帰に偽装される。彼らは言う、なにしろ結局のところ、正統派マルクス主義とともに破産したのは独断論であり、哲学なのだから。真のマルクス主義は哲学ではなく、私たちが従うべきなのは、このマルクス主義、そもそもすべてを、つまり、スターリニズムも反スターリニズムも包括し、世界の生全体を包括するようなマルクス主義なのだ。信じられないような紆余曲折を経た後で、おそらくはある日、プロレタリアは普遍的階級という役割を取り戻し、マルクス主義的な普遍的批判をふたたび担うことだろう。もちろん今のところは、担い手もおらず、歴史的な動力もないのだけれど……。こうして現在問題になっている、思考と行動のマルクス主義的な一致は、後日に延期ということになる。未規定な未来を求めること、そのことにより理論は、思考の様態として、名誉にかかわる問題として維持される。いまこの瞬間に、それは生き方としても難しいものになっているというのに。マルクスによれば、それこそが哲学の欠点にほかならないというのに。だが誰がそれに気づくだろう、というのは、同じ瞬間に贖罪の山羊とみなされているのは、哲学なのだから。革命的実践を称揚するためにマルクスが説いていた非‐哲学は、いまや確信のなさを隠蔽するものになってしまっている。〔マルクス主義的な〕作家たちは、マルクス主義的な、哲学と政治の結び付きが断ち切られたことを誰よりもよく知っている。だが彼らは、あたかも未来の世界、つまり想像上の世界においては、この結び付きが原理上はマルクスが言ったようなものであり続けているかのように振る舞っている。すなわち、哲学は、歴史において、実現されると同時に破壊される、否定は救い出し、破壊は成就するというわけだ。この形而上学的な操作はなされなかった。——だからこそ、こうした作家たちは共産主義から離れた。共産主義は抽象的な価値をほとんど実現しなかったので、手始めにおのれの価値を破壊してしまった。そもそもこうした操作が行なわれるかどうか、あまり自信がなかった。そこで、その哲学的背景を検討することなく、大胆さと決意そのものであるこの操作を、夢想や希望に変えてしまったのである。このような心の慰め方は罪なきものではない。というのもそれは、彼らの内、彼らの周囲で開かれていた議論をふたたび終わらせ、不可欠であった問いのいくつかを抑え込んでしまうからだ。その問いとは、まずは、破壊―実現という操作があるかどうか、とくに、思考の実現があるかという問いである。思考が実現されたならば、それは独立した審級としては余計なものになる。そして〔もう一つの問いは〕、この破壊―実現という図式が、自然の絶対的な肯定性、歴史や反《アンチ》自然の絶対的な否定性を、暗に意味してはいないかというものである。マルクスはこうした絶対的な肯定性や否定性をまわりの事象に確認できると思っていたが、それらはおそらくある種の哲学でしかなく、かならずや再検討の対象となるだろう。〔最後の問いは、〕革命の哲学的表現である、肯定《ウイ》である否定《ノン》が、限界を知らぬ権威の実践を正当化しないかというものである。否定的なものの歴史的な役割を握る機関が、その役割ゆえに、およそ設定しうるあらゆる基準より高められてしまい、いかなる「矛盾」も、たとえばブダペストの矛盾さえも、権利上はその機関に対抗させることができなくなってしまうからだ。マルクス主義を後日実現される真理としてただちに価値付けてしまうと、マルクス主義的存在論についてのこうした問いかけの総体が隠されてしまう。こうした問いかけは、マルクス主義のパトスと、その深い生をつねにかたちづくってきた。マルクス主義は創造的な否定の実現―破壊の試み《エセー》であり、試練であったからだ。創造的否定や実現―破壊を忘れてしまうならば、革命としてのマルクス主義は否認されてしまうだろう。いずれにせよ、マルクス主義が哲学ではなく、唯一の偉大な歴史的事実の表現であるといううぬぼれ（そしてあらゆる哲学はアリバイであり、歴史に対する過ちであるという批判）を議論なしに許容するならば、――にもかかわらず今のところ世界的規模でのプロレタリア運動はないことが確認されているのだから――マルクス主義は無為の状態に置かれ、ひとは名誉マルクス主義者としてみずからを規定することになる。もし哲学と政治の離婚が、もっぱら哲学の非ゆえに宣告されたりしたら、それは失敗した離婚になるだろう。というのも結婚に失敗することがあるのと同じように、離婚に失敗することもあるのだから。

この場合に私たちはあらかじめ定まったいかなるテーゼも前提としていない。とくに、マルクス主義と共産主義がどちらも哲学を排除していることを口実に、それらを絶対知としての哲学の法廷の前に引き出して、混同することはしない。哲学を実現することなしには破壊しないというマルクス主義の原則と、哲学をたんに破壊してしまうスターリンの実践との違いはあきらかだからだ。この原則が不可避的に堕落して、スターリン的実践につながるとほのめかすつもりもない。私たちが言いたいのは、この数年の出来事とともに、マルクス主義が新たな歴史の段階に決定的に突入したということである。それは分析を刺激したり、真摯な発見術的な価値を保持したりしてはいる。だが確実なのは、マルクス主義はかつて自分がそう思っていたような意味では、もはや真ではないということである。そして近年の経験は、二次的な真理という次元にマルクス主義を据え付けてしまい、新たな地盤、さらには新たな方法さえ与えた。それらゆえに、マルクス主義に対して遅れを取り戻すことを督促するのは、もはや無駄になってしまったと私たちは言いたいのだ。まだマルクス主義者なのかと彼らに尋ねてみても――そして彼らが自分はマルクス主義者なのかと自問してみても――、そのような悪しき問いには悪しき答えしかない。というのは、すでに述べたように、明確な答えを出すには、膨大な予測の作業が完了していることが前提とされるからである。それればかりではなく、たとえこの作業がなされたとしても単純な答えによって結論されることはなく、問いが立てられるやいなや、それ自体が、肯定《ウィ》や否定《ノン》を押しのけてしまうからである。最近の事件のことを、いわゆる「決定実験」の一つとして思い描くのはばかげている。この概念は伝説としてはしつこく残っているが、物理学ですら存在しない。この実験によって理論の正しさが「検証」されるか「反駁」されるかの結論が出るというが、このような初歩的な用語で問いが立てられるのは信じがたいことだ。まるで「真」と「偽」だけが知性の二つの存在様態のようではないか。科学においてさえ、乗り越えられたある理論的な総体は、それを乗り越える総体の言語に統合されうるかもしれないが、乗り越えられたものは意味するもの《シニフィアン》であり続け、固有の真理を保持する。マルクス主義の内的な歴史全体、その哲学との関係、そして前《プレ》・マルクス主義およびポスト・マルクス主義との関係を考えてみると、結論が以下のような月並みなものにはけっしてなりえないことは今からでも言える。マルクス主義は「つねに有効だ」とか「事実によって否定された」などという結論はあまりにもよく聞く台詞だ。検証されようと否定されようと、マルクス主義的な言表の背後にはつねに、知的・歴史的経験の母型《マトリス》としてのマルクス主義がある。いくつかの補助的な仮説さえ使えば、それをいつでも失敗から救い出すこともできるだろうし、他方、成功したからといって、全体としてその有効性を検証できないと主張することもつねに可能である。この理論は一世紀ものあいだ多くの理論的・実践的な企てを刺激し、成功したり失敗したりした多くの経験の実験室だったし、その敵たちにとっても、非常に意義深い応答、思い込み、対抗《カウンター》－理論などをさまざまに刺激するものであったので、その後で「反駁」だとか「検証」だとか言うのは、はっきり言って野蛮である。マルクス主義の基本的な公式や、さきほど述べた存在論の次元では「誤謬」がないわけではないが、それはたんに抹消したり忘却したりすればすむような部類の誤謬ではない。ある種の肯定《ウィ》であるような純粋な否定、あるいはおのれ自身を絶対的に否定するような純粋な否定などない。この場合「誤謬」とは真理のたんなる反対ではなく、むしろ失敗した真理なのだ。肯定的なものと否定的なものの内的な関係があり、それにこそマルクスは注目していた。ただし彼はそれを客体‐主体という二分法に押し込めてしまうという過ちを犯した。この内的関係はマルクスの作品の諸断片すべてに息づいており、その歴史的分析にあらたな次元を開く。まさにそれゆえにこの内的関係は、マルクスが想定したような意味では説得的でなくなることもあるが、それでも意味の源であり続け、それを解釈し直すことが可能なのだ。マルクスのテーゼは、ピュタゴラスの定理が真であるのと同じように真であり続けることはできる。ただしそれは、この定理を発明した当人にとって真であったように真なのではなく——つまり、空間そのものの属性としての同一な真理なのではなく——、他の可能な諸空間のあいだで、モデルとなるような空間の属性としてなのである。思考の歴史は、これは真だ、これは偽だというように、おおざっぱな判断を下したりはしない。他のすべての歴史と同じように、ひそかに決定をおこなう。それはある種の理論を骨抜きにしたり、それに防腐処置を施したりして、「メッセージ」に、博物館入りにふさわしいものに変えてしまう。それに対して歴史が、活動状態のまま維持しているような理論もある。とはいえ、その理論と不変の「現実」とのあいだに、なんらかの奇跡的な一致や照応があるということではなく——このような局部的で痩せ細った真理は、ある理論が偉大であるために十分ではなく、必要ですらない——、その理論が、言表や命題の彼方で、語り続けるもの（parlant）であるからなのだ。言表や命題は、先に進もうと思うときにはどうしても通らなければならない媒介である。こうして古典が成立する。理論が古典と認められるのは、誰もそれを文字通りには受け取らないにもかかわらず、新しい諸事実がその管轄の外にはけっして完全に出ることがなく、この諸事実から新たなこだまを受け取り、それらが新たな起伏《レリーフ》を暴き出してくれる、という点においてなのだ。私たちが言いたいのは、マルクスを再検討することは、古典について考えることであり、最終的に「何ごとも〔出版を〕妨げず」（nihil obstat）と許可されたり、禁書目録に載せられたりすることはないということである。あなたはデカルト主義者なのか、そうでないのか、などという問いにはあまり意味がない。というのも、デカルトのある点を拒絶する者は、まさにその拒絶の理由を、デカルトから大きく借りているからだ。マルクスはこのような二次的な真理へと移行しつつあるのだと言えよう。

　私たちがこんなことを言うのは、最近の経験、それもマルクス主義の作家たちの経験の名においてのみである。そもそも、長いあいだ共産主義者であった彼らが、党を離れたり、党から除名されたりしたとき、彼らはそれを「マルクス主義者」としてしたのか、それとも、「非マルクス主義者」としてしたのか。そうしながら、まさしく彼らはこのジレンマが言葉だけのものであること、それをやり過ごさなければならないこと、そして、いかなる理論といえども現実の事態に打ち勝つことはできず、ブダペストの抑圧をプロレタリアの勝利に変えることはできないということを表明したのだ。彼らが正統派マルクス主義との関係を絶ったのは、良心の自由や哲学的観念論の名においてではなく、正統派マルクス主義がプロレタリアを衰退させて、反抗や軍隊の批判にまで貶めてしまったからであり、そしてプロレタリアのみならず、その労働組合や経済、その内的な真理、科学や芸術の生活までも衰退させていたからだ。だから彼らはマルクス主義者として関係を絶った。だが、関係を絶ちながら彼らは、やはりマルクス主義的な原則に違反した。その原則によれば、いつの瞬間にもプロレタリアの陣営と敵の陣営があり、この歴史の亀裂をもとにすべての主導権が評価され、そしていついかなるときも「敵の手のひらの上で踊って」はならないとされている。いま彼らが、まだ自分はマルクス主義者だと言ったとしても間違ってはいないし、私たちを欺いてもいないが、ただしその場合に付け加えなければならないのは、彼らのマルクス主義はもうどのような機関とも一致せず、歴史に関する見解にすぎず、現実態として存在する歴史の運動ではないということだ。――要するにそれは一つの哲学なのだ。マルクス主義と手を切ったとき、彼らは怒りと絶望のなかで歴史のひそかな進行の一つを先取りし、あるいはそれに追いついていたのであり、結局のところ彼らこそがマルクスを古典に、あるいは哲学者にしたのである。

彼らは次のようなことを聞かされてきた。政治的なものであろうとなかろうと、あらゆる主導権や探究は政治的な偶発事によって評価され、政治路線は党の利害によって、党の利害は指導者たちの見解によって最終的に評価される、と。それに対して彼らが拒んだのは、このようにすべての決定機関と基準が、連鎖的に一つの基準へと帰せられることだ。政治組織のレベルでも、歴史の運動は、たとえばプロレタリアと労働組合とでは、別の手段で、別のリズムで動くのではないか、芸術や科学においてもまたそうなのではないか。歴史には一つ以上の中心が、次元が、基準面が、意味の源があるのではないか、そう彼らは主張する。そのとき彼らが拒んでいるのは、〈対象としての存在〉、そして同一性と差異性についてのある種の考え方である。多数の中心、多数の次元を持つ首尾一貫した〈存在〉という考え方を採用したのだ。それでも彼らは自分たちが哲学者ではないと言うだろうか。

さらに次のような問いが立てられる。あなたはマルクス主義について語っているが、内側からそれについて語っているのか、それとも外側からなのか、と。マルクス主義が分裂しそうなとき、いずれにせよ外に開かれようとしているときに、このような問いはたいした意味をもたない。可能なときには内側から語るが、もはやその手段がないときには外側から語るだけだ。それよりましなことをしている者がいるだろうか。マルクス主義に対して、「内側からの乗り越え」なるものが行なわれているときに、ひとは外にいるのか、それとも中にいるのか。マルクス主義はこの「内側からの乗り越え」をあらゆる理論に対して求めることを推奨したのだが。すでに言われた事柄を繰り返すのではなく、それを通しておのれを理解し、存在する事柄を理解しようとした瞬間に、ひとはすでに外側にいる。その水準まで達しているかどうか、という問いは、発生状態にある歴史的運動や理論に対してしか提起されない。マルクス主義はそれ以下のものでもあり、それ以上のものでもある。それは沈殿した歴史と思想の広大な領野であり、そこで思考することが訓練されたり学ばれたりするのだ。マルクス主義は、歴史の働きを言葉としたものであろうとしていただけに、この変化は深刻である。だがこのような意志こそが、哲学的傲慢さの極みだったのだ。

たしかに世界のどこかには多くの階級闘争の状況がある。古い国々――たとえばイヴ・ヴァラン[*14]のスイス――にもあるし、新たに独立した国々にもある。もしこれらの独立国の発展の拠点が先進国の利害によって決められたら、独立は空疎な言葉になってしまうだろうし、新たなナショナリズムの急進派が、地方のブルジョワと衝突することになるのは確実だろう。他方、ヨーロッパの新たな経済圏や産業社会の発展ゆえに、従来のような議会制的な政治生活は時代遅れなものになり、新たな経済機構の制御《コントロール》と管理のための闘争にこそ取り組むべきだと語られるようになった。たしかにマルクス主義から出発しても、現状の分析を方向付けるようなカテゴリーを生み出すことはできるだろうし、その一つが「構造的帝国主義」というものであろう。(1)こうした問題を無視し、それを暴き出すマルクス主義という準拠体系を無視したとしたら、いかなる政治も長期的には私たちの時代にふさわしいものではなくなる、と主張することさえ許されている。さきほどマルクスは古典だと言ったときに私たちが示そうとしたのはそうしたことだ。——だがこのマルクス主義は政治の素描《エスキス》にもならないのではないか。マルクスのマルクス主義が与える歴史への理論的な手がかりは、実践的な手がかりになるのか。マルクスのマルクス主義においてはこの双方が調和していた。問いが立てられれば答えが見いだされ、問いは答えの始まりにほかならず、社会主義は資本主義の動揺であり、その運動であった。とはいえ、北アフリカの独立諸国は、一体となりさえすればみずからの発展を制御できるだろうが、「資本や技術者、そしてフランスとの交流の動きなしですますことはできないだろう(2)」とか、フランス左翼の政党や組合は新しい問題にまだ気づいてすらいないとか、とくに共産党はネオ・キャピタリズムに対してたんに否定的な態度を維持しているとか、そして最後に、ソビエト連邦は、第二〇回党大会の後ですら、「構造的帝国主義」を放棄していない、などと書かれているのを読んでしまうと、「アフリカのナショナリズムの急進派はまもなく、彼らの関心事を、経済的に支配的な諸国の労働者階級とつき合わせることになるだろう(3)」などと期待するには、よほどの楽観主義者でなくてはならないだろう。つき合わせがなされたとしても、そこからどのような政治を引き出せばよいというのだろう。たとえ双方のプロレタリアが認め合ったとしても、どのようなタイプの共同行動が提案できるのか。レーニン主義的な党についての考え方を、そのまま採用したり、半分だけ採用したりすることなどできるだろうか。理論的な分析道具としての〔現在の〕マルクス主義は、実践の意識として理論を定義していた〔かつての〕マルクス主義からは遠く離れてしまっているように感じられる。階級闘争の状況はあるし、その気になれば、プロレタリアやブルジョワといった用語で世界の現況を説明することさえできるかもしれない。だがそれはもはや一つの言い回しにすぎず、プロレタリアとは、合理的な政治に与えられた一つの名称にすぎないのだ。

本書で哲学の名の下に擁護しようとしているのは、まさしくマルクス主義がさまざまな事態によって導かれてしまったような種類の思想のことにほかならない。私たちの時代は毎日のように素朴な合理性を裏切っていくかもしれない。だがみずからのあらゆる裂け目を通して根本的なものを暴き出しながら、私たちの時代は哲学的読解を求めている。時代は哲学を吸収していないし、哲学は時代を上から見下ろしてはいない。哲学は歴史のしもべでもなければ主人でもない。両者の関係は、ひとがかつて考えていたほど単純ではない。それは文字通り遠隔作用であり、それぞれがおのれの差異を土台に、混合や混淆を求めている。私たちはこの相互侵食（empiètement）の有効な使い道をなおも学ばなければならない――そしてとりわけ、みずからの責任を担えば担うほど政治的な責任に束縛されず、誰の代わりにもならず、情念や政治や生をもてあそぶことも、想像《イマジネール》のうちで作り直すこともせず、まさに私たちが住み込んでいる〈存在〉を開示するからこそ、あらゆる場所に自由に出入りすることができるような哲学、それを私たちはなおも学ばなければならないのだ。

＊　＊　＊

「歴史過程」が仕事机を通過していると主張する哲学者は嘲笑される。哲学者のほうは、歴史の不条理を清算することで復讐する。いまや一世紀も続いている軽喜劇《ヴォードヴィル》において、哲学の仕事はこのようなものだった。だがもっと過去に遡ってみてほしい。あるいは今日の哲学はどのようなものになりうるか自問してほしい。そうすれば、上空飛行的な哲学は一つの挿話《エピソード》にすぎず、もう過ぎ去ったものであることがわかるだろう。

今も昔も、哲学は「思考することとは何か」と問うことから始まり、まずはそれに没頭する。道具も手段もなしに。それは純粋な「私には……ということが現れている」ということだ。その者の前にはすべてが現れるのだから、その者は自己自身に対しても隠されていることはありえない。まず自己が自己に現れる。その者は、自己の自己に対する現出そのものであり、無から出現し、何ものもそして誰も、その者が自己であることをさまたげたり、助けたりすることはできない。つねに存在していたのであり、どこにでも存在し、無人島における王なのだ。

だがこの第一の真理は完全な真理とはなりえない。別のものに開かれているのだ。自己という深淵がなかったら、たしかに何もないだろう。だが深淵は無ではなく、それには縁取りや飾りが付いている。ひとはつねに何かを思考し、何かについて、何かに応じて、何かに準じて思考し、何かに対して、何かに抗して思考する。思考するという行為さえも、存在の推力に流されているのだ。私は同一のものについて、同一の仕方で、一瞬より長いあいだ考えることはできない。開けは原理上、すぐに埋められてしまう。あたかも思考は発生状態でしか生きられないかのように。思考が維持されるとしても、それは非現働態(inactuel)へと思考を投げ出す地滑りを通して、——そしてその地滑りによってなのである。地滑りによって、というのは、忘却という非現実態もあるが、獲得されたもの(acquis)という非現働態もあるからだ。私の思考が時代遅れになるのは時間によってであるが、時代を画し、思考の未来、サイクル、領野などを開くのも時間によってであり、私たちの諸思考が一体化し、一つの思考となり、自己であるのも時間によってである。思考は時間に穴を穿つことはなく、また、先立つ諸思考の航跡を追跡し、時間をたどり直すという、思考に備わっていると想定されている能力を行使することすらない。丘の反対側の斜面ならば、その気になればふたたび見ることができるというのに。だが丘はそこにあるのだから、そんなことをしたところで何の役に立つのか。今日の私の思考が昨日の私の思考と重なると再確認したところで何の役に立つのか。今日私はさらに遠くを見ているのだから、そんなことはすでにわかっているのだ。私が思考するのは、叡智的な世界で時間の外へと飛躍するからでも、各瞬間に無から意味を再創造するからでもなく、時間の矢がすべてを引き連れていくからである。時間の矢は、継続する諸思考が、第二の意味において、同時的であるようにする。あるいは少なくとも、諸思考が正当にも相互に蚕食し合うようにする。こうして私は、自分を組み立てながら機能している。私は時間のピラミッドの頂点に立っているが、このピラミッドこそがそれまでの私であったのだ。私は距離を取り、そこに広がる領野においてみずからを創出するが、私の時間的な装備を捨て去ることはない。私が世界において移動するときに、私の身体という未知の塊《マス》を捨てることがないのと同じように。時間と思考はもつれ合っている。時間とは、ヴァレリーが語っていた、「精神の身体」[15]である。思考の闇には〈存在〉の閃光が住みついているのだ。

そもそも思考が事物になんらかの必然性を課すことなど可能なのだろうか。事物を、思考が構築する純粋な対象に還元することができるだろうか。時間とのひそかな結び付きとともに、私は感覚的存在との結び付き、両立し得ないが同時的でもある「諸側面[16](côtés)」との結び付きを学ぶ。私は感覚的存在をそれが私の眼下にあるとおりに見るが、別の角度から見るようにも見る。それも可能態としてではなく、現実態において見る。というのも、すでに今現在という瞬間にすでに、感覚的対象は、私には隠されている多くの光によって、よそで輝いているからだ。同時性[17]という言葉を使うとき、時間的な同時性を言いたいのだろうか、空間的な同時性を言いたいのだろうか。私から発して地平線に向かうこの線は、私のまなざしが動くためのレールである。地平線上の家は、過去の事物のように、そして期待されている事物のように、荘厳に輝いている。そして私の過去もまた固有の空間を、つまり、固有の道や、通称で呼ばれる場所や、記念碑《モニュメント》などを備えている。継起するものと同時的なものという、交差するが区別もされる諸秩序の下に、そして、付け加わっていく共時態の連なりの下に、名もなきネットワークが、空間的な時刻の布置が、出来事としての諸地点（points-événements）が見いだされる。こうしたものを、事物とさえ呼ぶべきだろうか。想像的なものとか観念だとか呼ぶべきだろうか。一つ一つの事物はそれ自身よりも遠くにあり、一つ一つの事実は次元となることができ、観念も固有の領域を持っているというのに。私たちの風景、世界のさまざまな線、私たちの内的独白などについての記述をすべてやり直さなくてはならない。ファン・ゴッホの〔〈星月夜〉の〕星々のように、色彩や音や事物は、存在の発生源（foyer）であり、存在の放射＝輝き（rayonnement）なのだから。

他者たちが世界の肉[18]に現れてくる瞬間を捉えてみよう。一般には、私が彼らを認知し、彼らにおいてなんらかの自己現前の記号を解読するのだが、その唯一の原型《モデル》を保持しているのが私でなかったとしたら、他者たちは私に対して存在することはない、と考えられている。だが私の思考が私の時間の裏側、受動的で感覚的な私という存在の裏側にすぎないとしたら、私が自分自身を把握しようとするときに、感覚世界の織物全体が到来し、それとともに、そこに織り込まれた他者たちも到来するのだ。私の可能性の条件に従い、私の像にかたどられて再構成される以前に、そしてそのためにこそ、他者たちはレリーフとして、偏差[19]（écart）として、唯一の〈視覚《ヴィジョン》〉の変異体《ヴァリアント》としてそこにいるのでなくてはならない。そして私もまた、この唯一の〈視覚〉に参与している。というのも、他者たちとは、私という砂漠に住まわせられる虚構ではなく、私の精神の子孫でも、けっして顕在態とはならない可能態でもなく、私の双子の兄弟姉妹であり、私という肉の肉であるからだ。たしかに私は他者たちの生を生きることはなく、私において彼らは決定的に不在であり、彼らにおいても私は不在だ。だが感覚態（le sensible）の存在を再発見すれば、この距離は奇妙な近さになる。というのも、感覚態とは、それがある場所から動くことなしに、一つ以上の身体に住みつくことができるものにほかならないからだ。私のまなざしが触れるこのテーブルが同じ瞬間にまったく同じようにあらゆるまなざしにのしかかっていることを私は知っている。というのは、私は他のまなざしをも見ているが、他のまなざしは、事物があるのと同じ領野においてこそ、テーブルの振る舞いを描き出し、あらたな共現前を打ち立てるように、テーブルの諸部分を相互に結び付けているからだ。そこにおいて、見えるものへのまなざしの接合（articulation）が更新されたり、広がったりする。ただしそのとき、先ほどまで私が作動させていた接合がひそかにそれを保証している。私の視覚が別の視覚に重なり合う。というよりはむしろ共に機能し、原理上、同じ一つの〈見えるもの〉に立ち向かう。私に見えるものの一つが、見る者になる。私は変身《メタモルフォーズ》の瞬間に立ち会うのだ。以後それは諸事物の一つではもはやなく、諸事物と回路をなしたり、諸事物のあいだに入り込んだりする。この見る者を私が見るとき、私のまなざしは、事物に立ち止まったり、そこで断ち切られたりするようには、立ち止まったり断ち切られたりはしない。見る者〔の現れ〕によって、あたかもそれに引き継がれるようにして、私のまなざしは事物――それまでは私だけが見ていた事物、あいかわらず私だけが見ているであろう事物、ただし、この見る者もまた、それなりのやりかたで、自分だけで見ていることになった事物と同じ事物――へと延びていく。いまや私は、この見る者もまた、自分だけで自分として存在していることを知る。すべては感覚態の越えがたき豊かさ、奇跡的な増殖（multiplication）に基づいている。この増殖により、同じ一つの事物が、一人より多い者に対しても、事物となる力を持つようになる。そしてそうした事物のいくつか――人間の身体や動物の身体――は、たんに隠れた面を持つだけではない。それらが持つ「別の側面」[4]は、私という感覚態との関係において考慮されるような、もう一つの感覚行為（le sentir）となるのだ。このテーブル、さきほど私のまなざしが走査してその肌理《テクスチャ》を吟味していたテーブルが、いかなる意識空間にも属さず、他の諸身体の回路にも入り込んでいること――、私のまなざしは、その一つ一つが有無を言わせぬ優先権を要求するような、意識の諸作用ではなく、私たちの肉の開けであり、それはすぐさま世界の普遍的肉によって埋められてしまうこと――、したがって生きた身体は、世界を前に閉じられ、見る身体、触れる身体となり、さらには、みずからに触れたりみずからを見たりできないならば触れたり見たりすることもできないだろうから、生きた身体はおのれ自身を感受する（sensible）ものであるということ、すべてはこうしたことに基づいているのだ。あらゆる謎は感覚態という遠隔《テレ》‐視覚《ヴィジョン》のうちにあり、それゆえ私たちは、生のもっとも私的な部分において、他者たちや世界と同時にあるもの（simultané）となるのである。

　他の身体の一つが私のほうに振り返り、私のまなざしを支え、私の身体や私の顔で自分のまなざしをふさいだとしたら、どうなるのだろうか。言葉《パロール》という策略に頼って、あいだに思考という共通領域を第三者として置きでもしないかぎり、この経験は耐えがたいものだ。見るべきものとしてはもはやまなざししかなく、見る者と見られる者が厳密に置き換え可能になり、二つのまなざしは互いに動けなくなり、分離したり区別したりすることはおよそできなくなる。というのも、事物は消し去られ、それぞれのまなざしはおのれの分身にしかかかわらないからだ。それでも反省的思考にとっては、共通の尺度をもたない二つの「視点」しかない。二つの「我思う」があって、おたがいがこの競技の勝者だと思い込んでいる。他者が私を思考しているといっても、〔反省にとって〕結局それもまた私の思考の一つなのだから。視覚がなすことを、反省はけっして理解できないだろう。つまり、勝者なき戦いというのもあるということ、名義人なき思考というのもあるということを。

私は彼を見る。彼は私が見るのを見る。私は彼が見ているのを見る。彼は私が彼を見ているのを見ているのを見る……。分析は終わりなく続き、こんなことがすべてのことの尺度だとしたら、まなざしはかぎりなくおたがいのうちに入り込み、同時にはただ一つの〈我思う〉《コギト》しかありえないことになるだろう。ところが、反射の反射は原理上無限に続くはずであるが、視覚においては、二つのまなざしから発した闇がたがいにぴったりと合い、それぞれの目的論を備えた二つの意識ではなく、二つのまなざしがおたがいのなかにあって、それらだけで世界へと向かうのだ。視覚は欲望が果たすことを素描している。欲望は、二つの「思考」を、それらのあいだにある前線に、燃え上がる接触面へと送り込むのだが、そこで二つの思考は両者にとってまったく同一なことを果たそうとする。感覚的世界がすべての人のものであるのと同じように。

すでに述べたように、言葉《パロール》がこの魅惑を断ち切るのだろう。それを廃棄するのではなく、延期し、さらに先に移すだろう。というのも言葉は、沈黙のコミュニケーションの波にのって勢いを増し、そこに巻き込まれるからだ。名付けうるものの不可分な全体から、言葉は意味[*20]（signification）を抜き取ったり引き剥がしたりする。あたかも感覚態の不可分な全体から、私たちの仕草が意味を引き出すように。言語《ランガージュ》を思考のための手段やコードと考えてしまうと、それは壊されてしまう。語《モ》が私たちのなかでどれほどの深みまで潜り込むのかも理解できなくなってしまうし、思考が始まった瞬間に語る必要や情念があること、自分に向けて語る必要性があること、語が思考をうながす力——それ以後は譲り渡すことができないような、思考の次元を打ち立てる力——を持つことも理解できなくなる。そして語が私たちの唇に、私たちが自分でもできるとは思っていなかった答えを語らせ、そしてサルトルが言うように、私たち自身の思考を教えてくれることも理解できなくなる。言語が思考を外から裏打ちするだけで、思考が他の可能な思考すべてのために、自力で思考の規則を作るのであったとしたら、言語はフロイトのいう、私たちの生の全面的な「再備給」[*21]ではなくなってしまう。つまり、水が魚の本来の場であるようには、言語は私たちの元素《エレメント》ではなくなってしまうだろう。思考と表現が平行して存在するならば、それぞれの次元で完全なものでなくてはならず、一方が他方に侵入したり、他方を中断させたりするなどということは、考えられないことになる。だが完全な言表という考え方のほうが、つじつまが合っていないのだ。というのも、私たちはある言表を理解したからこそ、それが完全だとか十分だとか言えるからだ。ましてや、完全に思考であるような思考、自己に対して現前する手段を、語に対して求めないような思考などはない。思考と言葉は当てにしあっており、たえず入れ替わりあっていて、おたがいがおたがいにとって中継地であり、刺激なのだ。あらゆる思考は言葉からやってきて、そこに回帰する。あらゆる言葉は思考において生まれ、思考において終わる。人間と人間のあいだ、そしてひとりひとりの人間の内には、言葉の信じがたい〔植物的〕生長（végétation）があり、思考はその言葉の葉脈（nervure）なのだ。――とはいえ、言葉が雑音や音声とは異なったものとなりえているのは、思考が意味《サンス》――何よりもまず語彙や文法的な意味――によって支えているからで、思考と思考のあいだにしか接触はありえないと言う人もいるだろう。たしかに、音声が語りかけているのは思考に対してだけなのだが、だからといって言葉が派生的なものや二次的なものとなるわけではない。たしかに、言語というシステムそのものが、思考可能な構造を備えている。しかしながら、私たちが語るとき、私たちは言語学者がそうした構造を思考するようには思考しないし、そもそもそれについて思考してはおらず、思考しているのは、私たちが語っていることについてなのだ。二つのことを同時に思考できないからだけではない。発信するときであろうと受信するときであろうと、私たちの前に意味《シニフィエ》されるものをもつためには、コードそしてメッセージさえも思い浮かべるのを中止しなくてはならず、ひたすら言葉のオペレーターとならなくてはならないかのようなのだ。作動する言葉（parole opérante）は思考をうながし、そして生き生きとした思考は魔術的にみずからの語を見いだす。思考なるものと言語なるものがあるわけではない。よく検討してみると、これらの二つの秩序はそれぞれ二重化し、おたがいに分枝を伸ばし合っていることに気づく。筋の通った言葉があれば、それが思考と呼ばれる――、そして失敗した言葉があれば、それが言語と呼ばれる。私たちは理解できないときに、それは語《モ》にすぎず、私たち自身の言説のほうが私たちにとって純粋な思考だ、などと言う(5)。まずは分節化されない思考（心理学でいう「アハ体験（aha-Erlebnis）」）があり、他方に成就された思考があって――、この思考が自分でも知らないうちに、あっというまに語に取り囲まれているのだ。表現的な作動は、〈思考する言葉〉と〈語る思考〉のあいだで働いているのであり、安易に言われているように、思考と言語のあいだでではない。私たちが語るのは両者が平行しているからではなく、私たちが語るからこそそれらは平行する。あらゆる「平行論《パラレリスム》」の弱点は、秩序のあいだの照応を前提としてしまい、両者の相互侵食によって、そもそもそれらが生み出されることになる作動を隠蔽してしまうことにある。「諸思考」は、言葉の表面を覆い、それを理解可能なシステムにする。それは偉大な作家と〔それを読む〕私たち自身の働きかけによって、私たちの内に打ち立てられた思考の領野や次元にほかならない。この「諸思考」は、私たちが再活性化しないままにしている、既成の諸意味の開かれた総体であり、私たちがたどり直さなくても続いている思考行為（le penser）の痕跡なのである。私たちは手や足を持っているのと同じように、〔手持ちの意味の開かれた総体という〕獲得物を持っており、考えることなしに足や手を「見いだす」のと同じように、この獲得物を使っている。ヴァレリーはいみじくも、この語る潜在能力のことを「言葉の動物」[*22]と呼んでいる。表現はこの潜在能力においてひそかに準備されるのだ。表現を、二つの肯定的《ポジティフ》な秩序の結合として理解することはできない。記号というものが記号間のある種の偏差でしかなく、意味もまたさまざまな意味の偏差であるとするならば、思考と言葉は二つのレリーフのように重なり合う。純粋な差異として、両者は識別不可能なのだ。表現において重要なのは、語られた事柄を再組織し、それに新たな曲率を与え、ある種の意味のレリーフへと折り曲げることだ。それまでは、おのずと理解されて語られるもの——とくに、さらに神秘的なことに、言語の奥底からあらゆる事柄を名付けうるものとして、前もって呼び求めているもの——があった。いまや語るべきことがあるが、それは、語られる事柄の世界においてはっきりしたものとなった不安にほかならない。表現とは、これら二つが重なり合い、交差するようにすることだ。私が遠くにある目標を見るとき、私の身体の内に、遠くからの視覚を近くからの視覚へと変える自然的な技法が見いだされなかったら、私は一歩も前に進むことはできないだろう。〔同じように〕私の思考が開く地平が、言葉のおかげで、演劇でいう実物セット[*23]にならなかったとしたら、私の思考は一歩も前に出ることはできないだろう。

言語は、間身体的なコミュニケーションを好きなだけ変奏したり増幅したりすることができる。言語の原動力やスタイルは、間身体的なコミュニケーションと同じものだからだ。この場合にも、秘密であったものが公共的なもの、ほとんど見えるものにならなくてはならない。言語の場合にも間主観的コミュニケーションの場合にも、意味は、いくつかの決定的な仕草にかろうじて支えられて、ひとまとまりに通過していく。どちらの場合にも、私は事物と他者たちを連動させながら志向する。他者たちに（あるいは自分自身に）語りかけるとき、私は自分の諸思考について話すのではなく、自分の諸思考を話すのであり、諸思考のあいだにあるもの、裏にひそむ思考、思考より下にある思考を話すのだ。こう言う人もいるだろう、それはあなたが語っていることではなく、話し相手が誘導したことなのではないか……。マリヴォーに耳を傾けてみよう。「私はあなたのことをコケット〔あだっぽい女性〕などと呼ぼうとは思いませんでした」「そうしたことは、考えもしないうちから、ふと言われてしまっているものです[*24]」。誰によって言われたのか、誰に対して言ったのだろうか。精神によって、精神に対してではなく、身体と言語をもった存在から、身体と言語をもった存在に対してである。ふたりそれぞれが、マリオネットを動かす糸のような目に見えない糸で相手を引いて、他者をして語らせ、考えさせる。そうして相手は自分がそうであるべきものになる。自分ひとりではけっしてなれなかったようなものになるのだ。このように、事柄はあたかも〈言葉（une Parole）〉や〈思考行為（un Penser）〉によるかのようにして、ふと言われ、ふと思考されてしまう。私たちはそれらを所有することはなく、それらが私たちを所有するのだ。私たちと他者たちのあいだには壁があると言われるが、それは私たちが他者たちと一緒に作りあげる壁である。それぞれが、相手が残した空洞に石を置いていく。理性の働きでさえ、このような無限の対話を前提としている。私たちが愛し、憎んだすべての人々、知り合いだったり、ちらりと見ただけだったりするすべての人々は、私たちの声で語る。空間が、同時にある即自的な点によって作られるのではないのと同じように、そして私たちの持続が、諸持続の空間への付着を断ち切ることができないのと同じように、コミュニケーションの世界も平行する諸意識の束ではない。痕跡はもつれ合い、おたがいの中に入り込んで、「公共的持続[*25]」という唯一の航跡を描くのである。

　このことをモデルにして、歴史的世界を考えなくてはならないだろう。歴史は人間によって作られるのか、それとも事物によって作られるのか、と自問しても何の役にたつだろう。人間の主導権は事物の重みを消し去ることはできないし、「事物の力〔事の成り行き〕」はつねに人間たちを貫いて作動しているのだから。すべてを一つの平面に置いてしまおうというこの分析がまさに失敗するときに、歴史の真の環境《ミリウ》が暴き出される。分析には終わりがない。なぜなら、歴史の肉[*26]があるから、そして、私たちの身体の肉と同じく歴史の肉においても、すべてが効果を持ち、すべてが重要だからだ。——たとえば下部構造およびそれについて私たちが持つ観念、そしてとりわけ両者のあいだのたえざる交換などである。この交換においてこそ、事物の重みは表徴《シーニュ》になり、思考は力になり、総括は出来事になる。歴史はどこで作られるのか。誰が作るのか。航跡の諸形象《フィギュール》を描き出し、それらを残していくこの運動はいったい何なのか、とひとは問う。歴史の運動は、〈言葉〉や〈思考〉の運動と、さらには私たちのあいだにある感性的世界の炸裂と同じ秩序に属している。いたるところに意味が、諸次元が、諸形象があるのだ。これらは、おのおのの「意識」の生産以上のものだが、にもかかわらず、語り、思考し、見るのは人間なのだ。私たちは、言語の領野や存在の領野と同様に、歴史の領野にもいる。

　このような私的なものの公共的なものへの、出来事の省察への変身《メタモルフォーズ》、思考の言葉への、言葉の思考への変身《メタモルフォーズ》、いたるところから到来するこのようなこだま《エコー》のおかげで、ひとは他人に語るとき自分自身にも語り、存在についても語る。語の背後において語がひしめき、思考の背後で思考がひしめく。——こうした普遍的な入れ替わりは、一種の安定性でもある。ジュベール[*27]はシャトーブリアンに「護符を振る」だけでいい、と書き送っている。生きるほうが本を書くより困難だが、私たちの身体的・言語的な装備が整いさえすれば、私たちがするすべてのことが最終的に意味《サンス》と名をもつことも事実である——たとえ当初は、どのような意味や名前なのかわからないとしても。もはや観念は、第二の太陽の下でその豊かさを展示するような、第二の肯定性《ポジティヴィテ》や世界ではない。「垂直の」世界や存在、すなわち、屹立する私の身体の前に屹立している世界や存在、そしてその内で他者たちも屹立しているような、垂直の世界や存在を再発見することによって私たちは、観念が真の堅固さを獲得するような、一つの次元を学び知ることができる。観念は、私たちの言葉のひそかな軸、スタンダールのいう「杭」[*28]であり、引力に引かれて私たちが回転する中心である。それはきわめて限定された空虚であり、そのまわりに言語の穹窿《ヴォールト》が組み立てられていくが、石の重みとそれを押し返す力の釣り合いによってしか、現実態として存在しないような空虚なのである。そもそも事物や見える世界もまた、別の仕方でかたちづくられているだろうか。それらはつねに私が見ているものの背後に、その地平にあり、可視性と呼ばれるものはそのような超越にほかならない。いかなる事物も、そしてそのいかなる側面も、他の事物や側面を能動的に隠し、そして隠すという作用において暴き出すことによってしか現れない。見ること、それは原理的に、ひとが見ている以上に見ることであり、潜在《ラタンス》するものの存在に接近することだ。見えないものとは見えるもののレリーフや奥行であり、また、見えるものも見えないもの以上に純粋に肯定的な性格を持つことはない。思考の源泉そのものを見いだすためには、言表の下、とりわけデカルトのかの有名な言表の下を探さなくてはならないことを、いまや私たちは知っている。「思考するためには、存在しなくてはならない」という論理的真理、この言表の意味が、原理上思考の源を暴き出す。というのは、言表の論理的真理や意味は、思考する者およびその生得的な凝集へ向かう道を見いださなくてはならないときに、思考対象に関係してしまうからである。デカルトの言葉は、見いだすべき〈思考する思考〉を私たちひとりひとりに示す所作であり、根本的な思考の「開けゴマ」にほかならない。それが根本的なのは、何ものにも支えられていないからである。といっても、土台に達して、そこに身を落ち着けて留まる、という意味で根本的なのではない。根本的思考は、原理上底なしであり、深淵であると言ってもよい。というのは、それは決してそれ自身とともにあることはなく、それが見いだされるのは思考された事物のもとで、そしてそこから出発してであるということである。つまりそれは開けであり、私たちを事物や観念につなぎ止めている軸の、反対側の見えない先端だということだ。この先端は無だと言うべきだろうか。それが無だとしたら、近さと遠さの差異や、存在のレリーフもその前で消えてしまうだろう。次元性や開けももはや意味を持たなくなる。完全に開かれていることは、制限なき存在にならぴったりとあてはまるだろう。そして私たちが「垂直性」——現在——と読んだものも、それと区別されるべき別の次元なしには、何の意味もなくなってしまうだろう。存在と無ではなく、むしろ見えるものと見えないものについて語ったほうがよいだろう。[29]もちろんそれらが矛盾するものではないことは繰り返し述べておかなくてはならない。見えないものという言葉を、動かないものという言葉と同じように使うべきだ。運動に無縁だから動かないのではなく、いまいる場所にじっととどまっている、ということだ。〔見えないものとは〕可視性のゼロ地点ないしはゼロ度であり、見えるものという次元の開けである。あらゆる意味でゼロなのであり、制限なき存在を頭に浮かべるべきではない。私が無について語るとき、すでにある種の存在があるのであり、したがってこの無は完全に無化することはなく、この存在も自己同一的で、問いを受け入れないような存在ではない。ある意味では、哲学の最高の到達地点は、以下のような自明の理を再発見することにあるのだろう。すなわち、思考《パンセ》は思考し《パンス》、語り《パロール》は語り《パルル》、[30]まなざし《ルガール》はまなざす《ルガルド》——だが、同じような二つの語のあいだに、まさに隔たり（écart）があって、私たちは思考し、語り、見るたびに、この隔たりを跨ぎ越すのである。

見えるものと見えないもののこのキアスマ[31]を暴き出すような哲学は、上空飛行とは正反対のものである。それは感覚態、時間、歴史へ、そしてそれらの継ぎ目に入り込み、それ固有の力によってそれらを乗り越えてしまうようなことはなく、それらの意味《サンス》に向けてしか乗り越えない。最近の著作で、「あらゆる運動が私たちを発見させてくれる」というモンテーニュの言葉が引かれ、そして正当なことに、人間は運動においてしか存在しないという結論が引き出された[6]。同じように、世界も〈存在〉も運動においてしか維持されず、そのようにしてのみ、すべての事物は一つにまとまることができる。哲学とは、そこにあるこの存在（cet être-là）を想起することだが、科学は存在と認識の関係を実測図（géo-métral）とその投影の関係[*32]として把握するので、このような存在には関わらず、包絡する存在、いわば存在のトポロジー[*33]と呼びうるものを忘却してしまう。だが科学の下を探究するこの哲学も、情念や政治や生以上に「深い」わけではない。存在の壁を越える経験ほど深いものは何もない。マリヴォーはさらに書いている。「私たちの生命は、私たちほどは、私たちの情念ほどは、私たちにとって貴重なものではありません。その点に関して私たちの本能のうちにどんなことが起こるかをときどき見てみれば、存在するためにはかならずしも生きるという必要はない、生きるということはたんなる偶発的な出来事にすぎない、しかし私たちが存在しているということは、本性に基づいたことであるかのようなのです」[*34]。情念や欲望によってこの存在にまで至る者は、知るべきことをすべて知っている。哲学は情念や欲望を、一般に理解されている以上に理解するわけではなく、それらを経験することで、存在を学び知るのだ。それは世界を平伏させることも、局地的なパースペクティヴを、「上位の視点」から一望の下に収めることもない。そうではなく、生《なま》の存在との接触を求め、そこからけっして離れたことのない者の教えをも受けるのである。ただし、文学や芸術や生の営みは、事物そのもの、感覚態そのもの、諸存在そのものからみずからを作り上げるので、その究極的な限界の場合を除いて、習慣的なものや、すでに構成されたものに留まっているかのような幻想を抱いたり与えたりするのに対して、哲学は銅版画のように色彩なしに白黒で描くので、世界の奇妙さを無視することを私たちに許さない。人間はこの世界の奇妙さに哲学と同じようにまたそれ以上に立ち向かうが、それは半ば沈黙のうちでなのである。

＊　＊　＊

いずれにせよ、以上が本書の哲学であり、そのいくつかの試み《エセー》を見いだすことができるだろう。政治については少しばかり高所から、あまりに賢しらな口調で語っているように思われたとしても、問題視すべきなのが哲学ではないことはおわかりだろう。おそらく、経験の領域に、それが要求してくる全面的な自己遺棄の態度で、一つ一つ入り込んでいこうとしたら、いくつもの人生を必要とするというのが単純な真理だろう。

だがこうした口調はあまりにも調子はずれで、とても推奨しかねるものだろうか。これまで私たちが考えていたと思い込んでいたこと、それも深く考えていたと思い込んでいたすべてのこと——たとえば、自由と権力、権力に抗する市民、市民のヒロイズム、リベラルなヒューマニズム——、あるいは形式的民主主義と、それを廃棄し、実現する現実的民主主義など——、こうしたすべてのことは崩壊してしまっている。この点に関して私たちは不安にとらわれており、あまりに冷淡に語っていることに自責の念を持ってもいる。しかし気をつけよう。私たちが混乱とか崩壊とか呼ぶものを、もっと若い人たちは自然なものとして生きており、そしておそらくはより屈託のない態度で、それらを統御してしまうかもしれない。というのも彼らは、私たちが依拠していたところに準拠先を求めることはもうないのだから。解体の大音響のなかで、多くの陰気な情念、多くの偽善と狂気、多くの偽のジレンマもまた消えていくだろう。一〇年前には誰がそんな希望を持っただろう。おそらく私たちは今、歴史が先に進む瞬間の一つに立ち会っている。私たちはフランスでの出来事や、外交についての騒がしいエピソードに耳をふさがれている。だがそうした雑音の下で、沈黙が生まれ、期待がかたちづくられている。なぜそれが希望でないわけがあるだろうか。

これらの言葉を書き記すのがためらわれるのは、サルトルが私たちの青春時代のみごとな回想において、今になってようやく絶望と反抗の調子で語っているからである。(7) だがこの反抗は世界や他者に対する批難や糾弾ではなく、自己に赦しを与えるものでもない。それは自己満足することはなく、おのれの限界を知り尽くしている。反省的な反抗のようなものだ。「正確に言うならば、反抗から始めなかったことの後悔であり、「そうすべきであったのに」という後悔である。だがこの後悔は回顧的であっても、絶対的なものではない。というのも、反抗は反抗のまま留まることはできず、革命として成就しえないことをサルトルは今も昔もよく知っており、そのことをニザン[*35]の内に完璧に示しているからだ。だから彼は反抗的青春という考えを心の慰めとしているが、それは妄想《シメール》である。もはやそんな時代ではないからだけではなく、彼の早熟な炯眼が、ほかの奴らの途方もない誤謬にくらべれば、それほど悪いものでもなかったとも思えるからである。だが幻想の年齢にあったときですら、サルトルがこの炯眼を、怒りという幻想と引き換えに放棄したかどうかは疑わしい。この炯眼は、サルトルがほのめかすような、生まれながらの精神的貧困を示すものではなく、いつも同じ激しさ、自分と妥協したり、いかがわしい振る舞いをしたりすることへのいらだちであり、同じ羞恥心、同じ無私無欲であったのであり、これによりサルトルは、破廉恥にも自分自身であることを選ばず、読者が読んだような、気高い自己批判の執筆を促されたのである。この『アデン、アラビア』の序文は、成熟したサルトルの若きサルトルに対する叱責である。若きサルトルのほうは、すべての若者と同じように、そんなことは気にもかけず、そこに、つまり私たちの過去において存在しつづける。――というよりは、若きサルトルは、頁をめくるごとに生まれ変わり、おのれを裁く者〔現在のサルトル〕に侵入し、その口を借りて語る。それもあまりに決然として語るので、若きサルトルが乗り越えられたとか、批難に値するなどとはとうてい思えず、ひとりのサルトルしかいないように思えてくる。実際それは非常にありそうなことなのだ。若い読者には、サルトルが反抗をしそこなった《マンケ》がゆえに人生をしくじった《マンケ》のだと拙速に信じてしまうことは勧められない。——たっぷり反抗しておけば、非の打ち所のない四〇代や五〇代が約束されるなどということもないのだ。過去と現在を通り抜け、他者たちをも通り抜けながら行なわれる、サルトルとサルトルの論争において忘れてはいけないこと、つまり、二〇歳のサルトルと〈パリ解放〉のサルトルと最近のサルトルとの対決において、そしてこれらの人物と二〇歳のニザン、共産主義者ニザン、一九三九年九月〔独ソ不可侵条約〕のニザンとの対決において、さらには、こうしたすべての人物と今日の怒れる若者たちの[*36]、真理の顕現を賭けた激しい対決において忘れてはいけないことは、シナリオがサルトルによるものであるということだ。そして彼はおのれの自由そのものなのだから、他人には惜しみなく与える言い訳をみずからには与えないというのが、彼が決めたいつものルールであること、そして彼の過ちが一つだけあるとしたら、自分自身と私たちのあいだに区別をもうけること、そしていずれにせよ、この区別を当てにするのは濫用というものであろうし、だから私たちは狙いを修正し、総括をやり直さなければならないということも忘れてはならないだろう。というのもサルトルの総括では、反抗と革命の迷路が彼の呪われた明晰さに照らされ、彼を赦免するために必要なことすべてが、彼の意志に反して書き込まれてしまっているからだ。このサルトルの文章は彼が歩んだ道に添って運ばれた鏡ではなく、[*37]今日のサルトルのための証書《アクト》なのだ。それを読んで記憶を甦らせる私たちは、そう簡単に罪人と裁き手を分けることはできず、両者に類縁性を感じる。そうなのだ、二〇歳のサルトルは、今日それを否認するサルトルに比べて、それほど価値が劣ることはなかった。そして今日の裁き手は、判決の厳しさによって、なおさら裁かれる者に似てしまう。おのれを理解しようという経験の努力として、自己とすべての事柄をみずから解釈するものとして、この文章は証明書や目録のように受動的に読まれるべきものではなく、むしろ解読され、熟考され、再読されるべきものなのだ。それは――よき文学の宿命として――作者がそこに入れ込んだ以上に豊かな意味《サンス》を、そしておそらくは別の意味をも持っているのである。

もしこの場がそれにふさわしいとするならば、三〇年を経て、失われた他者のすばらしい再発見を分析し、そしてこの再発見において何が幻想的《ファンタスティック》なのかを分析しなければならないだろう。幻想的だといっても、サルトルが描き出しているように、ニザンが優美さとこの上ない才能の外見の背後で、実直かつ勇敢で、与えられた条件に忠実な男であったというのが嘘だということではない。——そうではなく、かつてのサルトルもまた、私たちの記憶において同程度の実在性と重みを持っているということだ。

サルトルは言う。[*38] 僕たちは自由だ、と私はニザンに繰り返し言ったが、それに対する唯一の回答は、口元のかすかな微笑だけで、それが私の演説よりもはるかに多くのことを語っていた。私は自分をつなぐ鎖の物理的重みを感じたくはなかったし、私の真の存在を私に隠し、自由という名誉の問題に私を縛り付けてしまうような外的な原因も感じたくはなかった。私の自由を傷つけたり脅かしたりしうるようなものは何も見ていなかった。私は無我夢中で自分が不死だと信じ、死についても不安についても、およそひとが考えるようなことは何も考えなかった。自分の内には失われるおそれのあるようなものは何もないと感じ、私は救済された者、選ばれし者であったのだ。実際には、私は思考したり書いたりする主体であり、自分の外で生きていた。そして私が住居としていた〈精神〉は、幼年学《ブリタ》校《ネ》で育てられた学生のそれのような抽象的な条件にすぎない。内なる欲求や執着に無知であったがゆえに、他者たちの欲求や執着にも無知であり、要するに彼らの人生の営みに無知だった。苦しみや不安にさいなまれる人々を目にしても、そんなものは自己満足のせい、さらには気取りだとさえ考えていた。不機嫌、パニック、友情や愛への嫌悪、あえて人の気分を害そうという決心など、要するに否定的なものは、本気で生きられるはずのものではなく、選択された態度にすぎない。私はニザンが完璧な共産主義者になることを決心していたと考えた。私のほうはすべての闘争、とりわけ政治の外にいたので（そして政治に入ったとき、それは私なりの礼節や、建設的で協調的な気質を持ち込むためだけだったので）、ニザンが自分の幼年時代から脱するためにしなくてはならなかった努力も、彼の孤独も、救済の追求も、何一つ理解しなかった。彼の憎しみは彼の生から発した純金だったのに、私の憎しみは頭だけのもの、贋金だったのだ……〔とおおむねこんなふうにサルトルは記す〕。たった一つの点では、サルトルが正しいとしよう。一目瞭然であったことをサルトルがニザンに見て取らなかったのは、本当に驚くべきことだ。すなわち、節度や皮肉や自己統御の下にある、死についての省察や、彼のもろさを見て取らなかったのは。このことが意味しているのは、若くあるためには二つのやり方があり、両者は容易に理解し合えないということである。一方に、幼年時代に幻惑されている人々がいる。彼らはそれに取り憑かれ、特権的な可能態の次元において、魔法にかかったままでいる。[*39] 他方には、幼年時代によって成人の生活に投げ出され、過去などはなく、やはりすべての可能態のそばにいると思い込んでいる人々がいる。サルトルは後者の種族に属していた。だから彼と友人でいるのは容易ではなかった。自分自身と、自分が置かれた状況とのあいだに設けた距離ゆえに彼は、他者たちが生きなければならないことからも隔てられてしまったのだ。「根付くこと〔＝固着すること〕」(prendre) を、彼は自分自身にも他者にも許さなかった。――彼の目の前で、彼らが居心地悪さそのもの、不安そのものになることを許さなかったのだ。心の中でひそかに恥じ入りつつ、他者たちは居心地悪さや不安そのものであったのだが。彼自身の内で、そして他者たちの内でサルトルは、だれも根無し草ではいられないこと、そして、根を持つまいという決心は、根を持っていることを認めるに等しいことを学ばなければならなかったのだ。

だが幼年時代を継続する人々、あるいは幼年時代を乗り越えながら保存しようとし、救済のための秘訣を求めていた人々について、彼らがサルトルより正しかったと言うべきだろうか。彼らもまた、保存するものを乗り越えることはないこと、何も彼らが懐かしんでいる全体性を返してはくれないこと、それにあえて固執すると、やがては愚か者になるか嘘つきになるかという選択しかなくなってしまうこと、そうしたことを学ばなくてはならなかったのだ。サルトルは、彼らの探究にまでつき合うことはない。だがそもそもそうした探究は公的なものになりうるだろうか。妥協に妥協を重ねるうちに、曖昧さが必要になるのではないか。彼らはそのことをわきまえていた。その結果として、サルトルと彼らのあいだには、密接であると同時に距離のある関係、ユーモアのある関係が生まれる。今日サルトルはこの関係を悔やんでいる。だが彼らは別の関係なら耐えられただろうか。せいぜい言えることは、羞恥や皮肉が伝染性のものであることくらいだ。サルトルは、ニザンの苦悩をダンディズムに書き換えてしまっていたので、彼を理解することはなかった。ニザンがようやく理解されるためには、彼の人生の続きであるいくつかの著書が必要だった。そしてサルトルにとっても、彼の死後二〇年の経験が必要だったのだ。だがニザンは理解されることを望んだだろうか。今日サルトルが語っている苦悩は一種の告白であり、それをサルトルはニザンに対してより、読者にしたかったのではないか。サルトルとのあいだで、ニザンはこのような打ち解けた口調を我慢しただろうか。サルトルのほうが私たちよりそのことをわきまえている。だがいくつかの些細な事実を記しておこう。

私たちが高等師範学校《エコル・ノルマル》の入試を準備していた頃、ひとりの先輩が、選ばれし者のオーラをともなって、なんらかの用事で教室に戻ってきた。彼はみごとに紺服を身に纏い、ヴァロワ[*40]一派の〔国旗の〕三色記章を付けていた。ニザンだ、と誰かが言った。彼の身なりにも態度にも、高等師範学校準備学級《カーニュ》の苦労、そして高等師範学校の苦労の跡を示すものはなかった。そのとき、そうした苦労の跡をあいかわらず留めていた私たちの先生が微笑みながら、ニザンがふたたび私たちのクラスに加わるとほのめかした。「悪いか」とニザンは冷ややかな声で言い、私のそばの空席にどっかりと腰掛け、平然と私のソポクレスの本に没頭した。あたかもそれがその朝の唯一の目的であったかのように。〔一九二七年に〕彼がアデンから帰国したとき、私は自分の郵便受けにポール＝イヴ・ニザンからの絵葉書を見つけた。それは〔高等師範学校〕新入生メルロ＝ポンティは、ニザンがサルトルと共有している寮の相部屋を近日中に訪ねるよう、招待するものであった。彼は私の従兄弟とアデンで深い知り合いになっていたのだ。出会いは儀礼的だった。サルトルのスペースは空っぽで何もなかった。反対にニザンのほうは、フェンシングの面の下に、剣《フルーレ》を交差させて壁にかけていた。ニザンが登場したのはこのような背景からであったが、彼がアラビアで自殺しそうになっていたことを私が知ったのは後になってからである。さらにずっと後になって、私はS番のバスのデッキで彼と再会した。彼は結婚しており、共産党の闘士になっていたが、その日は重いカバンを抱え、非常にめずらしいことに帽子をかぶっていた。彼は自分からハイデガーの名前を出し、高く評価していると一言二言述べたが、それはまだ哲学から離れていないことを強調したいという気持ちからだと私には感じられた。だが彼があまりに冷淡に語るので、私はあえてあからさまに質問してみようとは思わなかったのだろう。私はこうしたとるに足らない事実を思い出すのが好きだ。何も証明しはしないが、人生の一部なのだから。こうした事実が感じ取らせてくれるのは、サルトルはたしかにそれほど近くからニザンの内で行なわれている営みを追跡しなかったが、ニザンのほうも、大いなるユーモアと遠慮と礼儀によって、〔距離をとる〕ゲームに半ば以上関与していたということなのである。サルトルが三〇年経って彼を理解したのは宿命だった。それはサルトルだったからであるが、ニザンだったからでもある。そして何よりも若かったから、つまり有無を言わせないと同時に臆病だったからだ。そしておそらく、もう一つ最後のより深い理由がある。

サルトルはニザンを正しく評価できなかったと自分を責めるのだが、そのニザンは一九二八年に——つまり家族を持つ前、本を書いたり、闘士として活動したり、党を離れたりする前、そしてとりわけ三五歳で死ぬ前に——完全に存在していたのだろうか。この短い三五年のあいだに、みずからを完成してしまい、みずからの内に閉じこもり、動かなくなったので、この三五年は、ひとかたまりになって二〇年ぶんだけ私たちの過去に移動していった。そして私たちはいま、彼がそうあるべきだったことすべてが、この三〇年間の初めに、そしてその各瞬間に与えられたのだと思ってしまう。始まりつつあるものに特有な熱気をもちつつも、彼の人生は完成されたものとして、確固としたものでもあった。だから彼は永遠に若いのだ。他方で私たちには、一度ならず過ちを犯したり、過ちを悟ったりするだけの時間が与えられたので、行ったり来たりの迷走運動が私たちの痕跡をかき乱し、私たちにとって青春は擦り切れたもの、意味のないものであり、それがかつてもっていた真理は到達不可能なものである。あまりにも早く終わった他人の人生に、私は希望の物差しをあてる。あいかわらず続いている私の人生には、死という厳しい物差しをあてる。若者は、もし「未確定の存在（peut-être）」であったなら、多くのことを成し遂げたことになる。あいかわらずここにいる成熟した人間は何もしなかったように思える。幼年時代のことと同じように、失われた仲間においてこそ私たちは充実を感じる。「ものを創造する信仰が私のうちで涸れてしまったからか、それとも現実は記憶のなかでしか形成されないためか」[8]。ベルクソンが語らなかった、もう一つの回顧的錯覚だ。[*41]〔可能なものが現実的なものに〕先在するという錯覚ではなく、失墜の錯覚である。おそらく時間は未来から流れるのでも、過去から流れるのでもないだろう。おそらく距離こそが、他者の実在性を、とりわけ失われた他者の実在性をかたちづくるのだろう。だがもし私たちが自分自身に対して距離を取ることができたとしたら、それは私たちを復権してくれるだろう。サルトルが今日自分自身について、そして二〇歳のニザンについて語っていることとバランスをとろうとしても、五〇歳のニザンが二人の青春について語り得たことが欠けてしまっている。私たちにとって彼らは、始まりつつある二人の人間であるが、彼らは反対側に向けて始めたのだ。

　サルトルの物語に憂鬱《メランコリー》な雰囲気が感じられるのは、そこで二人の友人が、始めからおたがいに学び合えたであろうことを、わざわざ事態からゆっくりと学んでいく姿が見られるからだ。ニザンは父親の像に差し押さえられてしまった。彼の父親は、自分が属していた階級から去った労働者であり、その結果自分の人生が非現実的で失敗したものとなったことに気づき、自己嫌悪のうちに人生を終えたが、ニザンは彼の人生より古い、このドラマに取り憑かれてしまったために、はじめから幼年時代や身体や社会的なものの重圧を知っており、親子の絆と歴史の絆が同時に織りなされ、唯一の苦悩をかたちづくっていることを知っていた。彼は〔幼年時代の〕幻惑《ファシナシオン》にけりを付けることなどせず、むしろあっさりと結婚し家族をつくること、つまり自分のために父親の役割を演じ直すことによって、むしろ幻惑を悪化させたのであろう。彼は父親の人生ゆえに労働者階級のライフサイクルから追い出されてしまったが、そこに戻ろうと思ったのは、源泉を浄化し、彼と父親を孤独にした〔プチ・ブルジョワジーの〕社会と手を切り、父親が作り上げたものを解体し、父親が歩んだ道を逆向きに辿らなければならなかったからである。何年かが過ぎ、多くの前兆が現れ、明白な事実が迫ってくる。アデンへの逃亡は、冒険による解決の最後の試みだった。それは気分転換にしかならなかったかもしれない。だが——偶然にも、あるいは彼がひそかにこの教訓を追求していたからか——、ニザンは植民地体制に、私たちの外部への依存の明確なイメージを見いだすことになる。苦悩の原因は私たちの外部ではっきりとした形をとり、名前を持っているので、それを廃棄することもできる。外部の敵がおり、単独なままでは、私たちはそれに抗して何もすることができない。人生は戦争であり、同盟戦争《ソーシャル・ウォー》であるというわけだ。サルトルがずっと後になって語ったことを、ニザンはすでにわきまえていた。はじめにあるのは遊びではなく、欲求《ブゾワン》であること、私たちは世界や状況や他者たちを、あたかも芝居であるかのようにまなざしの先で捉えるのではなく、それらと混ざり合い、全身でそれを吸い込んでいること、私たちは私たち以外のものすべてを欠いているものであること、そしてこの中心にある無とともに、私たちの内には疎外の一般原理が与えられているということを。このような汎悲劇主義《パントラジスム》において、ニザンはみずからの生死を賭けて、サルトルの先を進んだ。そしてこの苦悩の波は、同時に歴史の流れであったのだ。

だがまさにそれゆえに、そして悲劇的なものの内に生きなかったがゆえに、サルトルは救済という策略と、肯定的なものへの回帰を、ずっと早くから理解していた。彼は厳密な意味では楽観主義者ではなかった。〈善〉と〈存在〉を同一視することはなかったのだ。救済されたことも、選ばれし者であることもなかった。彼は力強く、陽気で、野心的だったので、彼の前にあるすべてのものは新しく興味深いものだった。正確に言えば、彼は堕罪以前的であり[*42]、悲劇的なものと希望との手前にいて、それらのひそかな結び付きを解きほぐすために十分に武装していたのだ。第二次世界大戦に先立つ一〇年間におけるニザンの経験は、サルトルの予感を事実によって証明するものである。そして、サルトルが今日その経験を語り――そしてそれを深い親愛の情をこめて取り上げ直そうとするとき――、彼は回心＝転向（conversion）について自分が語っていたことを思い出さずにはいられない。だれかがある日自分はキリスト教徒だ、共産主義者だと宣言したとする。実のところその人は何が言いたいのか。ひとは即座に完全に変わるわけではない。たんに、おのれの運命の外的な原因を認めることによって、人間は――たしかマリタン[*43]が言っていたと思うが――信仰のただなかにおいて、おのれの自然的生によって生きる、という許しを、さらにはそうした使命を、突如として受け取るのである。動揺が収まることは必要でも可能でもない。それは以後「聖なるものとして確立する（consacré）」[(9)]。ニザンの苦悩は今や、強大な〈真理〉によってつけられた聖痕なのだ。彼を死ぬほど苦しめる悪が、いまや彼と他者たちが生きるのを助ける。天賦の才能があるならば、それを放棄することは求められていない。それどころか、彼の首を絞める苦悩をほどくことによって、その才能は解放される。生きること、幸福であること、書くこと、それはまどろみに同意することであり、疑わしいこと、低劣なことであった。それが今では、罪が横取りしたものを罪から奪い返すこととなった。レーニンが言っていたように、ブルジョワジーが盗んだものをブルジョワジーから盗み返すのだ。共産主義は展望として、別の人間、別の社会をかいま見ていた。だが今のところ、つまりいわゆる否定的な長い段階においては、共産主義がブルジョワ国家に向けるのは国家装置である。悪に抗するための、悪の手段なのだ。したがって、それぞれの事柄は、その悪しき起源において考察されるか、それともそれが追求する未来の展望において考察されるかによって二重化する。かつてマルクス主義者は惨めであった。――いまでは、全体のなかでしかるべき場に置き直され、その原因によって知られるような悲惨でもある。「頽廃」の作家として、彼はブルジョワジーのデカダンスを継続している。だがまさにその点においてニザンは証言し、別の未来へ向けてブルジョワジーを超克する。共産主義者ニザンは「世界を眺め、その世界の中に自分の姿を眺めることができたのである(10)」。彼は主体であり、客体であった。客体としては、時代とともに敗れ去り、主体としては、未来とともに救われた。しかしながら、二重なところもあるこの人生は一つの人生であった。マルクス主義的な人間は歴史の生産物であると同時に、別の社会、別の人間を生産するものとして、歴史に内側から参画する。どうしてこのようなことが可能なのだろう。そのためには、有限な存在でありつつ、無限の生産性に組み込まれ直さなければならないだろう。だから多くのマルクス主義者はスピノザ主義に惹かれ、ニザンもそのひとりだった。サルトルもまたニザンのようにスピノザを好んだが、超越的なものや調停者には抵抗し、やがてはスピノザの内にそれらの策略の等価物、「有限様態の肯定的な充実が、同時にその限界を打ち破り、無限実体に回帰すること」[11]を認めることになる。結局のところスピノザは、否定的なものの固有な力《ヴエルテユ》と、否定的なものの労働〔ヘーゲル〕を覆い隠すためにあらゆることをしたのであり、スピノザ的マルクス主義とは、不正なやり方で、この世においてすでに、肯定的なものへの回帰を保証するものにほかならない。無限の肯定性に参与すること、それは剝き出しの苦悩の偽名であり、否定的なものを通過して、向こう岸に着いて、死を汲み尽くし、全体化し、内化したと称することにほかならない。「私たちはそれすら得てはいない。自分の無との仲介なしのコミュニケーションを行なうことさえできはしない」[12]。この哲学的な言い回しを、サルトルは後になって見いだした。だが彼は、救済を求める人間が忘れられるときには策略とごまかしがあることを、二五歳で感じ取っていた。ニザンはもう自分のことは考えたくないと思い、それに成功し、因果連鎖にだけ注意を向けていた。だが彼もまた否定者である。かけがえのない者として、事物に押しつぶされたものとして[13]。資本主義の生産物としての私という存在と、私を通した別の未来の肯定という、二つの肯定性を接合することでは、真の否定性を作ることはできない。なぜなら、両者のあいだには競合関係があり、どちらか一方が優位に立ってしまうからだ。あるときには、反抗は教化の手段、職業的な主題となってしまい、それはもはや感じられも生きられもしなくなる。マルクス主義的人間は理論や運動によって救われるものとなり、職務に身を落ち着けてしまう。――マルクス主義のかつての基準からすれば、これはもうおしまいである。そうでない場合、これは最良のマルクス主義的人間に起きることであるが、彼は忘れることもなく、自分に嘘をつくこともない。彼の叡智は、各瞬間の苦悩によって再生し、不信心が彼の信仰である。だがそれを口に出すことはできないので、他者たちに対して嘘をつかなくてはならなくなる。そういうわけで、私たちは共産主義者との多くの会話において以下のような印象を持つ。このうえなく客観的ではあるが、同時にもっとも苦悩に満ちた思想という印象、厳格さの陰に柔弱さがあり、ひそかにじめじめしたところがあるという印象である。共産主義的な否定は、肯定性が反転したものであるので、それが語っているのとは別のものであること、二つのことを語る腹話術的なものであること、サルトルはこのことをつねに知っており、言ってもいた。だからこそ彼は共産主義者であることを思いとどまったのである。

「否定的人間」の言い逃れをこれほどよく見ていながら、サルトルが一九三〇年以前のまさしく危機的な段階について語るとき、それを懐かしむような言葉を口にしていることにひとは驚きを禁じ得ないだろう。〈革命〉はその「建設的な」段階と同様、その時期にもすでに贋金を使っていたというのに。おそらく彼は、後によくよく考えてみて、より少ない悪として加担していたのだろう。サルトルは一度として、ニザンが三〇年前にとっていた立場を取り上げ直すことはなかった。あくまで自分なりの理由から、アンガジュマンへと彼を導いた経験の名の下に、こうした立場を二次的なものとして正当化しただけで、救済について彼がいつも考えていたことを変えることはなかった。だが一九三九年に始まるまさにこのことを、たどり直す作業が残っている。

一九三九年にニザンは、ひとはそれほど早くは救われないこと、共産主義への加担はジレンマや分裂から解放してくれないことを、突如として発見する。——他方でそのことをわきまえていたサルトルが、肯定的なものと歴史を修業し始め、これが後に彼を一種の外部の共産主義へと導いていくことになる。こうして彼らの道が交差する。ニザンは共産主義的政治から反抗に回帰し、非政治的だったサルトルが社会的なものを経験することになる。この美しい物語を読まなくてはならない、ただしサルトルの肩越しに読まなくてはならない。筆が進むにつれ、彼の省察が入り込む。そこにおそらく私たちの省察もまじえなければなるまい。

サルトルは言う、新しい人間や新しい社会はいまだ存在せず、それをおそらくは自分の目で見ることはないことをニザンは認めていた。だが犠牲をかえりみず、何一つ惜しむことなく、〈革命〉の手段にいちいち異議を申し立てることなく、この未知の未来に身を捧げなければならないことも認めていた。モスクワ裁判[*44]について彼は何も言わなかった。彼にとってより明白な、もう一つの試練が到来する。〈党〉の機関紙で対外政策を担当していた彼は、ソビエトとの同盟がファシズムと戦争を同時に遠ざけるだろうと何度も説明していた。サルトルが一九三九年七月にマルセイユで会ったときも、彼は繰り返していた。――ここで一言付け加えておきたい。ニザンはおそらく、ファシズムと戦争の両方を避けることはできないことを知っていた。もし戦争がファシズムを抑制する唯一の手段であるとしたら、彼は戦争をひそかに受け入れていた。私はたまたまこのことを証言することができる。彼がサルトルと会った三週間後に、私がニザンに会った。間違いでなければ、それはコルシカ島のポルトのカサノヴァ[*45]の家でのことだった。サルトルと会ったときと同様、彼は陽気でにこやかだった。だが――友人たちが方針転換の心準備をさせていたのか、彼自身が上層部から働きかけられていたのかはわからないが――、彼は秋にはファシズムが屈服するだろうとはもはや言わなかった。彼が言ったのは、ドイツとの戦争があるだろう、だがソビエト連邦との同盟などによってフランスが結局勝つだろうということだった。彼の口調は穏やかで決然としていたので、まだその声が聞こえる。彼はついに自分自身から解放されたかのようだった……。二週間後に独ソ不可侵条約が締結され、ニザンは共産党を去る。彼は説明する。いや、自分は条約のせいで去るのではない。この条約はヒトラーの西欧の友人たちを叩き潰すためのものだ。それにしてもフランス共産党は威厳を保ち、憤りを装い、見かけのうえでは連帯を組むのをやめるべきだった、と。ニザンは気づいていたのだ。共産主義者であることは自分で選んだ役割を演じることではなく、あるドラマに巻き込まれ、別の役割があるのかも知らないうちに、ある役割を割り当てられるものだということ、そしてそれは一生涯の企てであり、信仰につながったり、そこから最終的に引き離されたりするが、いずれにせよ定められた限界や当初の約束を越えてしまうということに気づいていた。こんなものなら、つまり共産主義的な生であれ別の生であれ、何ごとも本当に成就しないというのが本当なら、そして、長年にわたる労働と行動が、一瞬のうちに嘲弄の的になってしまうなら、自分は続けられない、いやだ、と彼は考えたのだ。同じときにサルトルは何を考えていたのか。彼はできることなら、ニザンが自分を欺いたと考えたかった。だが違った。ニザンは〔党の職を〕辞任する。欺かれたのは彼なのだ。彼らは政治の世界の二人の子どもである。厳しい世界で、危険の大きさを測ることもできず、平和はおそらく戦争を恐れない者にしか与えられない。力を使う覚悟ができているときにのみ、それを見せながら行動できる。その力をおそるおそる見せてしまうと、戦争になり、敗北する。「私は一つの世代（……）の途方もない過失を発見した。大戦前夜の狂暴な一時期を通じて、私たちは虐殺へと駆り立てられていたのに、自分では平和の芝草の上を悠々と歩いているつもりだったのだ[14]」。だからサルトルとニザンでは、失望が異なり、その教訓も異なっていた。ニザンは力と戦争、そして死を、非常に明確な大義のために受け入れていた。出来事は、彼の犠牲など問題にしていなかった。もはや彼は自分自身の内にしか避難所を持てなかった。平和を信じていたサルトルは、名もなき逆行性[*46]を発見し、それを充分に考慮しなければならなくなった。この教訓を彼は忘れない。それは彼の政治上のプラグマティズムの起源にある。幻惑された世界における問いは、誰が正しいか、誰がもっともまっすぐに進んで行くかということではなく、誰が〈大いなる欺き手[*47]〉に対等に立ち向かえるか、そしてどのような行為が、この〈大いなる欺き手〉を説得できるほど柔軟で厳しいものとなりうるか、ということなのだ。

このように考えるならば、サルトルが今日一九三九年のニザンに向ける反論が、そして、なぜそれがニザンには無力なのかも理解できるだろう。ニザンは怒っていた、とサルトルは言う。だがこの怒りは気分の次元のものだろうか。それは根本的なことが問題になるときに、かなり有効な認識の方法である。みずから共産主義者になり、毎日のように党において行動していた者には、語られた事柄となされた事柄の重圧がある。自分自身もまた語り、行動したのだから。一九三九年の転換をまともに受けとめるには、ニザンはマネキン人形になり、破壊されなければならなかったことだろう。そもそも彼が共産主義者になっていたのは、懐疑主義者を演じるためではなかったのだ。あるいはまた、たんなるシンパ

〈共産主義への共鳴者〉でなくてはならなかったことだろう。だが党が問題なのではない、とサルトルはさらに言う。死が彼を襲ったのは、党によるのではない。「虐殺は〈地球〉によって生み出され、至るところで誕生したのだ」[15]。そうだろうと思う。だがこんなことを言うのは、党を相対的なものとして正当化すること、つまり〈地球〉の歴史の一事実とみなして正当化することである。その中にいたニザンにとって、党はすべてか無だった……。「衝動的だ」ともサルトルは言う。「もし彼が生きていたら、レジスタンスは他の多くの者と同様に彼を戦列に復帰させただろうに」[16]。もちろん戦列には復帰するだろう。だが党の戦列に復帰するかどうか。それは別問題だ。ほとんど反対のものだとも言える。それは権威主義的な職務、階級を区別するマークのようなものだからだ。たとえ復帰したとしても、彼はこの事件を忘れることはなかっただろう。彼が去った共産主義は、祖国と家族を〈革命〉において取り戻すという賢明な理論であった。彼がふたたび見いだしただろう共産主義は、レジスタンスによる〈革命〉の役割を演じることになる、向こう見ずな共産主義になることだろう。それは敗北主義に続く共産主義であり、その後には、戦後の復興や妥協が始まる。彼がたとえそれを望んだとしても、このような成り行きについていくことができたろうか。マルクス主義の真理を信じていた彼が。そのたびに立場を決めなくてよいならついていくこともできただろう。共産主義の逸脱を、証拠書類を手元において、外部から、あるいは（同じことだが）事後的に正当化するならよい。だが策略を組織し、欺き手になるのはそれとはまったく別のことだ。私は一九三九年にロレーヌから、予言者ぶった手紙を書いて、ソビエト連邦とフランスの役割をマキアヴェッリ風に配分したのをおぼえている。だがソビエトとの同盟を説いて何年も過ごすことはしなかった。サルトルと同じく、私は党に属していなかった。さまざまな党のもっとも困難な点を、落ち着いて裁くにはよい立場である。私たちは間違っていなかったが、ニザンは正しかった。外部からの共産主義は、共産主義者に与えるべき教訓を持たない。あるときは彼らよりシニカルであり、あるときは彼らのほうがシニカルで、彼らが同意するところで反抗し、彼らが拒否するところであきらめる。外部からの共産主義は、共産主義的生活を自然に理解できない立場にある。ニザンは教えを「忘れていった」が、それもまた学ぶことである。おのれの存在理由、共産主義者の存在理由に基づいた、ニザンの一九三九年の反抗が後退だというなら、ブダペストの蜂起も後退と呼ぼうではないか。

一人は苦悩から、もう一人は歓びから出発し、一人は幸福に向け、もう一人は悲劇に向けて歩む。一人は古典的な側面から、もう一人は闇の面からどちらも共産主義に接近し、ついにはどちらも出来事によって打ち捨てられる。おそらく今日ほど、サルトルとニザンはおたがいに近づいたことがなかっただろう。今やこの深い文章のなかで、おたがいの経験を照らし合うのだ。こうしたすべてのことがどのような結論に向かうのかを語るため、この省察がサルトルからもぎ取ってくるいくつかのきらめくような言葉の帰結を引き出す必要があるだろう。彼において変わることがないのは、新規なものや自由に対する感覚である。「新たな自由を作り出さぬかぎり、失われた自由は取り返されるはずはない。振り返ることは許されない。たとえ私たちの「本来的な」欲求を評価するためであろうとも[17]」。だがこの真の否定性について、つまり、同じものに別の名前を付けるだけでは満足しない否定性について、現在どこに表徴《エンブレム》や武器を見いだせばよいのだろうか。〔一九一七年の〕十月革命の世代のロシアが世界に与えてくれなかったものを、新たな潮流から、新たな民族から期待しなければならないのか。私たちの急進主義《ラディカリスム》の位置を移動させることなどできるだろうか。歴史には単純明快な関係などないのに。若者にこんなことを言えばよいのか。「きみたちの好みに従って、キューバ人になりたまえ、ロシア人か中国人になりたまえ、アフリカ人になりたまえ。彼らは答えるだろう、生まれ変わるにはもうおそすぎる、と[18]」。中国においておそらく明白なことが、少なくともフランスでははっきりしない暗黙のものであり、二つの歴史はつながり合わない。たとえいつかそのような権力を持ったとしても、中国がたとえばハンガリーを、フランスを解放するだろう、などと誰があえて主張するだろう。そして一九六〇年のフランスにおいて、いったいどこに野生の自由の意味《サンス》を見いだせばよいのか。何人かの若者はその生において、何人かのディオゲネスたち[*48]はその書物において、野生の自由の意味を維持している。大衆のなかのどこにこの意味があるのか。公的生活の中にさえあるとは言えないだろう。自由や創発はマイノリティであり、反対派である。人間は隠されている、完全に隠されている、そして今回は思い違いをしてはならない。人間が隠されているということは、それが仮面の下にいて、いまにも現れそうだという意味ではない。疎外とは、自然権によって固有なものとされているものを、私たちが奪われているということではない。だから疎外を終わらせるためには、盗まれたものを盗み返すこと、私たちに当然支払われるべきものを支払い直してもらうだけでは十分ではない。事態はもっと深刻なのだ。仮面の下には素顔はなく、歴史的人間はけっして人間であったことはないが、にもかかわらずどんな人間もたったひとりではない……。

だからサルトルが、どのような資格で、また、どのような意味で、若いニザンの要求をいま取り上げ直し、反抗する若者に提供しうるのかが理解できるだろう。「ニザンは、私たちの女たちに関係し、私たちを去勢しようとする老いぼれどものことを、苦々しげに語った[(19)]」。ニザンは〔『アントワーヌ・ブロワイエ』で〕書いていた。「人間は、完全で自由でないかぎり……夜な夜な夢を見続けるだろう[(20)]」。サルトルは言う。「愛は真実であるが、私たちは愛を妨げられている、ということだ。生命は真実であり得るし、真実の死を生み出しうるが、私たちは生まれる以前にすでに殺されている、ということだ」[21]。そうであるならば、私たちの兄弟である愛は、そして姉妹である生命はそこにある。また、出産と同じくらいに希望に満ちた、私たちの姉妹である肉体の死さえもある。〈存在〉は手の届くところにあって、たんに老いぼれや金持ちから解放してやりさえすればよい。飽くことなく欲望したまえ、「怒りを向けよ。きみらを怒らせた者どもに。自分の悪を逃れようとするな。悪の諸原因をつきとめ、それらを打ちこわせ」[22]。残念ながら、サルトルがこの後で語るニザンの物語は、真の原因をつきとめることがそう容易ではないことを示すのに充分である。――それらを打ちこわせ、というのは、敵が捉えがたいときに、戦争で使われる言葉である。夢見ることもなく、よく生きたがゆえによき死を迎え、死について考えたがゆえに生を愛することができるような完全な人間とは、両性具有の神話のごとく、私たちには欠けているものの象徴なのである。

ただし、おそらくこの真理はあまりにも厳しいので、サルトルはそれを若者の言葉、若きニザンの言葉に翻訳し直す。「女たちが年寄りと金持ちのためにとっておかれるような社会においては……」[23]。これは息子たちの言葉だ。世代ごとに聞かれるオイディプス的な言葉だ。サルトルは非常にうまく述べている。ひとりひとりの子どもは、父親になることによって、父親を殺すと同時に再開する、と。私はこう付け加えよう。よき父親とは、記憶にないほど昔の子供っぽさの共犯者である。彼はみずから殺害に身をさらす。この殺害においてこそ、彼の幼年時代が甦り、この殺害こそが彼を父親として認めさせるからだ。この殺害無力なものになってしまうより、有罪になったほうがましだ。これは子どもたちに生を隠すための、威厳にみちた策略だ。この悪しき生、それを「作り上げたのは私たちだ[24]」。この傷だらけの生、それは「私たちが若者たちに作り（……）、いまも作り続けているものだ[25]」〔とサルトルは言う〕。だがそれは本当ではない。どんなときにも私たちが事態を把握していたというのも本当ではないし、明白な問題を前にして、私たちが軽薄さからすべてをだめにしてしまったというのも本当ではない。サルトルの序文を読むと若者は、年上の者たちがそれほど容易な人生を送らなかったことをこそ学ぶだろう。サルトルは彼らを甘やかしている。というよりはむしろ、これは彼がいつも使うモデルなのだが、もう四〇代になろうとする、自分の精神上の息子たちに厳しくして、すべてをその次の世代に譲り渡してしまう。――そして彼らを、ライバル関係の永劫回帰へと投げ返す。正しかったのはニザンだ、彼こそ君たちが範とすべき人間だ、彼の作品を読みたまえ、というわけだ。私は、サルトルも読みたまえ、と付け加えたくなった。たとえば、非常に重々しい、以下の短いフレーズを。「まさに同一の理由《レゾン》〔＝根拠〕で、私たちは幸福を奪われ、幸福を享受することを永遠に不可能にされているのである[26]」。サルトルは同一の原因と言いたかったのだろうか。この人類ではなく、別の人類なら幸福になると言いたいのか。これはパスカルと同じく、すべてを死後の世界に賭けることだ。しかも彼は同一の理由〔＝根拠〕と言っている。だとすると失墜は偶有性ではなく、原因は私たちの内に共犯者を持っているということだ。自分自身だけを責めることと、外的な原因だけを信じることには、同じ程度の弱さがある。どちらの場合にも私たちはつねにやり損なうのである。悪は私たちあるいは他人によって創造されるのではなく、私たちが相互に紡ぎ合った織物から生まれ、そして私たちを窒息させる。これを真の意味で織り直すことができるほど強い人間が新たに生まれ、そんなことをする忍耐力を持つことなどあるだろうか。

結論は反抗ではなく、なにごとも甘受しない力量《ヴィルトウ》[*49]にある。救済を信じた者、救済こそすべての次元で使える唯一の手段だと信じた者にとっては、これは失望である。私たちの歴史において、空間は新たなかたちで現れ、西欧は、中国やアフリカやロシアと同じペースで進んではいない。だから歴史が、扇がたたまれるように閉じていくと信じた者にとって、これは衰退を示すことだろう。だがこの時間の哲学がなおも、ふるき悲惨から生まれた夢想であるとしたら、なぜそのような哲学の名の下に、現在をそんな高所から裁くのだろう。普遍的な世界時計などなく、私たちの目の前にはローカルな諸歴史だけがあって、それぞれ形をとり、自分たちで時間をあわせ始め、手探りでおたがいに結び付き、生きることを要求し、彼らが犯した危険の大きさ、そしてみずからの混乱の意識が与えてくれた知恵の大きさを確認しつつある。世界はそのすべての諸部分において、かつてないほどそれ自身に対して現前している。世界資本主義と世界共産主義、そしてそれらのあいだには、二〇年前よりも多くの真理が循環している。歴史は自白せず、その幻滅すら自白しないが、幻滅を繰り返しもしないのである。

（一九六〇年二月および九月）

原注

（1） Serge Mallet : *Gaullisime et néo-capitalisme*, Esprit, février 1960.〔セルジュ・マレ「ド・ゴール主義とネオ・キャピタリズム」、『エスプリ』誌、一九六〇年二月号。セルジュ・マレ（1929–1973）は第二次世界大戦中はレジスタンスに参加、戦後はポール・ニザンもかかわっていた共産党の日刊紙『ス・ソワール』に寄稿。一九五六年に共産党を去り、六〇年に統一社会党に参加、先端産業の労働者、青年管理職、技師、若い農民などを含む新しい労働者階級の形成を説く。訳書に『新しい労働者階級』（海原峻・西川一郎訳、合同出版、一九七〇年）がある。マレの略歴については同訳書の訳者あとがきを参考にした。〕

（2） *Ibid.*, p. 211.

（3） *Ibid.*, p. 214.

（4） フッサール。〔Gegenseite の訳と思われる。『ヨーロッパ諸学の危機と超越論的現象学』細谷恒夫・木田元訳、中公文庫、一九九五年、第六六節、四〇九頁参照。またメルロ＝ポンティ『見えるものと見えないもの』滝浦静雄・木田元訳、みすず書房、一九八九年、「研究ノート」一九五九年一月のノート、二三五―二三六頁も参照。〕

(5) ジャン・ポーラン〔Jean Paulhan. 1884-1968. フランスの作家、批評家、編集者。一九二五年から一九四〇年まで『新フランス評論』を指導（一九五三年に『新・新フランス評論』として再開）、一九四五年にはサルトル、メルロ＝ポンティの雑誌『現代』誌創刊にも協力する。メルロ＝ポンティは『世界の散文』においてポーランの『タルブの花』や『詩の鍵』を多く援用し、とくにその「神秘」の概念を論じている。ここでの正確な出典は不詳だが、たとえば『タルブの花』の以下の箇所を参照。「しかし、無政府主義者がやってきて「家庭なんぞ、御託（phrases）でしかない。財産なんか、語（mots）でしかない」と言いだすことも十分考えられるのだ。贅言なるものは、常に他人の思考のことである。人は警官を牛と呼び家主のことを禿鷹と称するように、自分の認めない思想を語だという」（『タルブの花』野村英夫訳、『言語と文学』所収、書肆心水、二〇〇四年、二二〇頁）。〕

(6) Jean Starobinski : *Montaigne en movement*, N.R.F., février 1960.〔ルソー研究で知られるジャン・スタロバンスキーは、メルロ＝ポンティの慫慂により一九五六年刊行の『著名な哲学者たち』（邦訳『メルロ＝ポンティ哲学者事典　第二巻』加賀野井秀一・伊藤泰雄・本郷均・加國尚志監訳、白水社、二〇一七年）の「モンテーニュ」の項（加賀野井瞳訳、一八四―一九五頁）を執筆、それをきっかけに一連のモンテーニュ論を執筆し、一九八二年に『モンテーニュは動く』(*Montaigne en movement*, Paris, Gallimard)（早水洋太郎訳、みすず書房、一九九三年）として

まとめる。運動としての自己の問題については同書VI-2（邦訳三六二頁以下）を参照。〕

（7） Préface à *Aden Arabie*, F. Maspero édit, 1960.〔サルトル「ポール・ニザン」鈴木道彦訳、『シチュアシオンⅣ』所収、人文書院、一九五四年。この文章ははじめ、ポール・ニザンが一九三一年に出版した『アデン、アラビア』が一九六〇年にマスペロ社から再刊された際の序文として執筆された。〕

（8） *Swann*, I, 265.〔プルースト『失われた時を求めて 1 第一篇 スワン家の方へ I』鈴木道彦訳、集英社文庫へリテージシリーズ、二〇〇六年、三八八頁。「ものを創造する信仰が私のうちで涸れてしまったからか、それとも現実は記憶のなかでしか形成されないためか、私には今日はじめてだれかに見せられた花が本当の花とは思われない」。〕

（9） Préface à *Aden Arabie*, p. 51.〔前掲「ポール・ニザン」一四四頁。「だが〈党〉は無情にも彼を社会化した。つまり集団的な彼の存在は、彼の個人的人格にほかならなかったのだ。自分を揺り動かす逆巻く波〔動揺〕（remous）を聖なるものと認めるだけで充分であった。彼は自分を出来損ないの怪物であると判断していた」。〕

（10） *Ibid.*, p. 46.〔同書一四二頁。〕

（11） *Ibid.*, p. 55.〔同書一四八頁。〕

（12） *Ibid.*, p. 41.〔同書一三五頁。「「完全に剝き出しの苦悶《アンゴワス》……、いかなる形態も無視した苦悶」だった。彼はその時、根源的で物質的な直観を享受していると思い、統一された徹底的な否定によって、自己の肉体の完全な統一を知ったと考えた。だがそんなことではなかったのだと私は思う。私たちはそれすら得てはいない。自分の無と仲介なしにコミュニケーションを行なうことさ

えできはしない。実際のところは、衝撃が昔体験した彼の苦悩をめざめさせたのである」。〕
(13) *Ibid.*, p. 55.〔同書一四八頁。「集団的なアンガージュマンの真只中で、彼は自己の不安の特異性を保持するだろう。彼はもう自分のことを考えまいとし、それに成功した。彼はもはや客観的必然性にしか注意を向けなかった。にもかかわらず、解消することのない無《ネアン》の空洞によって、彼のうちなるあの真空の水泡によって、ニザンはやはり誰よりも脆い、誰よりも「かけがえのない」存在であり続けた」。〕
(14) Préface à *Aden Arabie*, p. 57.〔同書一四九頁。〕
(15) *Ibid.*, p. 60.〔同書一五二頁。〕
(16) *Ibid.*, p. 58.〔同書一五〇頁。〕
(17) *Ibid.*, pp. 44-45.〔同書一三八頁。〕
(18) *Ibid.*, p. 17.〔同書一一三頁。〕
(19) *Ibid.*, p. 29.〔同書一二五頁。〕
(20) *Ibid.*, p. 30.〔同書一二五頁。〕
(21) *Ibid.*, p. 45.〔同書一三八頁。〕
(22) *Ibid.*, p. 18.〔同書一一四頁。〕
(23) *Ibid.*, p. 29.〔同書一二五頁。〕
(24) *Ibid.*, p. 18.〔同書一一四頁。〕
(25) *Ibid.*, p. 61.〔同書一五三頁。〕
(26) *Ibid.*, p. 51.〔同書一四四頁。〕

訳注

＊1 propos　本書には採録しなかったが、『シーニュ』には一一編の哲学的試論《エセー》の後に、一九四七年から一九五八年にいたる、「プロポ」と題された、主に政治評論と若干の文芸批評から成る、一四編の小論が採録されている。「プロポ」とは、主知主義的な哲学者でありながら、非体系的で柔軟な思想も展開したアラン（Alain, 1868–1951）が愛用した、小論形式の思索集の題名であり、メルロ＝ポンティはここでそれを模していると思われる。また哲学的「エセー」という表現については、『シーニュ』で論じているモンテーニュの『エセー（*Essais*）』が意識されていると思われる。メルロ＝ポンティはモンテーニュについて以下のように述べる。「モンテーニュにおける自己意識は、自己との対話であり、彼という不透明な存在に向けられ、そこからの応答を期待する問いかけ（interrogation）であり、自分自身に対する『エセー（試練、試み）』つまり「実験」なのである」（「モンテーニュを読む」二宮敬訳、『シーニュ 2』みすず書房、一九七〇年、七六頁）。メルロ＝ポンティは『見えるものと見えないもの』において、これを「問いかけ」の哲学として厳密に練り上げていく。

＊2 Charles Maurras（1868–1952）　フランスの作家、政治家。後出のドレフュス事件をきっかけに、一八九九年、右翼団体「アクシオン・フランセーズ」を結成。

＊3 Alfred Dreyfus（1859–1935）　ユダヤ系のフランスの軍人。一八九四年にスパイ容疑で無期流刑に処される。その後無実の証拠が発見され、再審を要求する知識人と、反ユダヤ主義的な国家主義者の間に激しい政治闘争が起こる。いわゆるドレフュス事件である。一九〇六年の最高裁

判所によって無実が確定するが、フランス内部の深い対立を明るみに出した。

＊4　inscrit　シャルル・ペギーの「歴史的記載」(inscription historique) という表現に基づく。シャルル・ペギー (Charles Péguy, 1873-1914) はフランスの詩人、思想家。ドレフュス事件に際してドレフュスを擁護し、一九〇〇年より「半月手帖 (*Cahiers de la Quinzaine*)」を創刊。学生時代よりベルクソンの哲学に心酔し、ベルクソンとは後に親交を深める。第一次世界大戦と同時に志願し、マルヌで銃弾を受けて死亡。当時の実証主義的歴史学を批判し、特異な歴史哲学の書である『クリオ (*Clio, dialogue de l'histoire et de l'âme païenne*)』を執筆。「歴史的記載」については、たとえば以下を参照。「二人であれこれ語り合った歴史の記載や、時間的な記載をめぐる問題にほかならない。自分が時間的記載の対象となるまで長いあいだ「待つ」ことはできる。でも記載の「機会を逃す」ことは許されない。ある意味からすれば記載されるまで延々と待ち続けることはできるかもしれない。待ち続けたところで特段の不都合はないかもしれない。でも記載がおこなわれる日には、是が非でも記載してもらう必要がある (……)。記載というものは一度その機会を逃すと取り戻すことができないようだから」(宮林寛訳『クリオ──歴史と異教的魂の対話』河出書房新社、二〇一九年、一三四頁)。メルロ＝ポンティはペギーの歴史論に基づいて、ベルクソンの晩年の歴史論の不十分さを批判している。本書所収の「生成しつつあるベルクソン」を参照。

＊5　一九五四年のアルジェリア民族解放戦線 (FLN) の結成に始まり、一九六二年のアルジェリア独立に至るアルジェリア戦争のこと。

＊6　二〇年前の一九四〇年に、フランスはドイツに侵攻されたが、シャルル・ド・ゴールはロン

ドンから「自由フランス」の名の下に声明を発する。大部分のエリートがヴィシー政権についたのに対してド・ゴールが軍事エリートをどのように組織していったかについては、S. Berstein, P. Birnbaum, J.P. Rioux (sous la dir. de), *De Gaulle et les élites*, Paris, La Découverte, 2008 などを参照。

＊7 アルジェリア戦争をきっかけに政権に復帰したシャルル・ド・ゴールは、大統領に執行権を集中させ、議会の権限をいちじるしく制限する憲法を発布し、一九五八年一二月大統領に選出される。

＊8 Service inutile モンテルラン（Henry de Montherlant, 1896–1972）の一九三五年のエセー集の表題（堀口大學訳『無駄奉公』新潮社、一九五〇年）。メルロ゠ポンティは「英雄、人間」という一九四六年に発表された文章で、サン゠テクジュペリを論じつつ、この論集に言及している（海老坂武訳、『意味と無意味』所収、みすず書房、一九八二年、二六九頁）。

＊9 一九五六年のいわゆる「ハンガリー動乱」のこと。学生や労働者によるデモを契機とした暴動に対し、ソ連が二回にわたり軍事介入し、叛乱を鎮圧した。

＊10 Nikita Sergeyevich Khrushchev（1894–1971） スターリン死後の一九五三年党第一書記となり、五六年にはいわゆるスターリン批判を行なう。

＊11 フロイトは「フモール」（1927）という論文において、「怯えている自我にフモールで優しく元気づけるように語りかける」のが超自我だという（石田雄一訳「フモール」、『フロイト全集19』岩波書店、二〇一〇年、二七三頁）。この小論はすでに一九二九年にフランス語に訳され、一九三〇年に『機知とその無意識との関係』と題されたフロイトの著作集に再録された（同書三

八一―三八二頁参照)。

*12 usage de la vie　デカルトがエリザベトへの書簡で、「心身合一」の領域の位置付けについて説明するために使用した言葉に由来する。「最後に、魂と身体との合一を理解するようになるのは、実生活と日常の交わりだけを用い (en usant seulement de la vie et des conversations ordinaires)、省察したり、想像力をはたらかせるものを研究したりすることをさし控えることにおいてです」(山田弘明訳「デカルトからエリザベトへ」、『デカルト全書簡集　第五巻 (1641–1643)』知泉書館、二〇一三年、三〇一頁)。

*13 György Lukács (1885–1971)　ハンガリーの哲学者。ドイツに学ぶ。一九一八年にハンガリー共産党に入党、一九二三年に『歴史と階級意識』を執筆。モスクワのマルクス・エンゲルス研究所で教鞭をとったのち、一九四五年ハンガリーに帰国。『ゲーテとその時代』(1947)、『若きヘーゲル』(1948)、『理性の破壊』(1954) などを刊行。メルロ゠ポンティはとりわけ『弁証法の冒険』(1955) 第二章において、マックス・ヴェーバーの延長に『歴史と階級意識』を位置付け、批判的に読解している (滝浦静雄・木田元・田島節夫・市川浩訳『弁証法の冒険』みすず書房、一九七二年)。

*14 Yves Velan (1925–2017)　スイスの作家。戦後共産党に参加。最初の小説『私 (*Je*)』はパリのスイユ社から一九五九年に出版されている。

*15 corps de l'esprit　メルロ゠ポンティは一九五三年にコレージュ・ド・フランスの初年度の講義『言語の文学的使用についての研究』においてヴァレリーとスタンダールを中心に論じている。この講義草稿によればこの語は、『わがファウスト』の一節 (恒川邦夫・松田浩則編訳『ヴ

ァレリー集成Ⅵ』所収、筑摩書房、二〇一二年、三一七頁）から借用されたようである。Maurice Merleau-Ponty, *Recherches sur l'usage littéraire du langage, Cours au Collège de France, Notes, 1953*, texte établi par Benedetta Zaccarello et Emmanuel de Saint Aubert, Genève, MētisPresses, 2013, p. 142 を参照。そこで引用される『わがファウスト』の以下の一節は、事実上この語の解説となっており、メルロ゠ポンティの表現論にも影響を与えている。「じゃあ、聞いてくれ。私は偉大な作品、一冊の本を作りたいのだ（……）。要するに、魂のあらゆる転調（modulations）と精神のあらゆる気まぐれとを取り入れたような文体、精神そのものがやるように、自分が表現するものを手がかりに自分を立て直して（se reprendre）、表現する主体を自分に感じられるようにするような文体、そして、自らを表現意志、語る主体の生きた身体（corps vivant de celui qui parle）、ある対象としばらくの間混じり合うことができたことに突如驚きをみせるような文体ということになるな、もっとも、思考が自らの対象と混じり合うことは、まさにその本質でも役割でもあるけれどね」（同書三〇三—三〇四頁。傍点は、メルロ゠ポンティが下線を引いて強調している箇所である）。

＊16　côtés　両立し得ないものの「同時性」を表現するために、晩年のメルロ゠ポンティは、二つのものが一つの表面の「二面（deux côtés）」や「裏側（envers）」（次段落参照）であるという比喩をしばしば使用している。本論原注（4）を参照。

＊17　simultanéité　同時性の概念をメルロ゠ポンティはさまざまな場面で強調するが、ここではとりわけ画家のロベール・ドローネ（Robert Delaunay）の論考が意識されており、以下のレールの例もドローネに由来する。ドローネには〈同時的な窓〉と題された一連の作品がある。レー

ルの例については、メルロ＝ポンティ『コレージュ・ド・フランス講義草稿 1959-1961』松葉祥一・廣瀬浩司・加國尚志訳、みすず書房、二〇一九年、二一一頁も参照。

＊18 la chair du monde この表現は、メルロ＝ポンティの同時代のフランスの作家クロード・シモン（Claude Simon, 1913-2005）の作品にもみられ（前掲邦訳『コレージュ・ド・フランス講義草稿 1959-1961』二五六頁、および四八九頁訳注25参照）、メルロ＝ポンティは一九六〇―一九六一年度の講義で、シモンのいくつかの作品をプルースト、クローデルとともに論じている。さらにメルロ＝ポンティは『見えるものと見えないもの』において、「肉（chair）」の概念を、「それ自体で思考可能な」「究極の概念」（前掲邦訳一九五頁）として提示する。『シーニュ』においてその用法はまだ流動的だが、ここですでにこの概念がたんに「身体」的な次元を越えて、まずは「世界の肉」にまで拡張されていることに注目すべきであろう。やがてこの概念は、感覚的世界を逸脱し、他者や間主観性や言語や「歴史の肉」へと拡張されていくことになる。本論訳注＊26を参照。

＊19 écart 本書「間接的言語と沈黙の声」訳注＊2を参照。

＊20 メルロ＝ポンティは『知覚の現象学』においては、主知主義的な意識が付与するものを signification と呼び、それに対して発生的現象学が明るみに出す、生まれつつある意味を sens（「方向」という意味もある）と呼び分けていたが、『シーニュ』ではこの区別は曖昧になっており、両者を区別することに特別な必要がないかぎり「意味」に統一し、適宜ルビなどで補足する。「意味作用」という意識作用を連想させる語や、「意義」という価値論的含意のある語を避けるためである。

＊21　réinvestissement　フロイトのエネルギー論的視点からの用語。一定量の心的エネルギーが対象に充当されることを備給というが、再備給においては、前意識・意識を介して、事物表象と言語表象が結び付き、対象表象へと翻訳されることで、高次の心的組織化がもたらされる。

＊22　animal de mots　メルロ＝ポンティはこの語をヴァレリーに帰し、さらには自分なりに展開し、animal de perceptions et de mouvements（知覚と運動の動物）などと言い換え、身体論にも流用している（本書「哲学者とその影」二五四頁参照）。ただし前出の訳注＊15に挙げた『言語の文学的用法について』の編者B・ザッカレッロによれば、これはピウス・セルヴィアン（Pius Servien, 1902–1953）という、ブカレストに生まれ、パリで死去した作家の『生けるヴァレリー』（*Paul Valéry vivant*, Cahiers du Sud, 1946, p. 169）という著作に採録された「コレージュ・ド・フランスにて」という報告に基づくものと思われる。「講義において彼〔＝ヴァレリー〕はしばしば彼の精神についての考え方である混合体（implexe）について語っていた。これは私たちの内で生きている神秘的な動物で、私たちには異様な語を語る（というのも、生まれたばかりの子供は、この語を社会から少しずつ借用するのだから）。だがこれこそが私たちの内でもっとも不快なものであり、私たちの思考そのものだ。ヴァレリーの内では、この混合体、語の動物は、かつては若き野獣であったが、ポーやマラルメの教えに従って飼い慣らされており、私には、そうした師たちよりもはるかに優れたものになっているようにみえた」（前掲 *Recherches sur l'usage littéraire du langage*. p. 65, n. 2）。メルロ＝ポンティはこのヴァレリーについての講義で、「混合体」の概念をきわめて重視している。メルロ＝ポンティ『言語と自然——コレージュ・ド・フランス講義要録』滝浦静雄・木田元訳、みすず書房、一九七九年、一八頁も参照。

＊23　practicable　たとえば絵に描いた扉ではなく、実際に通過できる扉のように、役者がその周りを歩き回れるような可動式セットのこと。実際に移動可能な場が作り出されていることが重要であろう。

＊24　マリヴォー『うまくいった策略』（Marivaux, *L'Heureux stratagème*, 1733）、第二幕第三場のせりふ。

＊25　durée publique　ペギー『クリオ』の表現。前掲邦訳三九〇頁において、ベルクソンの「個人的時間」に対して、「公衆の〔公共的〕持続」「世界の持続」が持ち出されている。「個の時間（le temps individuel）だけではない。一個人の時間（ce temps personnel）だけが不規則に流れるわけではない。それだけのことならベルクソンが看破して以来、すでに了解済みの事項だし、持続をめぐるベルクソンの発見も、まさにこの点を明らかにするものだった。ところが個の時間に加え、広く公衆の時間も、一民族全体の時間も、世界の時間も不規則に流れる以上、ここで次のような問いを自分に投げかけないわけにはいかない。公衆の時間もまた、別の何かを覆っているにすぎず、何かを図る尺度であるにすぎず、何かを下から支えているにすぎないのではないか。そしてこの何かというのが、一個独立した固有の持続であり、ほかならぬ公衆の持続〔公共的持続〕であり、民族の持続であり、世界の持続なのではないか。それにこれは立派な社会学に仕上がってもおかしくない素材でもある。社会学者の面々に、関心を向けるべき点を見出すだけの才覚があるかどうか怪しいものだけど」。

＊26　la chair de l'histoire　本論訳注＊18参照。

＊27　Joseph Joubert（1754–1824）　モンティニャック生まれ、パリに出てディドロなどの哲学者

と交流。一七七六年から死に至るまで『手帖（*Carnets*）』にさまざまなことを書き綴り、友人のシャトーブリアンがその選集を一八三八年に刊行、一九三八年には全体が刊行される。「護符を振る」の出典は不明。

＊28 pilotis　スタンダールは『リュシアン・ルーヴェン』のプランや、本文に取り入れられなかったエピソードや欄外の書き込みなど、多くのノートを残し、それが「マルジナリア」として刊行されているが、「杭」とはその中における表現で、「作者自身のための予備的な指標」のことを指す（「『リュシアン・ルーヴェン』のマルジナリア」島田尚一・鳴岩宗三訳、『スタンダール全集 4』人文書院、一九七七年、三八七頁以下）。ただしメルロ＝ポンティは、直前の「軸」と同じく、こうした用語を存在論の刷新の構想において自由に利用している。たとえばコレージュ・ド・フランスの一九五七―一九五八年度の講義のためと思われる草稿には、当時の進化論的な知見に基づく「生の現象」の記述の可能性に関して、以下のような記述がみられる。「生命は「杭」に支えられている。これはスタンダールが、『リュシアン・ルーヴェン』の登場人物たちを動かす真の根拠について語っているときに使う言葉だが、登場人物たちはスタンダール以上に、この根拠を証してくれるわけではない。生命の現象はある種の蝶番のまわりをまわる」。杭とは、存在と不在という範疇では捉えられない「次元」を打ち立てるものであり、そこで出来事はたんなる事実以上の意義を持つのである（Merleau-Ponty, *La Nature, Notes, Cours du Collège de France*, Paris, Seuil, 1995, p. 240. モーリス・メルロ＝ポンティ『自然――コレージュ・ド・フランス講義ノート』ドミニク・セグラール編、松葉祥一・加國尚志訳、みすず書房、二〇二〇年、二四九頁、改訳）。

＊29　この文章および前後の文章から、遺稿『見えるものと見えないもの』という題名が、サルトルの『存在と無』を意識したものであり、存在と無の対立では説明できない新たな次元を目指していたものであることがわかる。

＊30　… la parole parle　ハイデガーの Die Sprache spricht. という表現が意識されていると思われる。メルロ゠ポンティは一九五八―一九五九年度のコレージュ・ド・フランス講義「今日の哲学」の講義草稿で『根拠律』の以下の一節を引いている。「すなわち、言葉が語るのであって、人間が語るのではない、と。人間は命運的に（geschicklich）言葉に呼応しつつ語るという仕方でのみ、人間は語るのである。しかるに、この呼応しつつ語るということは、人間が存在の明るみの空間の内へと聴従する本来的な仕方である」（辻村公一訳『根拠律』創文社、一九六二年、一九〇頁。表記を改め、一部用語を他と統一した）。この一節を引きつつメルロ゠ポンティは、これはロゴスがひとりでに作動することではなく、「存在《ザイン》の領野を開くこと（Eröffnung）」を示すこと、その場合「意味」とは、「偏り」を存在へと結晶化させるという言葉の働きに基づくものであることを指摘している。前掲邦訳『コレージュ・ド・フランス講義草稿 1959–1961』一六〇頁参照。

＊31　chiasma　視神経などの交差的な配列のこと。Cf. Valéry, *Tel Quel, Œuvre II*, Paris, Gallimard, «Pléiade», 1960, pp. 490–491. メルロ゠ポンティは『見えるものと見えないもの』では主に「キアスム」（chiasme）という用語を使うが、これは文の要素を交差的に配列することを言う。いずれにせよ、メルロ゠ポンティの晩年の肉の概念や他者論に大きくかかわるので、ヴァレリーの文章の一部を訳出しておく。「まなざし。／たがいに出会うまなざしは奇妙な関係を生

じせしめる。／もし、追いかけてくる他の目から離れることができなかったら、誰も自由にものを考えられないだろう。／まなざしがたがいを捉え合うやいなや、ひとはもはや完全に二人ではなく、ただ一人でいることの困難さがある。／「交流し合う」まなざし。／この交流という言葉は、非常に短い時間で、二つの「運命」が、二つの視点の置き換えが、音位転換（metathèse）が、キアスマを実現することをよく言いあらわす。そのことにより、一種の同時的な相互限定がなされる。君は私の像を、見かけを奪い、私は君のを奪う。君は私ではない。君は私を見るが、私は自分を見ないのだから。私に欠けているのは、君が見ているこの私だ。そして君に欠けているのは、私が見ている君だ」。この引用に関してメルロ＝ポンティは「ひとはただ一人でも、二人でもなく、他人における自己自身、自己における他人である」「自己の認識は他人の認識を経由する：キアスマ」などとコメントしている（*Recherches sur l'usage littéraire du langage*, pp. 103, 114）。

＊32 Cf. Leibniz, À Arnaud (octobre 1687), GP II, p. 112（「ライプニッツからアルノーへ――ハノーファーから、一六八七年一〇月九日」竹田篤司訳、『ライプニッツ著作集８』工作舎、一九九〇年、三五八頁参照）。そこでライプニッツは、魂がその本性上、全宇宙をある一定の方向から表出するということを説明するため、「遠近法による投影図は、実測図を表出する」という例を挙げている。

＊33 topologie　ここではハイデガー晩年の用語として、存在の場所への問い（在所論）のこと。メルロ＝ポンティは前出の『コレージュ・ド・フランス講義草稿 1959-1961』一七七頁に採録されている一九五八―一九五九年度の講義において、ハイデガーのニヒリズム論を取り扱い、

Zur Seinsfrage（ハイデッガー『有の問いへ』柿原篤弥訳、『ハイデッガー選集22』理想社、一九七〇年、四九頁）を参照している。「たしかに、ニヒリズムとその成り行きとその超克についての地勢学《トポグラフィー》は必要です。しかし、地勢学には、在所論《トポロギー》が先行しなければなりません、それがすなわち、他ならぬその在所の在所究明であって、その在所とは、有と無とをそれらの本質の中へ集摂し、ニヒリズムの本質を規制し、かくして可能なるニヒリズム超克の様々な方式がその途上で相互にくっきりと描き出し合う道すじが、認識される在所なのです」。

＊34　マリヴォー『マリヤンヌの生涯（一）』（1731, 1744）、佐藤文樹訳、岩波文庫、一九五七年、二二五―二二六頁（文体を改めた）。

＊35　Paul Nizan（1905–1940）トゥールに生まれる。パリのアンリ四世校でサルトルと知り合う。高等師範学校に進学。一九二六年アデンに出発、一九二七年に共産党に入党。一九三一年に『アデン、アラビア』（小野正嗣訳、『世界文学全集Ｉ-10』河出書房新社、二〇〇八年）、一九三三年に小説『アントワーヌ・ブロワイエ』刊行。一九三九年の独ソ不可侵条約をきっかけに共産党を脱党。一九四〇年ダンケルクから撤退中に銃弾を受け戦死。共産党は彼がスパイであるとの噂を流す（「ニザン事件」）。一九六〇年五月の『アデン・アラビア』の再刊とサルトルの序文が彼の復権をもたらす。息子オリヴィエ・トッド（Olivier Todd）はジャーナリストで、『フランス・オプセルヴァトゥール』誌に本「序」に対する批判を寄稿し、メルロ＝ポンティはそれに対し激しく反論した（«Réponse à Olivier Todd», *France Observateur*, 2 mars 1961, pp. 17–18, repris in Parcours deux 1951–1961, Lagrasse, Verdier, 2000, pp. 305–309）。

＊36　*angry young men*　一九五〇年代の一群のイギリスの小説家たちの呼び名。ジョン・オズボ

ーンの戯曲『怒りをこめて振り返れ(*Look back in anger*)』に由来する。

＊37 スタンダールの「小説とは大きな道に沿って運ばれる鏡である」(たとえば『赤と黒』第二部一九章など参照)という言葉のもじり。

＊38 以下この段落はサルトルの序文の引用ではなく、メルロ゠ポンティによる要約的な再構成である。

＊39 このような過去との関係についての考えをメルロ゠ポンティ哲学にあてはめる読解がみられることがあるが、後述の「魅惑」についての記述からみても、どちらかというとニザンを指すようにも思われる。少なくともメルロ゠ポンティ「哲学」はこのような立場のみを擁護したことはない。あえていえばこの二つの中間の道を根源的な体験とみなしていた。

＊40 Georges Valois (1878–1945) はじめは組合主義者、後に「アクシオン・フランセーズ」に参加するが、一九二五年「フェッソー」というファシスト団体の総裁となる。二八年に解散。ニザンは二五年に参加するが、やがて共産主義に近づき、二六年にはアデンに旅立つ(アリエル・ガンスブール『ポール・ニザンの生涯』佐伯隆幸訳、晶文社、一九六八年、一四—一五頁)。

＊41 illusion rétrospective ベルクソンはたとえば「可能性と実在性(事象性)」において、可能的なもの(le possible)が実在的なもの(le réel)より少なく、事物の可能性がその実在に先立つ、という錯覚を「回顧的」なものとして批判する(「可能性と事象性」河野与一訳、『思想と動くもの』岩波文庫、一九九八年)。ただしベルクソンは同書の緒論第一部において「真なるものの逆行的運動(le movement rétrospectif du vrai)」について語る。メルロ゠ポンティは「哲学をたたえて」というコレージュ・ド・フランス開講講義において、これはたんなる「錯覚」では

なく、真理の「根源的特性」を示すこと、つまり過去と現在、さらには物質と精神、沈黙と言葉、世界と私たちが交換し合い、変容しあう「真理の閃き」を透かし見させるものとして、「表現」の哲学を示唆することを指摘している（メルロ＝ポンティ「哲学をたたえて」、滝浦静雄・木田元訳『眼と精神』所収、みすず書房、二二二頁）。

＊42　supralapsaire　神の予定の対象はアダムの堕罪以前の人間ではなく、〈堕罪しうる人間〉であるとする予定説の立場を「堕罪前予定説（suplalapsarianisme）」という（『キリスト教大事典改訂新版』教文館、二〇〇〇年）。ここではサルトルが悲劇と希望、善悪の此岸に向けて、それらを超越していたことを指すと思われる。

＊43　Jacques Maritain（1882–1973）　新トマス派の哲学者として二〇世紀初頭のカトリック哲学の復興に寄与した。

＊44　一九三六年から一九三八年にかけて、スターリン治下で「反革命分子」の粛正のために公開でおこなわれた裁判。とくに第三回のブハーリンの裁判をモデルにしたアーサー・ケストラーの『真昼の暗黒』（1940）（中島賢二訳、岩波文庫、二〇〇九年）はフランス語にも訳され、ヨーロッパでベストセラーとなった。メルロ＝ポンティがこの作品を題材に「暴力」について論じたのが一九四七年の『ヒューマニズムとテロル』（合田正人訳、『メルロ＝ポンティ・コレクション6』みすず書房、二〇〇二年）である。

＊45　Laurent Casanova（1906–1972）　フランスの政治家。戦前から共産党に参加し、レジスタンス運動に参加、戦後はフランス共産党の中央委員会委員などをつとめる。

＊46　adversité　本来はバシュラール『水と夢』の「逆行率（coefficient d'adversité）」という用

語に由来するが、メルロ＝ポンティは直接にはサルトルの『存在と無』（松浪信三郎訳『存在と無Ⅱ』ちくま学芸文庫、二〇〇七年、二七三頁など）から想を得て、とりわけ『シーニュ 2』に収められた「人間と逆行性」という一九五一年の講演においては、完全に独自の概念として、心身問題やフロイト、文学におけるエロティシズムと言語、そして政治などに共通する課題を提示している。それは一方では一種の惰性、受動的な抵抗、意味の衰えであるが、同時に身体的な所作、言語、政治的行為が「まさにその特異な性格において、普遍的な意味とおのれを乗り越えていく」偶然的な自発性でもある（前掲邦訳一四九頁以下を参照）。また本書所収の「マキアヴェッリについての覚書」においても、この用語が使用されている（本書三五三頁参照）。

＊47 le grand Trompeur デカルトが『第二省察』で仮定する「この上もなく力能もあればこの上もなく狡智にもたけた欺瞞者」のこと。この欺瞞者の存在にもかかわらず「われあり、われ存在す」という言明は必然的に真である、とデカルトは言う（デカルト『省察Ⅱ』所雄章訳、『増補版 デカルト著作集 2』白水社、二〇〇一年、三八頁）。

＊48 Diogène（前四一〇頃―前三二三年頃） 古代ギリシアの哲学者。キュニコス学派の代表者。富や社会的風習を軽蔑し、極貧に甘んじたことで知られる。

＊49 virtu イタリア語の virtù をメルロ＝ポンティはしばしばこう記す（フランス語の vertu を使うこともあり、一定しない）。マキアヴェッリ『君主論』（河島英昭訳、岩波文庫、一九九八年。池田廉訳、中公文庫、二〇一八年）第六章などの用語。fortuna（運命）と並んで君主の価値の一つ。詳細は本書収録の「マキアヴェッリについての覚書」を参照。

間接的言語と沈黙の声

ジャン＝ポール・サルトルへ[*1]

私たちがソシュールにおいて学んだこと、それは記号が一つ一つでは何も意味しないこと、そのそれぞれは、意味《サンス》を表現するというよりは、それ自身と他の記号との偏差[*2]をしるし付けるということである。一つの記号について言えることはすべての記号にあてはまるのだから、ラング[*3]〔言語体系〕は辞項（terme）なき差異によってかたちづくられている。より正確に言うならば、ラング内の諸辞項は、それらのあいだに現出する差異によって生み出される。むずかしい考え方だ。というのは、良識《ボン・サンス》は以下のように反論するからだ。もし辞項Aと辞項Bがまったく意味を持たなかったとしたら、そもそもどのようにして意味の対照《コントラスト》があるのかわからないし、また、もし本当にコミュニケーションが、語られたラング全体から、聴取されたラング全体へと向かうものであるとしたら、あるラングを学ぶためにはラングを知っていなければならないことになるのではないか……。だがこの反論は、ゼノンのパラドックスと同種のものだ。ゼノンのパラドックスが、運動の実行によって乗り越えられるのと同じように、この反論はパロール〔言葉〕の使用によって乗り越えられる。そして、ラングがそれを学ぶ者において、みずからに先立ち、みずからを教え、みずからの解読をみずから示唆する、ということを可能にする一種の循環こそが、おそらく言語を定義する驚異なのだ。

ラングは学ばれる。そしてその意味でひとは、諸部分から全体へと向かうことを強いられる。ソシュールにおいては全体が一次的なものだが、[4] それは文法や辞書において記録されているような完全なラングという、明確に分節された全体ではない。ましてや、すべての要素が〔原理上〕一つの理念から演繹される哲学的体系のような全体性を、ソシュールは目指さない。彼は記号に対して、「弁別的《ディアクリティック》[5]」な意味以外の意味を認めまいとしているのだから、ラングを肯定的《ポジティフ》な理念の体系の上に基礎付けるはずはない。彼が語る統一体は、諸要素が支え合う穹窿《ヴォールト》のような、共存の統一体なのである。この種の総体においては、ラングの学ばれた諸部分は、初めから全体としての価値を持ち、学習は加算や並置によってではなく、すでにそれなりの仕方で完結している機能が、内的に分節されることによって進んでいく。[6] 幼児においてまずは語が文として機能し、さらにはある種の音素が語として機能することはかなり前から知られていた。だが今日の言語学[7]はより厳密になり、ラングの統一体をより明確に考えるために、語の起源に——そしておそらく形態や文体《スタイル》の起源にも——、「対立的」で「相対的な」原理〔音素対立〕を抜き出すようになっている。ソシュールの記号の定義は、語に対してより、この原理のほうに、より厳密にあてはまるだろう。というのも、この原理は、指定しうる意味をもたないような、言語の構成要素を問題とし、その唯一の機能は、本来の意味での記号を区別することだからだ。もちろんこの初めの音素対立には欠落がありうるし、時間が経てば別の諸次元を備えうるものであり、やがて言連鎖は、おのれをおのれから差異化する別の手段を見いだすことだろう。重要なことは、音素が初めからパロールの唯一の装置の変奏《ヴァリアシオン》であること、そして、音素によって幼児は、記号間の相互的な差異化の原理を、そして同時に、記号の意味をも「摑んだ」ように思われるということである。というのも、音素対立は——初めてのコミュニケーションの試みと同時に——、喃語とはまったく無関係に現れ、拡大するからである。[*8] 多くの場合、喃語は音素によって押さえ込まれ、いずれにせよ周縁的な存在でしかなくなり、その素材〔音声〕は、真の意味でのパロールの、新たなシステムには組み込まれない。自分自身にしか語りかけない喃語の要素として音を所有することと、それをコミュニケーションの企てとして所有することは、別のことであるかのようだ。したがって、幼児は「まず」話すのであり、以後はパロールの原理をさまざまに適用することしか学ばないと言えるだろう。こうしてソシュールの直観が明確になる。すなわち、初めの音素対立とともに、幼児は記号の記号に対する側面的な結合に参入するのであり、この側面的な結合が、意味に対する記号の関係の基礎となる。——もちろん、幼児が入り込むラングの特殊性によって、その形態は変わるのだが。もし音韻学者が、語を越えて、形態やシンタックス、さらには文体論的《スタイル》な差異にまで分析を拡張できたならば、幼児によって最初の音素対立とともに先取りされるのは、表現のスタイルとしてのラング全体、パロールを扱う独自な方法としてのラング全体であることになるだろう。[*9] 幼児のまわりにある語られたラングの全体が、幼児を渦のように巻き込み、その内的分節によって誘い込み、雑音のすべてがなにごとかを意味するような瞬間まで、ほとんど導いていく。言連鎖が倦むことなくみずからと重なり合うこと、そしてある日、ある一揃いの音素的な系列が打ち消しがたいものとして出現し、言説がこの系列によって目に見えるかたちで構成されるようになること、このようなことによって幼児は、語る者へと移行するのである。どのようにして言語《ランガージュ》が幼児をみずからに引き寄せるのか、どのようにして幼児は内側からしか扉が開かないようにしか思えない領域に入ることになるのかを、全体としてのラングだけが理解させてくれる。初めから弁別的であるから、そして、自分自身によって自分自身を構成し組織するからこそ、記号はある内面を持ち、ついには意味を要求することになる。

記号の縁に生まれるこの意味、諸部分への全体性の切迫（imminence）は、文化史全体において見いだされる。ある瞬間にブルネレスキ[*10]は、風景の布置とのある定まった関係において、フィレンツェのカテドラルのクーポラを建設した。彼は中世の閉じた空間から脱し、ルネサンスの普遍的な空間を見いだしたと言うべきなのだろうか[(1)]。だが芸術上のある一つの操作から、空間を普遍的環境として意図的に利用することへと至るためには、なすべきことが多くある。だとすると〔ブルネレスキがクーポラを造った時点では〕この空間はまだそこになかったと言わなくてはならないのか。だがブルネレスキは奇妙な装置を自分のために拵えてもいた。洗礼堂と市庁舎という二つの眺めが、それを縁取る街路や広場とともに鏡に映し出され、磨かれた金属板がその上に空からの光を投影していたのである[*11]。したがってブルネレスキにおいては、空間の模索が、空間への問いがある。同じように、数学の歴史において、一般化された数がいつ始まるかを言うのは難しい。即自的には（つまりヘーゲルの言うように、それを投影する私たちにとっては）、それはすでに分数の中にあり、代数的な数以前に、整数を連続的な系列に組み込んでいる。――だが、それは自分でもそれと知らずにそこにあるのであり、対自的にはそこにはない。また同様に、ラテン語がフランス語になる瞬間を決めるのも断念しなくてはならない。なぜなら文法形式は、体系的に使われる以前に、有効なものとして姿を現し始めているからで、言語はやがて到来する

(advenir)であろう変化を、長いあいだ育んでいることもあるからだ。そして言語において表現手段を枚挙することも意味がない。すでに廃れてしまった表現手段も細々と生き残っているし、それに取って代わる表現手段の場が、たとえ欠落や必要や傾向というかたちでではあれ、すでに指定されていることもあるのだ。対自的な原理の出現を時間的に位置付けることは可能かもしれないが、それは強迫観念や先取りとして、以前から文化の中に現前していたのであり、それを意識化して明白な意味《シニフィカシオン》として定立することは、作動する意味(un sens opérant)における長い準備期間を完結させることにすぎない。しかもこの意識化はけっして完全なものではない。たとえばルネサンスの空間は、可能な絵画空間のごく特殊な例として、後に考えられることになる。だから文化はけっして完全に透明な意味《シニフィカシオン》を与えてくれないのであり、意味《サンス》の発生はけっして完結しない。私たちが正当な根拠があって真理と呼ぶものは、私たちの知を時間的に位置付けている、さまざまな象徴《サンボル》の文脈においてでしかない。私たちはつねに記号の建築物だけを相手にしており、その意味を抽出して定立することはできない。諸記号の意味は、それらがたがいに対して振る舞い、たがいに区別し合う様態にほかならないからだ。——ただし私たちは曖昧な相対主義でさびしく心慰めているわけではない。というのも、こうした歩みのそれぞれは、たしかに一つの真理ではあり、未来のより包括的な真理において救われるであろうから……。

言語《ランガージュ》について言えば、もし記号から記号への側面的な関係こそが、そのそれぞれを意味をもつもの[*12]にするとすれば、意味は語が交わるところ、いわば語の合間にしか現出しない。このことによって私たちは、ふだん考えているようには、言語とその意味の区別や結合を考えることはできなくなる。ひとは、音声的ないしは視覚的な指標に対して思考が超越しているのと同じように、意味も記号に対して原理上超越していると考えてしまう。――そして記号に意味が内在していると考えるので、記号のそれぞれは固有な意味を決定的に持ち、記号と私たちのあいだにはいかなる不透明さも介入せず、また私たちの思考を促すこともないと思うのだ。記号には警告の役割しかなく、聴き手に対して、聴き手が抱くある思考を、考察するよう命じるものになってしまうだろう。実際には、記号が言連鎖に住みつくのも、またそこから区別されるのも、そのようにしてではない。記号は他の記号から浮き上がることによって何ごとかを意味するのだから、その意味はそっくり言語の中に入り込ん《アンガジエ》でおり、パロールはパロールの地の上で作動し、それは語る《パルレ》ことという広大な織地における襞でしかない。パロールを理解するために内面の辞典を参照する必要はない。この辞典が、語や形態に対して純粋な思考を与え、そしてそれらを覆い隠してしまう、などということはないのだ。そうではなく、私たちはパロールの生に身をゆだね、その差異化と分節化の運動、その雄弁な身振りに身をゆだねるだけでよいのだ。だから言語の不透明さというものがある。言語は純粋な意味にまったく場を与えることはなく、言語によってのみ限界付けられるのであり、言語内の意味はいわば語に嵌め込まれたかたちでのみ現れる。言葉あて遊び[*13]のように、言語は諸記号の相互関係によってのみ理解される。その一つ一つは曖昧だったり平凡だったりするが、それらが合一して意味を作るのだ。聴き手のみならず話し手においても、言語とは、すでにできあがった意味の暗号化と解読の技法とはまったく異なったものである。言語はまず、言語的な所作の交差点に意味を据え付け、見分けがつく実体として意味を存在させなければならない。それはこれらの所作が一致して見せるようなものなのである。思考が分析されるとき、それにふさわしい語が見いだされる以前に、思考はすでに一種の理念的なテクストであるかのように想定されている。私たちの文章が、この理念的テクストを翻訳するというわけだ。だが著者自身も、自分が書いたものとつき合わすことができるような、いかなるテクストも持たないし、言語以前のいかなる言語も持たない。彼が自分のパロールに満足するのは、パロールみずからがその条件を定めた均衡状態のおかげであり、モデルなき完璧さのおかげなのである。一つの手段である以上に、言語は一つの存在であるような何かであり、だからこそそれは誰かある人をうまく現前させることができる。たとえば電話での友人のパロールは、彼自身を私たちに与えてくれる。あたかも彼なりのやり方で呼びかけ、別れを告げ、文章を始めたり終えたりし、語られないことの中をもゆっくり進んで行くことにおいて、彼自身のすべてがあるかのようだ。意味とはパロールの全体的な運動であり、だからこそ私たちの思考は言語の内に漂っている。まただからこそ、所作がその通過点を越えるように、私たちの思考は言語を横断する。言語が私たちの精神をなみなみと満たし、その震動に捉えられないような思考には少しの場をも与えないような瞬間に、そしてまさしく私たちが言語に身をゆだねるかぎりにおいて、言語は「記号」を越えて行き、その意味へと向かうのである。そしてこの意味からは、もはや何ものも私たちを引き離さない。言語はおのれの対照表を前提とせず、みずからその秘密を開示し、それを世界に生まれるすべての子どもたちに教えるのであり、それはまるごと〈顕現させること（monstration）〉なのである。その不透明さゆえに、その執拗な自己言及ゆえに、自己への回帰ゆえに、自分自身へ折り重なる襞（repli）ゆえに、言語は精神的な能力となる。というのは、今度は言語のほうが世界のようなものになり、みずからの内に事柄そのものを——それをその意味に変えた後に——宿すことができるようになるからである。

さて、あるオリジナルなテクストがあって、私たちの言語はその翻訳ないしは暗号化された異本だという考え方を精神から追い払ったならば、完全な表現という考え方が無意味であること、およそ言語というものはすべて間接的ないしは暗示的であり、あえて言えば、沈黙であるということが理解されるだろう。パロールに対する意味の関係が一対一の対応であり、それを私たちがつねに目指しているなどということはありえない。ソシュールはさらに、the man I love という英語は、フランス語の l'homme *que* j'aime〔*que* は関係詞〕という表現と同じくらい完全に表現されていると指摘する。[*14] 英語では関係詞が表現されていないと言う人もいるかもしれない。語で表現される代わりに、語のあいだの余白によってこそ、関係詞は言語を通過しているというのが真実なのである。だが関係詞がそこで言外に含まれている（sous-entendu）とさえ言わないようにしよう。言外の意味という概念は、ラング（一般には私たちの母語であるフランス語）が形態によって事柄そのものを捉えており、ほかのすべての言語も、そうしようと思うなら、少なくとも暗黙の内には同種の道具を使わなければならないという私たちの確信を素朴に表現したものである。だが私たちにとってフランス語が事柄そのものに達していると思われるのは、それが存在の分節を写し取ったからではむろんない。フランス語には関係を表現する明確な語があるが、補語機能を特別な格変化でしるし付けることはない。もちろん格変化は言外に含まれていると言うこともできる。ドイツ語にはそれがある（そしてロシア語はアスペクトを表現し、ギリシア語は希求法を表現する）。フランス語が私たちには事象を引き写しているとみえるのは、実際にそうだからではなく、記号と記号の内的関係によってそういう錯覚が与えられているからだ。だが the man I love という表現でもそれは同じことだ。記号の不在は記号たりうるし、表現とは、意味の各要素を言説の要素に合わせることではなく、言語の言語に対する作用《オペラシオン》であり、それが突如として、その意味へ向かって脱中心化する。語ること、それは一つ一つの思考の下に語を置くことではない。そんなことをしたとしたら、けっして何も語られないであろうし、私たちは言語の中で生きているという感情も得られず、沈黙の内にとどまることだろう。というのも、記号はみずからの意味の前ですぐさま消し去られてしまうだろうし、思考は思考にしか、つまり、思考が表現しようとする思考や、完全に明白な言語によって作り上げる思考にしか、出会うことはないだろう。反対に、私たちは、ある思考がまさに語られた、という感情を持つことがある。思考が言語的指標によって置き換えられるのではなく、語に組み込まれ、語の内でこそ自由に使えるものとなることがある。——そしてまた語の力というものがある。語はおたがいに働きかけ合うことで、あたかも月の力によって潮が満ち干するように、思想によって遠隔的に (à distance) 取り憑かれ、このさざめきの中から語は意味を呼び起こす。それも、一つ一つの語が衰弱した意味をたんに呼び戻したりするときよりもはるかに差し迫ったかたちで、呼び起こすのである。語が衰弱した意味をたんに呼び戻すなら、語はそのような意味の、あらかじめ割り当てられた、どうでもよい指標だということになってしまうだろう。言語は、事柄そのものを語ることを放棄したときにこそ、断固として語る。代数において、正体のわからない大きさが計算に入れられるのと同じように、パロールは意味を差異化する。それぞれの意味は、個別には知られていないが、それを既知のものとして取り扱い、それらについて、またそれらのひそかな関係について、抽象的な描写をし続けることによって、ついに稲妻のように、このうえなく正確な認知が命じられることになるのだ。言語が意味を持つのは、思考を写し取る代わりに、思考によって解体され、組み替えられるがままにしておくときである。言語は、足跡が身体の運動や努力を意味するように、おのれの意味を孕んでいる。できあいの言語の経験的な用法と創造的用法を区別しよう。そもそも前者は後者の結果でしかありえない。経験的な言語という意味でのパロール――つまりあらかじめ決まった記号を時機を見計らって呼び出すこと――は、本来的な言語に比べればパロールとは言えない。マラルメが言ったように、それは私の手に沈黙の内におかれるすり減った貨幣のようなものだ。反対に真のパロールは、「あらゆる花束の中には存在しない花」[*15]を意味し、ひいてはそれを現前させ、事物にとらわれた意味を解放する。それは、経験的な用法と照らし合わせてみると沈黙にすぎない。普通名詞にまで到達することはないのだから。言語とは斜行的〔＝間接的〕(oblique)で自立したものにほかならず、思考や事物を直接に意味することがあるとしても、それは内的な生の二次的で派生的な能力である。言語は言語しか相手にせず、そして突如として、意味に取り囲まれているのにふと気づくのである。

もしこれが本当だとすれば、言語の作用は絵画の作用とそう違ったものではない。一般に絵画は色彩や線などの沈黙の世界を通して私たちに到達し、私たちが持つ、言葉にならない解読の能力に訴えかけるのだが、この能力を制御できるのは、私たちがそれを盲目的に行使したり、作品を愛したりした後になってからである。反対に作家のほうは、すでに練り上げられた諸記号や、すでに語りつつある世界の内に身を置くので、それが私たちに対して要求するのは、作家が提示する記号の指示にしたがって、意味《シニフィカシオン》を再編成する能力だけである。だがもし言語が、語そのものだけでなく、語のあいだにあるものによっても表現するとしたらどうだろう。経験的な言語の内に高次の言語が隠されていて、そこで言語が色彩のような漠然とした生を紡ぎ直しており、意味は記号間のひそかな関係から完全に解放されてなどいないとしたら。

描くという行為は二つの面をもつ。一方で、キャンヴァスの一点に置かれた色彩の点や線があり、他方で、その全体における効果がある。両者を共通の尺度で測ることはできない。というのは、一つの点や線はほとんど無に等しいものでありながら、それだけで肖像や風景を変えてしまうからだ。筆に鼻を突きつけるようにして、画家をあまり近くから観察する者は、その仕事の裏側しか見ないことだろう。裏側とは、たとえばプッサン

〔Nicolas Poussin. 1594-1665. フランスの画家〕の筆やペンのわずかな動きであり、表側とはそれが突然切り開く、光が差し込む空間である。マティスの仕事がスローモーションで記録されたことがある。[*16] 驚くべき印象が生じ、マティス自身が驚いたという。裸眼では一つの動きから別の動きへと跳びはねるように見えるまさにその筆が、拡大された荘厳な時間の中でみずから思索するように見え、世界の始まりが切迫（imminence）するうちに、一〇回ほど可能な動きがためされ、キャンヴァスの前で踊り、何度かそれに触れたかと思うと、ついにはたった一つの必然的な道筋に、稲妻のようになだれ込む。もちろんこの分析には少々作為的なところがある。映画を見て、マティスが本当にその日に、可能なすべての筆運びの内から選択し、ライプニッツ[*17]の神のごとくに、最小と最大という大問題を解決したのだと思い込んだとしたら、考え違いというものだろう。マティスは造物主ではなく、人間だった。彼が精神のまなざしの前で、可能なすべての所作を支配し、一つを除いて他のすべてを排除し、自分の選択を正当化したわけではない。可能なものをすべて列挙するのはスローモーションである。マティスは人間的な時間と視覚に身を置き、キャンヴァスに描き始められた開かれた総体を眺め、求められる道筋に筆を運び、ついに絵画は、それがなりつつあるものになったのである。彼は単純な動作で問題を解決した。後になってはじめて、その問題は無限の数の前提条件を含んでいるように見えてくる。鉄の鑢屑《やすり》に入れられた手が、それが通った場所において、複雑な配置を突如として獲得する、とベルクソンが言っているが[18]、それと同じように。すべては知覚と所作という人間的世界で起きたことなのだ。そしてカメラがこの出来事について、幻惑的な異本《ヴァージョン》を提供したとしても、それは画家の手が、無限の選択が可能であるような物理的世界で動いていたと思わせることによってにすぎない。しかしマティスの手がためらったのも事実であり、選択があったのも事実である。そして選択された線が、絵画に散在する二〇もの条件を遵守するかのようにして選ばれたのも事実である。それはマティス以外の人間には表現されないもの、表現され得ないものだった。なぜなら、まさにこの絵を描こうという意図こそがこの条件を定め、課したのであるが、その絵はまだ存在していなかったからである。

真に表現的なパロール、つまり確立期にあるすべての言語においても事情は同じである。釘を打つために金槌を、釘を抜くために釘抜きを探すように、パロールはたんに定まった意味《シニフィカシオン》のために記号を選ぶのではない。それはある意味志向の周りで手探りする。この志向は、あるテクストによって導かれることなしに、まさにそのテクストを書きつつあるものである。もしこのパロールを正当に評価しようとするならば、その代わりになりうるにもかかわらず捨て去られてしまったパロールをいくつか挙げ、それらがどのように言連鎖に別のかたちで触れ、それを揺るがすか、どの程度までまさにこのパロールが唯一可能であったか、この意味はこの世に生まれるべきであったか、などということを感じ取る必要がある。要するに、パロールをそれが発せられる以前に考察し、それを取り巻く沈黙の地を考察しなければならない。それなしでは、パロールは何も語らないからだ。そしてまた、パロールに混入している沈黙の糸を暴き出さなくてはならない。すでに獲得された表現の場合には、直接的な意味があり、それは制度化された言い回し、形態、語などに一対一対応する。そこには見かけのうえでは欠落はなく、語る沈黙などいささかもない。だが、まさに果たされつつある表現の意味は、この種のものではありえない。それは語の間ではじける側面的ないしは斜行的な意味である。——それは言語と物語の装置を揺さぶり、新たな意味を引き出すもう一つ別のやり方なのだ。もし言語を、その起源における作用において理解しようとするならば、あたかも一度も語ったことのないように装い、ある種の還元を施さなければならない。そうしなければ、この言語は私たちをそれが意味するもののほうへ連れて行って、逃れてしまう。だから耳の聞こえない人が語り手を見るようにしてこの言語を見なくてはならず、言語芸術を他の表現芸術と比較し、そうした沈黙の芸術の一つとしてそれを見ようとしなくてはならない。言語的意味が決定的な特権を持つことはありうるし、比較対照を試してみてこそ、最終的に比較対照を不可能にするかもしれないものに気づくのだろう。一方に沈黙の言語があり、他方絵画もそれなりのやり方で語っていることを理解することから始めよう。

＊　＊　＊

マルローは、絵画と言語を比較可能にするためには、それらが「表象する」ものから引き離し、創造的表現という範疇のもとにまとめなければならないと指摘する。そうすれば、それらは同じ一つの試みの二つの形象として、おたがいを認め合うことができる。何世紀ものあいだ、画家と作家はおたがいの親縁性に気づくこともなく作業してきた。だが両者が一つの運命《アヴアンテユール》をたどったことは事実だ。はじめ芸術と詩は、都市《ポリス》や神々や聖なるものに捧げられていた。外的な力を鏡にしないと、それらはみずからの奇蹟が誕生するのを見ることはできない。その後どちらも古典主義時代を経験する。これは聖なるものの時代の世俗化である。そのとき芸術は自然の表象になり、それを美化することくらいならできるが、そのやり方を教えてくれるのもまた自然なのである。ラ・ブリュイエール[*19]が望んだように、パロールの唯一の役割は、事象そのものの言語によって、それぞれの思想にあらかじめ割り当てられた正しい表現を見いだすことである。そして芸術以前の芸術とパロール以前のパロールへ二重に依拠することによって作品は、ある完成や成就や充実の到達点を指示される。そうして作品は、私たちの感覚に入り込む事物と同じように、万人の同意を得ることを課せられるのだ。マルローは、現代の芸術や文学がふたたび問題化することになるこの「客観主義的な」偏見をみごとに分析した。――だがおそらく彼は、どのくらいの深さまでこの偏見が根付いているかを見定めなかったし、見えるものの世界をあまりに拙速に放棄してしまい、まさにその反動として現代絵画を主体――「比類なき怪物」[*20]――として定義することになり、世界の外部にあるひそかな生へと埋もれさせてしまった……。マルローの分析をもう一度検討しなければならない。

まずは油彩画の特権について考えてみよう。それは物や顔の要素の一つ一つを明確に絵画的に表象するための手段を、ほかの何ものよりもうまく割り当ててくれる。これは、奥行やヴォリューム感の錯覚、そして、運動、形態、触覚的価値、さまざまな種類の素材《マティエール》（ビロードの表現を最高の完成度にまで高めるための辛抱強い試みを考えてほしい）の錯覚などを与えてくれるような記号の探究である。こうした手法、世代ごとにさらに増えていく秘訣などは、表象の一般的技法の諸要素である。この表象が究極的には、事物そのもの、人間そのものに到達するとされていた。だから事物や人間の表象に偶然性や曖昧なものが含まれているなどとは考えもせず、画家にとって重要なのは、その至高の働きに匹敵するようなものを描くことだったのだ。この方向で道が踏み固められていたので、引き返す必要はなかった。ひとりの画家の生業、ある流派の制作物、そして絵画そのものの発展は傑作を目指して進み、そうしてそれまで探究されていたことがついに達成され、少なくとも一時的には、以前の試みは無駄になる。こうしたことが絵画の進歩の時代を画していた。また絵画は、事物と同じくらい説得的なものであろうとし、事物と同じようにしか私たちに到達することはできないと考えていた。すなわち、私たちの感覚に対して、有無を言わせぬような光景を見させることによって、絵画は私たちを捕らえようとしたのだ。原則的には絵画は知覚装置に頼っていたが、この場合知覚は、人間同士のコミュニケーションのために与えられた自然な手段だと考えられていた。私たちはみな、ほぼ同じように機能する目を持っているではないか、そして、画家が奥行やビロードを表すのに十分な記号を発見できたなら、私たちはみな、自然と競合するような、同じ一つの光景を目の当たりにするのではないだろうか〔とマルローは考える〕。

にもかかわらず、古典主義の画家もあくまで画家なのだから、およそ価値のある絵画ならば、表象するだけで満足することはない。絵画についての現代的な考え方——すなわち創造的表現としての絵画——は、画家たち自身よりも、公衆にとってはるかに新奇なものであったとマルローは指摘する。理論化はしていなかったとしても、画家たちはつねにそうした絵画を実践していたからである。その結果として、古典主義の作品は彼らが考えていたものとは別の意味、おそらくはそれ以上の意味を持つのであり、当時の規範から解放された絵画をしばしば先取りし、絵画の世界に分け入ろうとする者の仲介者でありつづける。世界に対して目を凝らし、十分な表象の秘訣を世界に問い尋ねていると思っていたまさにその瞬間に、彼らは自分でもそれと知らずに、ある変身(métamorphose)を作動させていたのであり、絵画がそれを意識したのは後になってにすぎない。だとするならば、古典主義の絵画を、自然の表象や、「私たちの感覚」を参照することとして定義することはできないし、現代絵画を主観的なものの参照として定義することもできない。古典主義の絵画もすでに当時の文化に依拠していたし、現代の文化もまた、私たちの見えるものの知覚に形を与え続けている。見える世界を古典主義的な手法のみにゆだねてはならないし、現代絵画を個人という片隅に閉じこめてもならない。世界と芸術のいずれか、「私たちの感覚」と絶対的絵画のいずれかを選択する必要はない。両者は互いに移行し合っているのだ。

マルローは、「感覚的所与」が何世紀にも渉って一度も変わったことがないかのように、そして絵画がそれに依拠するかぎりは、古典的な遠近法が不可避であるかのように語ることがある。だがこの遠近法は、知覚された世界を眼前に投影するために人間が発明した方法の一つであり、その写しではないことは間違いない。それは自発的な視覚を任意に解釈したものである。といっても、知覚された世界が遠近法の法則からはずれて別の法則を課すということではなく、むしろいかなる法則をも要求しないから、法則の次元にあるものではないからである。自然知覚においては、奥行に沿って配置された対象は、定まった「みかけの大きさ」を持たない。遠近法が「私たちの目を欺く」とか、遠くにある物は、デッサンや写真として投影された場合に比べて、裸眼では「より大きく」見えるとさえ言ってはならない。――少なくとも、もっとも近い、前面にあるものと、遠くにあるものとのあいだで共通の尺度となるような大きさはないのだ。地平線上にある月の大きさは、私が手に持っている貨幣という約数で測れるようなものではなく、「遠隔的な大きさ(grandeur-à-distance)」そのものであり、熱さや冷たさがある対象に貼り付くのと同じように、月に貼り付いている一種の質なのである。私たちはそのときH・ワロンの語る「超事物」[*21]の次元におり、この超事物は、近くにある諸対象と、一つの遠近法の中に、段階的に並ぶようなものではない。ある大きさ、ある距離を越えると、大きさの絶対性とでもいうべきものが現れ、すべての「超事物」がそこで合流する。だからこそ幼児は、太陽が「家のように大きい」などと言うのだ。この超事物の次元から遠近法に戻ろうと思うならば、まず全体を自由に知覚するのをやめ、私の視覚の境界を区切り、私の測量の尺度に基づいて、私が月と貨幣の「みかけの大きさ」と呼ぶものを確定しなくてはならない。そうしてようやく私はこの測量を紙に転記する。だがそのあいだに知覚された世界は消え、それとともに、さまざまな物の真の同時性も消えてしまう。真の同時性とは、ある一つの大きさを尺度として、諸物をこの尺度に平和に帰属させることではない。貨幣と月とを一緒に見ていたとき、私のまなざしは二つのうちのいずれかに注がれていなくてはならず、もう一方は余白に現れていた。――「近くから見られた小さな物」と「遠くから見られた大きな物」とがあって、後者は前者と共約不可能なのだ。私が紙に転記するのは、このような知覚された諸物の共存ではないし、私の眼前における両者の競合でもない。私は両者の軋轢を調停する手段を見いだし、それが奥行を生じさせる。私は同じ平面でそれらを共可能にしようとするが、そのことに成功するのは、単眼によるローカルな一連の視覚を、紙上で凝結させることによってであり、そのいずれも生きた知覚の諸契機とは重なり合わない。[*22]〔自発的な視覚では〕諸物は私のまなざしを争って奪い合い、私がその一つに繫がると、私はその内に他の事物の促し（sollicitation）を感じ、この促しによってこそ他の事物はその一つの事物と共存していたのだ。この促しは、ある地平からの要請であり、地平が存在しようと要求することである。それに対していまや、私がある表象を構築してしまうと、そこではそれぞれの事物はみずからの内に視覚全体を呼びよせることをやめ、他に譲歩し、それが残してくれた空間のみを紙上で占めることに同意する。私のまなざしは、奥行と高さと幅を自由に踏破し、ある視点を採用したかと思うと、それらすべてを順番に放棄するので、そのどれにも拘束されていなかったのに、私はこの遍在性を放棄し、ある立ち位置から見られうるものだけを私のデッサンに書き表すことに同意する。それも、ある「水平線」の、ある「消失点」に固定された、不動の目によって見られるものだけを描く(これは欺瞞に満ちた謙遜だ。というのも、遠近法の狭い部分だけを紙上に書き留めることによって、世界そのものを放棄してしまうと、私は世界に開かれた一人の人間として見ることもやめてしまうからだ。人間は世界に位置付けられているのだから、私は、あたかも神が、私から奪い取った観念を眺めうるようなときのようなやり方で、私の視覚を思考し、支配してしまうのである)。事物が相互排他的にひしめく世界は、時間をかけて走査しなければ見渡すことができず、そこでは一つ一つの獲得が喪失であった。私はこのような世界の経験をしていたのに、いまや、汲み尽くしがたい存在は、秩序付けられた遠近法として結晶化してしまう。いまや遠景は遠景にすぎず、それにふさわしく、到達しがたくてぼやけたものとなることを甘受する。他方、近くの物はその攻撃性をいくぶんか放棄し、その内的な線を、ある光景《スペクタクル》に共通な法則に従って秩序付け、その必要があったときにいつでも遠景になれるよう、すでに準備してしまっている。——要するに今やまなざしを引き留めるものは何もなく、現在を演じてくれるものも何もない。絵画全体は、過ぎ去ったもの、永遠なるものという様態で存在する。すべては慎みと遠慮の雰囲気をたたえる。事物はもはや私たちに訴えかけることはなく、私たちも事物に巻き添えにされることはない。さらに私がこの策略に空気遠近法を加えるならば、絵画を描く私と、私の描いた風景を見る者とがどれほど状況を支配してしまうかが感じ取られることだろう。遠近法とは、万人にそのままの姿で与えられる現実を模倣するためのひそかな技法を、はるかに越えるものである。それは支配された世界、瞬間的な総合によって隅々まで所有された世界であり、自発的なまなざしはせいぜいその素描くらいしか与えてくれず、すべての事物がそれぞれまなざしを全体として欲しているのに、自発的なまなざしはそれらをむなしく抱え込もうとするばかりである。古典主義絵画における顔立ちは、――つねに意味するものとして――性格や情念や気質を表そうとしており、古典主義絵画の赤ん坊や動物は、人間世界に入ろうと強く望み、およそ人間世界を退けようなどとは思わないので、やはり人間と世界の「成人としての」関係を表してしまっている。もちろん、偉大なる画家が現れて、その至福を受けた霊感《デーモン》に屈して、あまりにも自己完結している世界に偶然性を響き渡らせ、新たな一つの次元を加えでもしたら、話は別であるが……。

だから、「客観的」絵画そのものが一つの創造であるならば、現代絵画が創造的であろうとするからといって、それを主体的なものへの移行として、あるいは、個人の栄光をたたえる儀式として理解する根拠はもはやない。――マルローの分析はほとんど正しいところがないようにみえる。彼は言う、もはや絵画には一つの主題《シュジェ》しかない、それは画家自身だ、と(2)。探究されるのは、もはやシャルダン*23の場合のような、桃の〔ビロードのような〕滑らかさではなく、ブラックの場合のような、絵画の滑らかさだ。古典主義画家は、知らず知らずのうちに古典主義者となった。現代画家はまず独創的であろうとし、その表現力は、画家自身にとって、個人的な差異と重なっている(3)。絵画はもはや信仰や美のためにあるのではないから、それは個人(4)のためにあり、「個人による世界の併合」(5)になってしまう。だから芸術家は「野心家や麻薬中毒者の一族」(6)となるだろう。つまり彼らと同じく、執拗な自己快楽、悪魔の快楽、つまり、人間において人間を破壊するものすべての快楽に身を捧げているのだ〔と、マルローは言う〕……。しかしながら、こうした定義をたとえばセザンヌやクレーのような画家に適用するのが難しいのは明らかだ。そして、素描《エスキス》を絵画として売る現代画家、そのキャンヴァスの一枚一枚が人生の一齣の署名であり、一連のキャンヴァスの系列における「展示《エクスポジシオン》」として見られることを求めるような現代画家の作品について言えば、こうした未完成のものに対する寛容な態度は二つのことを意味しうる。第一に、彼らが実際に作品というものを放棄しており、直接的なもの、感じられたもの、個人的なもの、そしてマルローの表現で言えば、もはや「生《なま》の表現」しか、探究していないということを意味する。——あるいはまた、完成というもの、つまり感覚に対する客観的で説得的な現前化などは、もはや真に出来た（fait）作品の手段でもしるしでもないということも意味する。というのは、今や表現は、人間たちが生きている共通の世界を通して人間から人間へと向かい、感覚や〈自然〉などの無名の領域を経由しないからだ。マルローが引用してくれている言葉だが、ボードレールは「出来た（fait）作品はかならずしも完成した（fini）作品ではなかったし、完成した作品はかならずしも出来たものではなかった」と記している。[7] だから完結した作品とは、事物のように即自的に存在するものではなく、観客に届き、それを創出した所作をやり直すよう、観客に誘いかけるような作品なのだ。そうしてそれは、さまざまな仲介を飛び越え、創出された線の動きだけ、そのほとんど非物体的な道筋だけを頼りに、画家の沈黙の世界、いまや言葉に出され、接近可能になった世界へと合流するよう、いざなう。まずは〈天才的〉児童画家たちの即興がある。子どもたちはまだ自分自身の所作を習得しておらず、画家とは手であるという口実の下、描くには手を持っているだけで十分だと思っている。子どもたちは自分の身体から小さな奇蹟を引き出す。陰気な青年もつねに自分の身体からこうした奇蹟を引き出すことはできるが、その場合彼は自分の身体にかなりの自己満足をもって気づき、自己崇拝を養うのにふさわしい、ちょっとした奇妙さにいくつか気づく必要がある。また、世界に立ち向かい、それを語ろうとする者の即興もある。一つ一つのパロールが他のパロールを呼び出し、その者はついに自分の声を習得する。そのとき習得された声は、初めの叫び以上に彼固有のものとなるのだ。〔シュルレアリスムの〕自動記述の即興もあり、〔スタンダールの〕『パルムの僧院』の即興もある。知覚そのものはけっして完成しないものであり、私たちのさまざまなパースペクティヴは、世界を表現すべきもの、思考すべきものとして与えるのだが、この世界は、パースペクティヴを包括し、逸脱し、そして一瞬の表徴《シーニュ》によって、パロールやアラベスクのようにして予告される。だとするならば、世界の表現が感覚（sens）や概念の散文に従属するようなことがどうしてあるだろうか。世界の表現は詩《ポエジー》でなくてはならない。つまりそれは、すでに語られ、すでに見られた事柄を越えて、私たちが持つ純粋な表現力をまるごと目覚めさせ、ふたたび呼び出さなければならない。現代画家が提起している問題は、個人への回帰とはまったく別のものだ。それは、前もって定められ、万人の感覚がそれに対して開かれているような〈自然〉の助けなしに、どうやってコミュニケーションできるのか、私たちにとって最も固有なものを経由して、どうやって普遍的なものに接ぎ木されることができるのか、という問題なのである。

以上が、マルローの分析の延長上にありうる哲学の一つである。ただしその際、彼の分析の前景を占めている、個人の哲学や死の哲学を遠ざけておく必要があった。また彼は聖なるものに支配された文明への郷愁《ノスタルジー》に引きつけられていないこともない。画家が絵画の内に置くもの、それは直接的な自己や、感じることのニュアンスそのものではなく、そのスタイルであり、それを画家は、他者の絵画や世界からばかりでなく、自分自身の試作《エセー》からも獲得することができる。ある作家が自分の声で語るのを習得するまで、どれほどの時間が必要だろう、とマルローは言う。同じように、私たちのようにその作品を目の前に繰り広げることができず、まさにそれを創りつつある画家が、おのれの初期の絵画に、未来の絵画の輪郭をみとめるまでにどれほどの時間がかかるだろう。しかもその場合、彼が自分自身について、つまり出来上がった自分の作品について、思いちがいをしていていないという条件が必要である。それればかりではない。画家は、作家が自分の作品を読みうるように、自分の絵画を見ることができるわけではない。表現がレリーフをかたちづくり、真に意味となるのは、他者たちにおいてなのだ。作家にとっても画家にとっても、あるのは自己の自己に対するほのめかし《アリュージョン》、個人的なうなり声の親密さだけなのであり、これは内的独白とも呼ばれる。画家は作業し、その跡を残していく。そしてかつての作品を見て、その後の自分を再発見して楽しむとき以外は、自分の足跡を見たいなどとはあまり思わないものだ。手元にはもっといいものがあるのだから。成熟期の言語は、最初期の作品の弱々しい抑揚をたしかに含んでいる。それを振り返ることなく、ある種の表現的な作用を成就したという事実だけで、画家は新たな器官を授けられる。そしてこれから言うべきことが、すでに立証された能力を越えているのを感じながらも、同じ方向に「さらに遠くへ[*24]」進むことができるのである――不可思議な疲労が生じて、できないこともあるのだが。それはあたかも、一歩進むたびに次の一歩が要求され、可能になるかのようであり、また成功した一つ一つの表現が、精神的な自動人形に別の課題を課し、さらには、一つの制度(institution)を創設したかのようである。そしてひとはその制度の効力を感じることをやめることはけっしてないであろう。新しい絵を描こうとするたびに、この「内的な図式」が差し迫ってくるが――それは、かの有名な椅子が「ファン・ゴッホの名そのものの激しい表意文字[*25]」になるほどだ、とマルローは言う――、しかし当のファン・ゴッホにとっては、自分の初期の作品でも、また「内的な生」においてさえも、この図式が解読されることはない(というのも、もしそうならばファン・ゴッホは自分に帰るために絵画を必要とはしないだろうし、描くこともやめてしまっただろう)。この内的な図式は、生そのもの、内面への結び付きから解き放たれて外に出て、自己を享受することもやめてしまった生そのものであり、そうしてそれは、理解したり理解させたりするための、見たり見るべきものを与えたりするための普遍的な手段となる。――だからこの図式は、もはや沈黙した個人の心の奥底に閉じこめられることをやめ、見られるもののすべてに拡散するのだ。スタイルというものが、他者たちにとっての愛玩物となり、芸術家自身にとって(作品にとってはとても残念なことだが）歓びの対象となってしまう前に、それが画家の経験の表面に芽生えた豊饒な瞬間があったのでなくてはならない。そのときにこそ、作動し、潜在する意味《サンス》は、おのれを解放してくれるような自分の表徴《エンブレム》を見いだし、この表徴が芸術家にとっては取り扱うことのできるものとなり、同時に他者たちに接近可能なものとなるのだ。画家がもう描き終えて、いくつかの点で自己統御できるようになったとき、自分のスタイルとともに与えられるのは、あるやり方、つまりリストアップできるようないくつかの技巧や癖などではなく、他者たちからも認められるけれども、自分自身からは自分のシルエットや日々の身振りと同じくらい、見えにくいような表現様式のことである。だからマルローが、スタイルとは「世界を発見する人間の価値によって、世界を再創造する手段のことだ(8)」とか、それは「世界に貸し与えられた意味の表現であり、ある視覚の呼びかけであって、その結果ではない(9)」とか、「神秘的なリズムによって、天体の変動へと私たちを引き込むような永遠の世界を、脆弱な人間的遠近法に切り詰めるもの(10)」であるなどと記すとき、彼はスタイルの作動そのものに身を置いてはいない。公衆同様、彼はそれを外から眺めている。もちろん彼はその帰結のいくつか、それも——世界に対する人間の勝利など——なかなかセンセーショナルな帰結のいくつかも指摘している。だが画家はそんなことを目指してはいない。作業しつつある画家は、人間と世界、意味と不条理、スタイルと「表象」といった二律背反については何も知らない。世界との自分の交渉を表現するのにあまりに忙しくて、知らず知らずのうちに生まれるスタイルを誇っている暇などないのだ。現代画家にとってスタイルが、表象の手段以上のものであることはたしかだ。外的なモデルをもたず、絵画は絵画以前に存在しない[11]。だからといって、マルローのように、世界の表象は画家にとってスタイルの手段にすぎないなどと結論してはならない。それではまるで、世界との接触がまったくなしにスタイルが知られたり欲せられたりするかのようであり、つまりスタイルが目的のようではないか。画家としての画家の知覚の凹み（creux）に、スタイルが現れてくるのを見なくてはならない。スタイルはこの知覚からの要請なのだ。マルローはもっともうまく書けている箇所ではそのことを述べている。知覚はすでに様式化《スタイル》する（styliser）、と。過ぎ去っていく女性は私にとってまずは身体的輪郭や色の付いたマネキンや見世物《スペクタクル》などではなく、「個人的、心情的、性的な表現」であり、肉体（chair）としてのある種の存在様態である。この存在様態は、歩き方において、あるいは、ヒールが地面に当たるときの衝撃においてさえも、まるごとそっくり与えられる。あたかも弓の張りが、木材の繊維の一つ一つに現前しているのと同じように。それは歩くこと、見ること、触れること、語ることとの規範《ノルム》のじつにみごとな変奏《ヴァリアシオン》であり、私がそれを身に付けているのは、私が身体であるからにほかならない。さらに私が画家であれば、キャンヴァスの上を通過する物は、生命的価値や肉感的な価値などではない。絵画にあるのは、「女性」とか「不幸な女性」とか「婦人用帽子屋」などではなく、世界に住み込み、それを取り扱い、それを顔や衣服によって、そして、所作の敏捷さや身体の無気力さなどによって解釈するやり方の表徴《エンブレム》、要するに、存在とのある種の関係の表徴なのだ。だがこうした真に絵画的なスタイルや意味は、見られた女性の内にはないが——そうしたら絵はもう出来上がってしまっていることになるだろう——、少なくとも見られた女性によって呼び求められている。「あらゆるスタイルは世界の諸要素の形態化であり、この諸要素が世界をその本質的な部分の一つに方向付ける」。世界の所与が、私たちによって「首尾一貫した変形」[12][*26]に付せられるとき、意味《シニフィカシオン》があるのだ。絵の可視的および精神的なベクトルのすべてが、一つの意味Xに収斂するのだが、この収斂はすでに画家の知覚において下書きされている。それは画家が知覚したとたんに始まる。つまり、画家が、事物の到達不可能な充実に、ある種の凹み、裂け目、さまざまな図と地、高さと低さ、規範と逸脱をしつらえたとたんに、そして、世界のある種の要素が次元としての価値を帯び、以後私たちが他のすべてのものをそこに関係付けるとき、それも、私たちが世界を表現する言語においてそうするとき、そうした収斂が始まる。スタイルとは、それぞれの画家が、現出《マニフェスタシオン》という営みのため、自分自身に対して作り上げる等価体系のことであり、「首尾一貫した変形」の普遍的な指標なのである。それによって画家は、みずからの知覚の中にいまだなお散逸している意味《サンス》を集約させ、それを明確に存在させる。この営みは事物から遠く離れたところでなされるのではないし、画家一人が鍵を持っているような一種の実験室でなされるのでもない。本物の花を見るときであれ、紙製の花を見るときであれ、画家はつねにおのれの世界を参照する。それはあたかも、この世界を現出させるための等価の原理が、ずっと前からそこに埋もれていたかのようなのだ。

この点に関して作家は、画家の仕事や研鑽を過小評価してはならない。その努力は、思考の努力に非常に似ており、だからこそ絵画の言語について語ることもできる。たしかに、その等価体系が世界の光景から引き出されたとたんに、画家はキャンヴァス上で、それをふたたび色彩や疑似空間に注ぎ込む。絵が意味を表現しているというより、意味《サンス》が絵に染みこむのだ。「ゴルゴタの丘の上の空の黄色い裂け目(……)それは物となった苦悩、空の黄色い裂け目と化し、物に固有の性質によって埋没させられ、練り固められた苦悩である」[13]。意味は絵の中に入り込み、絵によって示されるというよりはむしろ、「暑さで立ち上るかげろう」[14]のように、絵のまわりで震える。それは絵の本性からして表現を禁じられたことを表現しようとするために「つねに天と地の中途に止まっている、巨大で空しい努力のようだ」。おそらくこのような印象は、言語のプロフェッショナルの場合には不可避であり、そのような者には、私たちがあまりうまく話せない外国語を聞いたときに起きるようなことが起こる。つまりアクセントや風味があまりに強く、単調《モノトーン》に感じるのだが、それはまさにその外国語が私たちのものではないからであり、私たちの世界との関係のための主要な道具ではないからである。絵画によって世界と交流することはない私たちにとって、絵の意味はそこに囚われたままである。だが画家にとっては、そして絵画の中で生き始めさえすれば私たちにとっても、絵画の意味はキャンヴァスの表面の「かげろう」以上のものである。というのも、それは他の何よりもまさにこの色を、この対象を要求しうるからであり、シンタックスや論理学と同じくらい差し迫ったものとして、絵の配置を律しているからである。ということはつまり、絵全体は、そこにちりばめられた、ちっぽけな苦悩や局所的な歓びにあるのではない。こうした苦悩や歓びは、全体的な意味における諸要素にすぎないからだ。そしてこの全体的な意味は、悲壮感《パトス》こそより少ないものの、より読解可能であり、より持続的なのである。マルローが正当にも伝えている逸話であるが、カシス〔フランス南東部の観光地〕のホテルの主人が、ルノワールが絵を描いているのを見て近づいてみたという。「それは裸の女性だったが、彼女たちは別の場所で水浴していた。彼が何を見ていたのかはよくわからなかったが、キャンヴァスの隅っこだけを書き直していた」。マルローはコメントする。「海の青さが〈洗濯する女たち〉[*27]の小川の青さに変容していたのだ……。彼の幻視《ヴィジョン》は、海を見るある種のやり方にあるのではなく、ある世界のひそかな練り上げにあり、この世界にこそ、彼が最大限に取り上げ直すこの青の深さが属しているのだ」[15]。しかしながら、ルノワールが見ていたのがあくまで海であったのもたしかである。ではなぜ海の青さが彼の絵画世界に属していたのだろうか。それはどのようにして、〈洗濯する女たち〉の小川について、何かを教示しえたのだろうか。それは世界の断片のそれぞれ──とりわけ海というものは、あるときは渦やさざなみに飾にかけられ、鳥の冠毛のようなものに飾られるが、またあるときはそれ自体でどっしりとして広大に広がり、存在のあらゆる種類の形象を含んでいる──、そうした断片のそれぞれは、まなざしの衝撃に応えるやり方によって、一連の可能な異本《ヴァリアント》を呼び起こし、それ自身だけでなく、存在を語る一般的なやり方を教える。カシスの海を見ながら、水浴する女性や静かな小川を描くことができるのはなぜかというと、ルノワールが海に求めるものが、〔水という〕液体を解釈し、それを提示し、それ自体で制作する方法、要するに水の諸現出の類型だけだからだ。海だけがそれを彼に教示することができる。世界を見ながら絵画を描くことができるのは、画家が他者の目にどう見えるかを決めるものであるスタイルが、画家にとっては現れそのものに見いだされるように思えるからであり、自然を再創造している瞬間に、それをたどり直していると思っているからである。「色彩と線の断固とした均衡や不均衡が動転させる者は、そこに少し開いた扉が別の世界への扉であることを発見する」[16]。別の世界、とマルローは言う。——この言葉の意味を考えてみよう。それは画家が見ているものと同じ世界であり、おのれ自身の言語を語る世界であるが、ただしそれが先に進もうとするのを引き留めたり、曖昧さの内に留めおいたりするような、名もなき重圧から解放された世界である。画家や詩人が、世界との出会い以外の何を語りうるだろう。抽象芸術は、世界の否定や拒否でなければ、いったい何について語っているのか。だが〔抽象画における〕幾何学的な面や形態の簡素さやそれらへのこだわり（あるいは〔原生動物の〕繊毛虫類や微生物へのこだわり。というのは、奇妙なことに、後生動物からしか、生命性を禁じられることは始まらないからだが）は、たとえ最低限の絶望的なものであれ、まだ生命くささを保っている。だから絵はつねに何かを語るのであり、〔マルローが語る〕この〔均衡や不均衡の〕動転を要求するのはまさに新たな等価体系である。そして諸事物の通常のつながりが解かれるのは、それらのあいだの、より真なる関係の名においてなのである。ついに自由になった視覚や行動は、画家にあっては世界の諸対象を、作家にあっては諸単語を脱中心化し、再集結させる。だが〔ランボーが〕『イリュミナシオン』を書くためには言語を壊したり焼き尽くしたりするだけでは十分ではない。マルローは現代画家について以下のような深い指摘をしている。「誰も真理については語っていないのに、敵対者の作品を前にすると、彼らはみなペテン呼ばわりした」[17]。現代画家は、絵画と世界の類似であるような真理は欲しない。絵画のそれ自身への凝集であるような真理概念なら受け入れることだろう。それは、唯一の原理が現前していて、それがそれぞれの表現手段に、ある種の使用価値を付与する、という考えである。さて、羊毛や肉体（la chair）を表すため、見かけを原理上完全に再現する代わりに、筆の跡だけが使われるようになったとき、対象の代わりになったのは主体ではなく、知覚された世界の暗示《アリュージョン》的な論理である。現代でも画家はつねに意味しようと欲し、何か言うべきことがつねにあり、それに多かれ少なかれ接近する。だが〈カラスのいる麦畑〉を描いていたときにファン・ゴッホが「さらに遠くへ」進むことを目指したとき、それはもはやなんらかの実在を目指して進んで行こうとしたことではなく、まなざしを促す事物と、促されたまなざしとの出会いを復元するためにやり残したことが何なのかを示している。すでに存在するものと、これから存在しなくてはならないまなざしとの出会いを復元するために。そしてこの関係は当然のことながら摸写し合う関係ではない。「芸術においてはいつものことながら、真であるために嘘をつくことだ」とサルトルは正当にも語っている。そのときはすばらしいものに思われていた会話が、録音されてみると貧弱な印象を与えることがあるという。語っていた者の存在感《プレザンス》、身振り、表情、出来事が起きつつあるという印象、たえず即興が行なわれているような印象などが欠けているのだ。もはや会話はなく、音響という一つの次元に押しつぶされ、この純粋に聴覚的な媒体が、読まれた文章であるかのように聞こえ、がっかりさせるものとしてある。芸術作品は五感の一つのみに働きかけ、体験の場合のようにあらゆる方向から私たちを取り囲むことはけっしてないので、それが十分に私たちの精神を満たしてくれるためには、冷め切った存在とは別のものでなくてはならず、ガストン・バシュラールが言うように「超存在」の一つでなくてはならない。とはいえそれは恣意的なもの、あるいはいわゆる虚構《フィクシオン》の一つではない。現代絵画は、現代の思想一般と同じように、事物とは似ていない真理、外的なモデルもなく、あらかじめ定められた表現手段もないような真理、にもかかわらず真理であるような真理を認めることを強いているのである。

本論で試みているように、もし画家をその世界とふたたび接触させるならば、画家を通して世界を絵画に変える変身《メタモルフオーズ》はおそらくそれほど謎めいたものには思われないだろう。この変身は、その初期から成熟期に至るまでのあいだに、画家を画家自身に変えるのであり、そしてまた、世代が代わるごとに、過去のある種の作品に対してそれまで気づかなかった意味を与えてくれる。作家が絵画や画家について考えるとき、彼はいささか作家に対する読者の位置、あるいはそこにいない女性のことを考えている、恋する男のような位置にいる。作家については作品から考えるし、恋する男は不在の女性を、彼女がもっとも純粋に表現されているようないくつかの言葉、いくつかの態度に集約させる。彼女に再会すると、彼はスタンダールの有名な言葉「何だ、これだけなのか」[*28]という言葉を繰り返したくなる。作家と知り合いになると、私たちはふだんその名前によって指し示していた、非の打ち所がない本質や言葉を、作家の存在の各瞬間には見いだせず、おろかにも落胆したりする。こんなことをして時間を使っているのか、こんな見苦しい家に住んでいるのか、こんな友人や妻と人生を共にしているのか、こんなつまらぬことに気を遣っているのか、というわけだ。――だがこれらすべては夢想にすぎない――あるいは羨望か、ひそかな憎しみにすぎない。超人などおらず、どんな人間も人間としての生活を生きなければならないことを理解してはじめて、そしてまた、愛する女性や作家や画家の秘密は、その経験的な生活のどこか彼方にあるのではなく、その凡庸な経験ともつれ合い、世界の知覚とひそかに混ざり合っているので、それらとは別にその秘密に対面することは問題にもなりえないということを理解してはじめて、しかるべき点で誰かに敬服することができる。『芸術の心理学』を読んでいると、そんなことは作家としてわきまえているはずのマルローが、画家の話になるとそれを忘れてしまい、崇拝し、神格化していると思われる。そんな崇拝を彼は自分の読者には許さないと思う。「究極の絵画、すなわち時間が揺動するようなこの呼びかけによって、魅惑されない天才がいるだろうか。それは世界の憑依の瞬間である。

画家はこれよりは先に進まなくてよい、老いたハルス[*29]は神となってしまうだろうから」[(18)]。これはおそらく、他者たちに見られた画家である。画家自身は仕事をする一人の人間である。画家は毎朝、事物の形象の内に、同じ一つの問いかけ、同じ一つの呼びかけを見いだし、それに対して応答することをけっしてやめなかった。画家の目には作品はけっして完成せず、つねに進行中であり、だから誰も自分の作品にものを言わせて、世界に対して勝ち誇ることはできない。ある日のこと、生命が遠ざかり、身体が減衰する。さらに別の時には、より悲しいことに、世界の光景にちりばめられていた問いが生じなくなってしまう。そのとき画家はもはや存在せず、名誉画家になってしまった。だが描き続けるかぎり、画家はあいかわらず見える事物について描くのであり、また、もし盲目であったり盲目になったりしたとしても、別の感覚でこの打ち消しがたい世界に接近し、見る者の言葉で語るのであり、そうして世界について描き続けるのだ。だからこそ画家の仕事は、彼自身には曖昧であっても、なんらかのかたちで導かれ、方向付けられている。すでに切り開かれている裂け目をさらに遠くまで引き延ばし、かつての絵の片隅やおのれの経験のある瞬間にすでに現れていた抑揚《アクセント》を取り上げ直し、一般化することが重要なのだ。だが画家自身はけっしてそれについて語ることはできない。彼に属するものと事物に属するものを、また、新しい作品が古いものに加えるもの、他者から奪ったものと彼固有のものなどを区別することなどは意味がないからだ。この三重の取り上げ直し[*30]により、表現的な作用は一時的な永遠のごときものとなるが、それはたんにおとぎ話のような変身《メタモルフォーズ》——奇蹟、魔法、攻撃的な孤独における絶対的な創造など——ではなく、世界や過去やすでに完成した作品が要求したことへの応答であり、成就であり、友愛なのだ。フッサールはシュティフトゥング[*31]（Stiftung）——創設（fondation）、確立（établissement）——という素晴らしい語を使って、まずはおのおのの現在のかぎりない豊饒性を示す。つまりおのおのの現在は、特異なものであり、過ぎ去るものであるからまさに、存在したということをやめることはできず、したがって普遍的に存在することをやめることはできない。——だがこの語は、とくに文化的生産物の豊饒性を示す。文化的生産物は、出現した後も価値を持ち続け、探究の領野を開き、そこにおいてたえず再生するのだ。このようにして、画家が世界を見た瞬間に、画家としての彼の最初期の試みや、絵画の過去全体が、画家に一つの伝統〔伝承〕をゆだねる。すなわち伝統とは、フッサールが指摘するように、起源を忘却する能力であり[*32]、過去に対しては、忘却の偽善的な形態である生き残りなどではなく、記憶の高貴な形態である新たな生を与える能力なのである。

　マルローは、精神の喜劇《コメディ》には、どこか欺瞞的で滑稽なものがあることを強調している。たとえば、ドラクロワとアングルという敵対する同時代人を、後世の人々は双子のようなものとみなす。一方は古典主義であろうとし、他方は、新古典主義にほかならないもの、すなわちその反対とみなされる。スタイルは、その創造者の目を逃れ、それが見えるようになるのは、地球全体に散逸した諸作品を〈美術館〉が集めたり、〔マルローが『想像的美《イマジネール》術館』で試みたように〕写真によって細密画を拡大し、そのフレーミングにより絵の断片を変容させ、たとえばステンドグラスやカーペットや貨幣を絵に変えたりして、絵画に対して、つねに回顧的な自己意識をもたらすときだけなのである。だがもし表現が再創造や変身を遂行するとしたら、そのことはすでに私たちの時代以前の時期においてもそうであったし、さらには絵画以前の世界の知覚においてもそうだっただろう。というのも、表現は事物において、すでに人間的な練り上げの痕跡をしるし付けていたからである。過去の生産物は、私たちの時代の所与であるが、それ自身もまた、さらに以前の生産物を未来に向けて、つまり私たちの時代に向けて乗り越えていたのであり、その意味で、私たちがそれに働きかけておこなう変身も、この乗り越えの一つとして求められていたのである。もはや——言語学者が、語彙を調査し尽くすことができないのと同じように、そして同じ理由で——絵画の目録を作ること、つまりそこにあるものとないものとを区別して語ることはできない。どちらも、記号の有限な総体ではなく、人間文化の開かれた領野、あるいは新たな器官であるからだ。ある古典主義画家が、絵の中にある種の断片を描くことによって、すでに現代画家の所作を発明していたということを、いったい誰が否定できるだろう。だが彼はそれを自分の絵画の原理にはしなかったし、その意味では発明していないことも忘れることはできない。聖アウグスティヌスが中心的な思考としてはコギトを発明しておらず、たんにそれに出会ったのと同じように。〔レイモン・〕アロン[*33]が言っていたように、あらゆる時代はその祖先を求めるが、そのような夢想が可能なのも、あらゆる時代が同じ一つの世界に属するからにほかならない。古典主義画家と現代画家は、洞窟の壁の最初のデッサンから現代の「意識的な」絵画に至る唯一の課題として、絵画世界に属している。現代絵画が、現在とはまったく異なる経験と結び付いた芸術から何かを取り上げるようなときには、おそらくそれを変形するであろうが、以前の芸術のほうもまた、現代絵画を予型しており、あるいは少なくとも現代絵画に何か語るべきことを持っているのだ。つまり、以前の芸術はアジアやエジプトの畏れなど、原初《プリミティフ》の畏れを引き継いでいると思いながら、ひそかに別の歴史を開始していた。この別の歴史はいまだ私たちのものであり、そうした畏れを現前させてくれる。もちろん彼らが所属していると考えていた帝国や信仰はとうの昔に消え去っているのだが。絵画の統一性はたんに〈美術館〉にあるのではなく、この唯一の課題の内にある。この課題がすべての画家に突きつけられ、ある日〈美術館〉で比較可能になるであろうし、それらの火は暗闇の中で呼びかわしている。洞窟の壁の最初のデッサンは、世界を「描くべきもの」「デッサンすべきもの」として提示し、絵画のかぎりない(indéfini)未来を呼び求める。それゆえ、私たちはそれらを変身させることで応答するのだが、その応答にそれらも協力しているのだ。だから二つの歴史性がある。一つはアイロニカルで滑稽なもので、誤解から成る。というのもあらゆる時代は、おのれの気遣いやパースペクティヴを押しつけるようにして、よそ者に対抗するが、同じように別の時代とも戦っているからだ。これは記憶というより忘却であり、分断、無知、外在性である。だがもう一つの歴史性があって、これなしで第一のものはありえない。それは私たちを私たちでないものへ導く関心によって少しずつ構成したり再構成したりするものである。この関心は、過去が連続的な交換によって、私たちにもたらし、私たちの内に見いだす生である。過去はおのおのの画家においてこの生を生きる。おのおのの画家は、絵画という全体的な企てを再生し、取り上げ直し、そして一つ一つの新たな作品に投げ返すのである。

　おのおのの絵画が、それが肯定することにおいて合流するような累積的な歴史を、マルローはしばしば、それらが否定し合うがゆえに対立し合うような、残酷な歴史に従属させてしまう。マルローにとって和解は死においてしか起きない。彼にとって、競合する絵画が応答し、両者を同時代人にするような唯一の問題に気づくのは、つねに事後的になのだ。だが、もしこの唯一の問題がすでに画家たちにおいて――たとえその意識の中心でなくとも、少なくともその仕事の地平において――、真に現前し、作動していなかったなら、未来の〈美術館〉がいったいどこからそれを出現させたのかがわからなくなるだろう。ヴァレリーが牧師について言っていたことを、おおよそ画家についても言うことができるだろう。つまり画家は二重の生活を送り、そのパンの半分が聖別されているのだ、と。画家はたしかに、怒りっぽく、苦悩しもする人間であり、自分のもの以外のすべての絵画はライバルである。だがこうした怒りや憎しみは作品の屑である。嫉妬にかられた不幸者は、その強迫観念から解放されている見えない分身を、あらゆる場所に引き連れていく。それは彼の絵画に規定された彼自身である。そしてペギーが語った「歴史的記載」[*34]がある種の系統や親縁性を現出させることができるのは、画家がみずからを神とみなすのをやめ、自分の筆の一つ一つをユニークなものとして崇拝しないことに同意することで、そうした系統や親縁性を受け入れることができたときなのである。マルローが完璧に示しているように、私たちにとって「フェルメールの一作品」をかたちづくるのは、ある日描かれたキャンヴァスが人間フェルメールの手から離れたからではなく、その絵がある等価体系をなしており、それにより各要素が、百個の文字盤の百本の針のように、同じ逸脱を示しているから、つまりフェルメール語を話しているからなのである。そして偽作者が、偉大なるフェルメールの手法のみならず、スタイル〔様式〕までも我が物にすることに成功したとしたら、その者はもはや偽作者ではなく、むしろ古典主義画家のアトリエで主人のために描く画家の一人のような者であろう。こんなことができないことはたしかだ。何世紀ものあいだに別の絵画が生じ、絵画の問題そのものが変わってしまったら、自発的にフェルメールのように描くことはできない。だが現代人によって〔フェルメールの〕ある絵画がひそかに捏造されたとする。だとしてもそれは、そのことのせいでその者がフェルメールのスタイルに真に合流することができなくなるからこそ、偽作者と形容されるということを意味するにすぎない。つまり、フェルメールという名やあらゆる偉大な画家の名は、一つの制度のようなものを指し示す。歴史学の役目が、「旧体制《アンシアン・レジーム》下の議会」や「フランス革命」の背後において、それらが人間関係の力学においてそもそも何を示しているのか、この人間関係のどのような抑揚《モデュラシオン》を表しているのかを発見し、そしてそのために、あるものを付属的なものとみなし、あるものを本質的なものとみなすことであるのと同じように、真の絵画史は、フェルメールと呼ばれるキャンヴァスの直接的な外観《アスペクト》を通して、一つの構造、一つのスタイル、一つの意味《サンス》を探究しなければならない。こうした構造やスタイルや意味に比べれば、疲労や状況や自己模倣ゆえにフェルメールの筆からこぼれ落ちた不調和な細部などは、たとえそのようなものがあったとしても、たいしたものにはなりえない。ある絵が本物なのかを絵画史が判断するためにその絵を検討せざるをえないのは、そもそも当時の情報が欠けているからばかりではなく、ある巨匠の作品の完全なカタログだけでは、真にその巨匠の手になるものを決めるには十分でないからだ。というのは、その巨匠自身が絵画の言説のある種のパロールであって、そのことを目的として追求しないかぎりにおいて、過去と未来にこだまを呼び起こすからであり、そしてまた彼が世界に敢然として取り組むかぎりにおいて、他のすべての試みと結び付くからである。出来事にしか注意せず、到来[*35]には盲目的なままにとどまる経験的歴史から、真の歴史が出現するためには、たしかに回顧が必要かもしれない——。しかし、真の歴史はまず絵画の全体的な意志（le vouloir）において粗描されている。画家がまず来たるべき未来の（à venir）作品を見たからこそ、歴史は過去を見る。死における画家たちの友愛があるとしても、それは彼らが同じ問題を生きているからにほかならない。

こう考えてみると、〈美術館〉の機能は〈図書館〉のそれと同じく、かならずしも好ましいものではない。たしかにそれは、諸作品の総体を唯一の努力の諸契機として見せてくれる。諸作品は世界に散らばり、諸宗教や諸文明に入り込んでいて、その飾りたらんとしていたわけで、その意味では〈美術館〉は、私たちの絵画としての絵画の意識を基礎付けてくれる。だがその意識はまず労働する一人一人の画家の内にあったのであり、そこでは純粋な状態で存在していた。それに対し〈美術館〉はこの意識を回顧という陰気な快楽にさらす。〈美術館〉には、画家がそこに行くように行かなくてはならない。つまり労働の節度ある歓びとともに行くべきであり、私たちがよくやるように、崇拝の念をもって行くべきではない。それはかならずしも品の良いものではないのだ。〈美術館〉は盗人の意識を私たちに与える。ときどき私たちの頭をよぎるのは、これらの作品は結局のところ、日曜日の散歩者や月曜日の「インテリ」の楽しみのため、こんな陰気な壁に囲まれて終わるために作られたのではないのではないか、ということだ。そこには衰退の感覚があり、この墳墓のごとき寄せ集めは、芸術の真の環境ではないのではないか、あれほどまでの歓びと苦労と怒りと労働は、ある日〈美術館〉の悲しげな光を反射させることを運命付けられていなかったのではないか、と感じてしまうのだ。〈美術館〉はさまざまな試みを「作品」に変え、絵画史を可能にする。だがおそらくは、作品の偉大さをあまり追求しないときにのみそれに到達するということが、人間にとって本質的なのだろう。またおそらくは画家や作家が、人類を創設しつつあるなどということをあまり知らないのは悪いことではない。要するにおそらく画家たちは、その労働において絵画史を継続しているときのほうが、〈美術館〉でそれを鑑賞するために「愛好家」になってしまっているときよりも、絵画史についてより真で、より生き生きとした感情を抱いているのだろう。〈美術館〉は、作品をそれが生まれた偶然性から遠ざけ、その真の価値に偽の威光を付け加えてしまう。

そうして私たちは、運命が昔から芸術家の手を導いてきたなどと信じてしまうのだ。おのおのの画家においてスタイルはその心臓の鼓動のように生き、まさにそれゆえに、自分のものとはまったく異なる努力も認めることができた。——だが〈美術館〉は、このひそかで、控えめで、わざとらしくなく、非意志的な歴史性、要するに生き生きとした歴史性を、公式で仰々しい歴史に変えてしまう。ある画家が衰弱しかかっているとき、それは私たちの友情に一種悲愴なニュアンスを与えるが、それは画家には無縁だったものだ。画家にとっては、その人生を通じて労働したということがあるだけだ。——そして私たちのほうは、画家の作品を断崖の縁に咲く花のように見る。〈美術館〉は、画家を私たちにとってタコやエビと同じくらい神秘的なものにする。熱烈な生から生まれた作品を、〈美術館〉は別の世界の驚異に変える。そして作品を支えていた息吹は、〈美術館〉の物思わしげな雰囲気や、強化ガラスの下では、表面のかすかな揺らめきでしかない。図書館は本来一人の人間の所作であった著作を「メッセージ」に変えるとサルトルが言っていたが、それと同じように〈美術館〉は絵画の激烈さを殺してしまう。それは死の歴史性だ。だが生の歴史性もあり、〈美術館〉はその堕落したイメージを提供するにすぎない。生の歴史性とは、労働しつつある画家に住みつく歴史性であり、そのとき画家は、一つの所作で、彼が取り上げ直す伝統と、彼が創設する伝統を結び付ける。生の歴史性は画家を、かつて世界で描かれてきたすべてのものと一挙に合流させるが、彼自身は自分のいる場所からも時代からも動かず、祝福されたり呪われたりする自分の作品からも離れることはない。そしてこの歴史性は、さまざまな絵画を和解させるのだが、それは一つ一つが実存全体を表現し、すべてが成功しているかぎりにおいてである。——それらがすべて完成しているから、むなしい所作として完成しているから和解させるのではないのである。

絵画を現在という場に置き直してみるならば、現代の純粋主義が画家と画家以外の者のあいだ、画家と画家自身の人生のあいだに増殖させようとしている数々の障壁を、絵画が認めないことに気づかれるだろう。ルノワールが地中海の青さを〈洗濯する女たち〉の水に変換したことをカシスのホテルの主人は理解しなかったかもしれないが、それでも彼は、ルノワールが労働しているのを見たかったのであり、それが彼の関心を惹いたのである。だから結局のところ、洞窟の住人がある日伝統なしに切り開いた道を、彼がふたたび見いだすことを妨げるものは何もない。ルノワールが主人に助言を求めたり、彼の気に入ろうとしたりしたとしたら、間違いを犯したことはたしかだろう。その意味では彼は主人のために描いていたのではない。彼は自分の絵画によって、ある諸条件をみずから定め、この諸条件の下で認められたいと思っていたのだ。だが結局彼は描き、見えるものに問いを投げかけ、見えるものを作りだしていた。彼は世界に向かってこそ、海水に向かってこそ、

〈洗濯する女たち〉の水の秘密を尋ね直していた。そして、世界から絵画への移行を通じさせたのは、ルノワールとともに世界に囚われている者たちのためなのだ。J〔ジュール〕・ヴィユマン[*36]が語っていたように、水や世界の言語を語ることではなく、自分自身を表現することでそれらを表現することが問題なのだ。そして画家と彼の人生との関係も同次元のものである。画家のスタイルは彼の人生のスタイルではないが、画家は人生をも表現へと引っ張っていく。マルロー[*37]が、絵画における精神分析的な説明を好まないのは理解できる。もしかりに、聖アンナのマントが禿鷲であったとしても、そしてダ・ヴィンチがそれをマントとして描いていたときに、ダ・ヴィンチの内なる第二のダ・ヴィンチが身をかがめ、判じ物を読み解くようにそれを禿鷲として解読していたということを認めたとしても（結局のところそれもありえないことではない。ダ・ヴィンチの人生には、おそろしい韜晦趣味があって、芸術作品に怪物を嵌め込もうと発想したということも十分ありうるからだ）、──たとえそうだとしても、もしこの絵が別の意味を持っていなかったとしたら、もはや誰も禿鷲についてなど語らないだろう。〔精神分析的な〕説明は細部しか、せいぜいのところ材料しか解き明かさない。画家が色彩を、彫刻家が粘土をいじることを好むのは「肛門期」にあるからだというのを認めたとしても、いったい描くとは何か、彫刻するとは何なのかについては依然として語られてはいない⑲。だがそれとは正反対の態度、つまり画家を崇拝するあまり、その人生について何かを知ることを許さず、その作品を、私的公的な歴史の外にある奇蹟、この世界の外にある奇蹟とする態度もまた、その真の偉大さを覆い隠してしまう。レオナルドが、不幸な幼年時代を過ごした無数の犠牲者の一人とは別のものであるとしたら、それは彼が彼岸に足を踏み入れていたからではない。そうではなく、体験したことすべてを、世界を解釈する手段にするのに成功したからだ。――彼が身体や視覚を持っていなかったからではなく、彼の身体的ないしは生命的な状況が、彼によって言語《ランガージュ》へと構成されたということなのだ。出来事の次元から表現の次元に移行するとき、ひとは別の世界に行くわけではない。それまで甘受されていた所与と同じ所与が、意味を持つ体系《シニフィアン》となる。同じ所与が、掘り返されたり加工されたりし、それを苦痛に満ちたもの、傷つけるものにしていた重圧から解放されて透明なものになり、さらには明晰なものにさえなり、それに似た世界の外観《アスペクト》のみならず他の外観にも光を当てるようになるとき、それはたとえいくら変身させられたとしても、そこに存在し続ける。作品から得られる知識は、けっしてそれ自体の経験の代わりにはならない。もちろんそうした知識は創造を測る助けにはなる。それは、その場での（sur place）乗り越えについて教示してくれる。これだけが、けっして引き返すことのない唯一の乗り越えなのだ。もし私たちが画家の内に身を置き、身体的な宿命や個人的な運命や歴史的な出来事として与えられたものが

「モティーフ」[38]に結晶化する決定的な瞬間に立ち会うならば、その作品はけっして結果ではなく、つねにそうした所与に対する応答の一つであり、身体、生命、風景、学派、愛人、債権者、警察、革命など、絵画を封殺しかねないものが、聖体のパンでもあり、それによりり画家は秘蹟をおこなうこと、そうしたことを認めることになるのである。絵画を生きること、それはこの世界を呼吸することでもある。——とくに、世界において何か描くべきものを見て取るような者にとってはそうなのだが、およそ人間にはすべて少しばかりそういうところがあるのだ。

ぎりぎりまで問題を推し進めよう。細密画や貨幣を写真で拡大すると、奇跡的にも大きな作品のスタイルそのものが現れることについてマルローは思索する。——あるいはまったく「影響」関係のないヨーロッパの外で発掘された作品のなかで、意識的な行為による絵画が別の場所で再発明したのと同じスタイルに遭遇して、現代人が驚愕することについても思索している。芸術を個人のもっとも秘められたところに閉じこめてしまうと、作品間の一致は、それらを支配するなんらかの運命によって説明するしかなくなってしまう。「あたかも想像上《イマジネール》の芸術精神が、同じ一つの征服を、細密画から絵画へ、フレスコ画からステンドグラスへと推し進めているかのようだ。そして突然それを放棄し、それと並行していたのに反対の方向に別の征服を推し進めるかのようだ。まるで歴史の地下の奔流が、ちらばったこれらすべての作品を巻き込んで、一つにしているかのようだ。（……）その進歩や変身によって認識される一つのスタイルが、観念というよりは、生きた宿命の幻覚になる。複製が、そしてそれだけが、芸術にこの想像的な超《シュル》-芸術家たちを登場させる。彼らの生まれは混沌としており、ある生や征服を経験し、ぜいたくや誘惑の魅力に妥協し、断末魔と再生を経てきたのだが、それがスタイルと呼ばれるのだ」[20]。するとマルローは、少なくとも比喩としては、このうえなく遠く離れた試みを一つにする〈歴史〉、画家の背後で働く〈絵画〉、画家が道具にすぎないような歴史の〈理性〉という考えに出会うわけだ。このヘーゲル的な怪物はマルローの個人主義のアンチテーゼであり補足である。知覚の理論が見える世界に画家をふたたび置き、身体を自発的な表現として再発見するとき、この怪物はどうなってしまうことだろう。

もっとも単純な事実から出発しよう。——この事実については本論ですでにいくぶんか明らかにしてはいる。ルーペが貨幣や細密画に大きな作品のスタイルを暴き出してくれるのは、手があらゆる場所にそのスタイルを持ち運ぶからだ。手はその所作において不可分であり、その線で素材《マティエール》にしるしを付けるために、線の一つ一つの点に重みをかける必要はない。紙に文字を書こうと、腕を使って黒板にチョークで書こうと、私たちは筆跡が自分のものだとわかる。というのは、筆跡とは、身体においてある種の筋肉と結び付き、物質的に定められたある種の運動を果たすための自動運動ではなく、運動表現の一般的な能力であり、移し替えることができるからで、だからこそスタイルの恒常性が成立する。あるいはむしろ移し替えなどないかもしれない。そもそも私たちは、物としての手と物としての身体を使って即自的空間で書いているのではない。そこでは状況が新しくなると新たな問題が提起されてしまうだろう。私たちが書いているのは知覚された空間においてであり、そこでは同じ形態がもたらす結果は初めから類似しており、規模の差異は無視される。異なった高さで演奏される同じメロディが、すぐに同じものとわかるのと同じように。そして私たちが書くときの手は〈現象としての手〉(main-phénomène)であり、この手は、運動表現と同時に、それが実現されうる場の特殊ケースに応じた、効率的な法則のようなものを備えている。したがって、ある作品の見えない諸要素にすでに現前しているスタイルの驚異は、以下の点にある。すなわち、芸術家は知覚された事物という人間的世界で作業しながら、ふと気づくと、非人間的世界に至るまでおのれのしるし《マルク》を刻んでいること、そして光学装置がこの非人間的世界を暴くことである。それはあたかも、泳いでいる人が、隠れた世界全体の上を自分でもそれと知らずに泳いでいて、それを水中眼鏡で発見して怯えるようなものだ。――あるいはアキレスが、単純な一歩において、諸空間と諸瞬間の無限の加算を行なうようなものだ。そしてたしかにこれは大いなる驚異であり、人間という語によってその奇妙さを隠蔽するべきではない。少なくとも確認できることは、この奇蹟が私たちにとって自然的であること、それは私たちの肉化した[*39]生とともに始まること、その説明を、私たちの内で私たちなしで働き、顕微鏡レベルで私たちの代わりに知覚するような、知覚世界の彼方の〈世界精神〉に求める必要などないということだ。むしろ私たちこそが〈世界精神〉なのだ。私たちが動くこと〔＝自分を動かすこと（*se mouvoir*）〕ができるようになるとすぐに、そして私たちが見ることができるようになるとすぐに、私たちは〈世界精神〉になる。この単純な行為が表現的な作用の秘密をすでに孕んでいる。自分の身体を動かすとき、私たちはどの筋肉や神経回路が介在するのか、また、この行為の道具をどこに求めるべきか知らない。それは芸術家が、自分が作業している素材《マティエール》の繊維に至るまで、おのれのスタイルを放射させるのと同じだ。そこに行きたいと思ったとたん、私はそこに来てしまっている。そのとき私は、身体機構の非人間的な秘密に入り込んではいないし、たとえば、ある座標系との関係で定まる目標の位置など、問題の所与に身体機構を調整するわけでもない。私は目標を見つめ、それに吸い寄せられるのであり、そうして身体装置は、私がそこにいるようにするためにすべきことをする。私の目にはすべてが知覚と所作という人間的世界において進行するが、私の「地理的」ないし「物理的」身体は、無数の自然的驚異を引き起こし続けるこの小さなドラマの要求に従うのだ。目標に向けられた私のまなざしもすでにこの奇蹟を孕んでいる。まなざしもまた、断固として存在の内に身を置き、征服した土地にいるかのように振る舞う。対象のほうが、私の目から調節や収束の運動を獲得するのではない。反対に、一つの対象を見ることを可能にするように、私の目を私が整えておかなかったとしたら、私は何もはっきりと見ることはないだろうし、そもそも私にとって対象というものがないことはすでに明らかになっている。だから身体の代わりになって、私たちが見るであろうものを先取りするのは精神ではない。そうではなく、私のまなざしそのもの、その協同、その探索や探求こそが、切迫する（imminent）対象に焦点を合わせる。結果を計算するのが必要だったとしたら、私たちはそんなに早く正確に矯正することなどできないだろう。だからまなざし、手、そして身体一般と名付けられているものは、世界を洞察しようとする諸システムのシステムであり、それが距離を跨ぎ越し（enjamber）、知覚の未来を切り開き、存在の概念化不可能な平板さの上に、凹みやレリーフ、距離《エカール》や偏差、そして意味《サンス》を描き出すことができるのだ。無限の素材に固有のアラベスクを描く芸術家の運動は、方向付けられた運動や、何かを摑もうとする所作の単純な奇蹟を拡大し、継続している。何かを指示する所作をするだけですでに、身体はみずからの内に図式を持っていて、それにより世界にあふれ出すのだが、そればかりではない。身体は世界に所有されているというよりは、それを遠隔的に（à distance）所有する。

ましてや表現的な所作になると、それはそれ自身をデッサンし、それが目指すものを外部において現れるようにすることを引き受けるものとして、世界を回復させさえする。だから、私たちの方向付けられた所作とともにすでに、誰かがおのれの状況に対して持つ無限の関係は、私たちの平凡な惑星に侵入し、私たちの振る舞いに対して汲み尽くしがたい領野を開いてしまっているのだ。あらゆる知覚、それを支えるあらゆる行為、要するに身体の人間的用法のすべては、すでに始源的な表現《エクスプリメ》(*expression primordiale*)である。――それは、表現される事柄に、すでに意味や用法を伴っている記号を当てはめるという派生的な作業ではなく、そもそも諸記号を記号として構成し、それらの配置や布置の雄弁さのみによって、表現される事柄を住まわせ、それがなかったところに意味を根付かせるような一次的な作用、つまり、それが生じた瞬間になくなってしまうどころか、一つの秩序を創始し、一つの制度、一つの伝統などを基礎付けるような、一次的な作用なのだ。

さて、誰も見たことがなく、ある意味ではけっして完成させられてはいないような細密画において〔別の芸術の〕スタイルが現前していること、このことは私たちの身体性という事実と混じり合うものであり、人知のおよばない説明を求めるものでもない。だとしたら、まったく影響関係がないのにもかかわらず、世界の遠く離れた場所で、おたがいに類似した作品を出現させるような、驚くべき一致が起きることについても、同じことが言えると思われる。私たちはこの類似を説明してくれる原因を求めてしまい、芸術家たちを導く〈歴史の理性〉や〈超芸術家〉について口にしてしまう。だがそもそも類似について語るのは、問題の提起の仕方が間違っている。そんなものは、諸文化の無数の差異や多様性と比べるならば、結局のところたいしたものではない。導きもモデルもない再発明が、いかに少ない確率であれ生じるならば、こうした例外的な重なり合いは説明できてしまう。本当の問題は、これほどまでに異なった諸文化が、同じ一つの探究に取り組み（その途上で、ときどき同じ表現様式に出会うこともあるだろう）、同じ課題に立ち向かうのはなぜなのか、一つの文化が生み出すものが他の文化に対して、たとえもともとの意味とは異なっていたとしても、なんらかの意味を持つのはなぜなのか、私たちが物神《フェティッシュ》を芸術に変身させるのはなぜなのか、そして、一つの絵画、一つの絵画世界があるのはなぜなのかということなのである。だがそのようなことが問題になるのは、同じ一つの地理的ないしは物理的世界にまず身を置き、そこに諸作品を配列したときだけなのである。そのとき諸作品は、それぞれが別個の出来事とみなされ、それらの類似はもちろんのこと、親縁関係すらありえないことになり、説明原理が必要とされてしまう。反対に私たちは、文化や意味の次元を、到来[21]（*avènement*）という独自な次元として認めることを提唱したい。到来の次元とは、もしそのような出来事が存在したらの話だが、純粋な出来事から派生するべきものではなく、また驚くべき遭遇のたんなる結果として扱われるべきものでもない。人間的な所作というものの独自性が、たんなる事実上の存在を越えた意味を持ち、さらには意味《サンス》を創始することにあるとするならば、すべての所作は他のすべてに比較可能になり、すべてが一つのシンタックスに由来し、その一つ一つが始まり（そして続き）であって、続きや再開を予告するということが帰結する。というのも、一つ一つの所作は、出来事のように固有の差異によって引きこもってしまうことはなく、完全に過ぎ去ってしまうこともないからであり、たんなる固有な現前を越えて価値を持ち、そうしてすべての他の表現の試みにあらかじめ結び付き、それらと共犯関係にあるからだ。困難かつ本質的なことは、出来事という経験的な秩序とは区別された領野を認めることによって、〈絵画の精神〉を認めようとしているわけではないのを理解することである。〈絵画の精神〉とは、世界の裏側で自己を支配していて、世界に少しずつ現出するようなものであろう。出来事の因果性の上に第二の因果性があって、絵画の世界を、固有な法則を伴った「超感覚的な世界」とするのではない。文化的な創造は、もし外的な状況に支えを見いだすことがなかったら、効力を失ってしまう。だが外的な状況が文化的な創造に少しでも対応しさえすれば、保存され伝達された絵画は、その後継者に、呼び起こしの能力を養成する。そしてこの能力は、それが本来もっているものとはおよそ比べようもないものである。描かれたキャンヴァスの切れ端だけではなく、その作り手によって一定の意義を付与された作品とも、比べようがないのだ。熟慮された意図に対して、作品が過剰なものであること、このことにより絵画は無数の関係に組み入れられる。絵画のちょっとした逸話はもちろん、画家の心理学などでさえ、そのいくつかの反映をとどめるにすぎない。それはあたかも、世界に向かう身体の所作によって、純粋な生理学や生物学が想像もしないような諸関係の次元に身体が組み込まれるのと同様である。諸部分の多様性ゆえに身体は脆弱で傷つきやすいものであるが、にもかかわらず身体は一つの所作へとみずからを取り集めることができ、束の間であれその散逸の運動を支配し、それがなすすべてのものにおのれのモノグラム[*40]を刻む。空間と時間の距離を超えて、人間的なスタイルの統一性についても同じように語ることができる。この統一性はすべての画家の所作を一つの試みに集約し、すべての画家が生み出したものを累積的な一つの歴史に、つまり一つの芸術に集約する。文化の統一性は、同じような包み込みを個人の生の限界の彼方に拡げる。それは個人の生が制度化する瞬間に、つまりその生誕の瞬間に、そのすべての契機をあらかじめ集合させるのだ。そのとき意識は身体に（いわば）封印されるのであり、そうして世界に新たな存在が現れる。この存在に対しては何かはっきりしないものが到来する（advenir）のだが、もはや何かが到来しないこともありえない。たとえその何かが、始められたばかりのこの生の終わりだとしても。分析的な思考は、ある瞬間から別の瞬間へ、ある場所から別の場所への知覚的な移調《トランジシオン》を断ち切り、その後で精神に統一性の保証を求め、私たちが知覚するときにはそれがすでにあると考える。それはまた文化の統一性も打ち壊し、その後でそれを外から再構成しようとする。結局のところ、それ自体では無意味なさまざまな作品と、それに自由に意味を付与する諸個人だけがあると分析的な思考は言う。では作品が集合したり、個人が理解し合ったりするようなことがどうして起きるのか。かくして〈絵画の精神〉が導入されてしまう。しかしながら私たちは、実存による多様性の跨ぎ越し、そしてとりわけ空間の身体的な所有を、究極の事実として認めなくてはならないし、私たちの身体は、それが生き、所作となるにあたって、世界に向けて存在しようという努力だけを支えにし、上に向かう傾向を持ち、知覚野がこの危うい姿勢に向けて引き上げてくれるからこそ立ち続けているのであり、別のところにある精神からこの能力を受け取ることなどできはしない。――同様に、ある作品から別の作品へと流れていく絵画史も自分自身をよりどころにしているのであり、私たちのさまざまな努力という柱によってのみ支えられている。この努力は、ただただそれが表現の努力であるという事実ゆえにこそ一致するのである。意味《サンス》という内在的な秩序は永遠ではない。それは経験的な歴史のジグザグの動きをいちいち追跡しはしないが、継起する一連の歩みを浮きだたせ、呼び求める。というのもそれは、先ほど暫定的に言っておいたように、そのすべての契機が一つの課題において親和性[*41]を持つこととしてのみ定義されるわけではないからだ。それらがすべて絵画の諸契機であるからこそ、そのそれぞれは、保存され伝達されるならば、そもそもそれが企てられた状況を変化させ、自分の後に続く契機がまさに自分とは別のものになることを要求する。二つの文化的な所作は、おたがいを知らないという条件の下でのみ同一なものになりうる。だから芸術において本質的なのは、みずから進展すること、つまり、変化すると同時に、ヘーゲルが言うように「自己自身に還帰する」こと、つまり歴史というかたちで提示されることなのである。私たちは絵画の統一性の根拠を表現的な所作の意味に求めたが、この意味は、原理的な理由から、発生しつつある意味である。到来（avènement）とは、もろもろの出来事（événements）の約束である。絵画史において多を一が支配することは、知覚する身体の行使と同じように、継起するものを永遠において完成することではない。反対に永遠こそが継起を要求し、それを必要とすると同時に、意味《シニフィカシオン》というかたちで基礎付けるのである。そして〔絵画史と知覚する身体の行使という〕二つの問題のあいだにあるのは、たんなる類比ではない。わずかなものであれ知覚によって開始された、身体の表現的な作用こそが、絵画として、また芸術として増幅されるのだ。人間が世界に現れたそのときから絵画的な意味の領野が開かれた。そして洞窟の最初の壁画が伝統を創設したのは、それが別の伝統、すなわち知覚という伝統を引き継いでいるからである。芸術の準-永遠性は肉化した実存と混じり合い、私たちは身体や感覚の行使によって世界に参入させられるのだが、まさにそれによって、私たちを歴史に参入させる文化的な動作を理解するための手段を得ることができる。言語学者がときおり言うように、厳密に言って歴史において、たとえばラテン語が終わり、フランス語が始まる日付を確定するためのいかなる手段もない。ただ一つの言語《ランガージュ》しかなく、連続的に働いているただ一つのラングしかないのだ。もっと一般的に言えば、表現という連続した試みはただ一つの歴史を創設する——私たちの身体による、可能なすべての対象の把握が、ただ一つの空間を創設するように。

このように理解されたならば、歴史は——ここでは指摘にとどめておくが——、今日それを対象としている混乱した議論から抜け出し、哲学にとってそうあるべきものに、ふたたびなることだろう。つまり哲学的反省の中心になるのだが、それはそれ自体で完全に明晰な「単純本性」としてではなく、反対に、私たちの問いかけや驚きの場としてなのである。崇め奉るためであれ、憎むためであれ、歴史や歴史的弁証法は今日〈外的な力〉と考えられている。そうすると、歴史か私たちか、どちらかを選ばなくてはならず、歴史を選ぶことは、私たちがその萌芽ですらないような、未来の人間の到来のために、身体と魂を捧げることを意味する。そしてまた、この未来のために、手段についてのすべての判断を放棄し、効率性のためにすべての価値判断や「自分自身の自分自身に対する同意」をも放棄しなければならない。このような偶像としての歴史は、神についての初歩的な考え方を世俗化したものであり、歴史といういわゆる「水平的な超越」と、神という「垂直的な超越」の並行関係[*42]についての議論が、今日好んで再開されているのもけっして偶然ではない。

実を言えば、これは問題の立て方を二重に誤っている。世界でもっとも立派な回勅といえども、以下の事実を否定することはできない。すなわち、少なくとも二千年も前に、ヨーロッパや世界の大多数が、いわゆる垂直的な超越を放棄したこと、また、キリスト教は何よりも、人間と神の関係における神秘を認めるものであり、そしてこの神秘はキリスト教の神が、従属という垂直的な関係を望まないことにまさしく起因することを忘れるのは、少々ひどいのではないかという事実である。キリスト教の神はたんに、私たちがその帰結にすぎないような原理ではなく、私たちを道具とするような意志でもなく、また人間的価値がその反映であるようなモデルですらない。私たちなしでは神はいわば無力であり、神は人間的条件に合一しなければ十分に神ではないことをキリストが証しているということだ。クローデルは、神は私たちの上ではなく、下にいるとまで言っている。――彼が言いたいのは、私たちは神を超感性的な観念としてではなく、もう一人の私たち自身として見いだすということだ。それは私たちの闇に住み込み、それを真正なものとみなすのだ。超越は私たちの頭上に張り出しているのではない。奇妙なことに、人間がその特権的な担い手となるのだ。

さらに、これまでいかなる歴史哲学も、現在がもつ実質をすべて未来に延期したことはなく、また他者に場を譲るために自己を破壊したことはない。このような未来についての神経症はまさしく非‐哲学であり、ひとが何を信じているかを知るのをあっさりと拒否することになるだろう。これまでいかなる哲学も、さまざまな超越――たとえば神の超越や人間の未来という超越――のどれか一つを選ぶものではなく、すべての哲学はそれらを媒介すること、たとえば神がどのようにみずからを人間となし、人間がどのようにみずからを神となしたかを理解することに専心してきたのだし、手段の選択がすでに目的の選択であり、自己がみずからを世界や文化や歴史とするような二重の含み合いを解明することに専心してきたのだ。ただし、文化は自己と同時に衰弱する。たえず繰り返されてきた言葉だが、ヘーゲルにおいて現実的なものはすべて合理的であり、それゆえ正当化されている。――だが正当化されているといってもそれは、あるときは真の獲得として、あるときは休止として、またあるときは新たな飛躍のための逆流や後退として、つまりは全体的な歴史の一契機として相対的に、つまりこの歴史が生成するものであるという条件付きで、正当化されているのだ。ということはつまり、私たちの誤謬ですら何らかの貢献をし、誤謬が理解されることこそが進歩であるということになるが、だからといって、成長と衰退、生誕と死、退行と進歩の区別がなくなるわけではない。

ヘーゲルの国家論や戦争論においては、歴史的営み（œuvre）についての裁き〔＝判断〕が、歴史の奥義に通じた絶対知にのみゆだねられ、他の人間からは奪われているようにみえるのはたしかである。だからといって『法の哲学』においてさえヘーゲルが、行為をたんに結果のみによって裁くことも、意図によってのみ裁くことも拒否していることを忘れてよいという根拠にはならない。「原理――行為にさいしては結果を軽視するという主義と、他方、行為を結果から判定し、結果を尺度として、何が正しく何が善いかを決めるという主義とは――どちらも同じく抽象的な分別、つまり悟性である」(22)。さまざまな生がおたがいにまったくばらばらで、それぞれの責任を、それが願った意図的で必然的な結果に限定できてしまうこと、〔そして他方で〕挫折と成功が同じように不当で、外的な偶然が人間のしたことを歪めたり美化してしまうので、それに左右されて、栄光が与えられたり汚辱にまみれたりするような〈歴史〉――これら一対の抽象のどちらもヘーゲルは望まない。彼が目指していたのは、内部が外部になるような契機、それによって私たちが他人や世界へと移行し、世界や他人が私たちの内に移行するような転回や転換、言い換えるならば行為《アクシオン》にほかならない。行為によって私たちはすべてに対して責任をもつことになり、外的な偶然の助けや裏切りを受け入れ、「必然性から偶然性への変転とその逆の変転」[23]を受け入れるのだ。私は自分の意図を支配しているばかりではなく、事態が意図をどう左右するのかも支配していると主張し、世界や他者たちをあるがままに受けとめ、自分自身をあるがままに受けとめ、これらすべてのことを請け合う。「行為するとは（……）この法則に身をまかすことである」。[24] 行為というものは、あまりに巧みに出来事を自分のものにするので、うまくいった犯罪より失敗した犯罪のほうが軽い罰を受けるほどであり、たとえばオイディプス自身も自分自身が父殺しで近親相姦を犯したと感じるほどなのだ。彼は事実上そうであるにすぎないのだが。事態の流れの責任を担うという、行為のこのような狂気を前にすると、ひとは以下の二つの結論を無差別に引き出したくなるかもしれない。まず、行為すること、あるいは生きることでさえすでに、栄光を受ける幸運を期待しつつ汚辱の危険を受け入れることであるのだから、犯罪人しかいないように思える。――そして、何ものも、犯罪でさえも無カラ（*ex nihilo*）欲せられたのではないし、生まれることを選択した者はだれもいないのだから、無実の人しかいないようにも思える。だが、すべてを等価にしてしまう、この内部の哲学と外部の哲学の彼方でヘーゲルが示唆しているのは――、すべてが語られたときも、価値があるものとないもの、私たちが受け入れるものと拒否するもののあいだに区別が残るのだから――、試みや企てについての裁き、あるいは営み《ヽ》についての裁きである。——つまり、意図だけ、帰結だけについての裁きではなく、私たちがみずからの善意志をどのように使用したか、事実上の状況を私たちがどのように評価したかを裁くことなのである。ある人間を裁くための基準は、意図でもなく事実でもない。その人間が価値を事実へと移したか否か、ということなのだ。価値が事実へと移されるようなことがあるとき、行為の意味は、その機会となった状況や何らかの漠然とした価値判断において汲み尽くされてしまうことはなく、範例的なものでありつづけ、たとえ見かけが変わったとしても、別の状況においても生き残る。そのときそれは一つの領野を開くのであり、またときには一つの世界を制度化することさえあるが、いずれにせよ未来を素描する。ヘーゲルにおいて歴史とは、このように現在において未来が成熟することであって、未知の未来に現在が犠牲に供されることではない。そして彼において行為の規則とは、何が何でも効力をもつことではなく、なによりもまず豊饒であることなのだ。

(正しいと思われているのか、たんに懐かしがられているのかはわからないが)「垂直的な超越」の名の下に「水平的な超越」を攻撃する論争は、キリスト教に対してと同じくヘーゲルに対しても公平ではない。そして歴史とともに、地にまみれたものと判断された偶像を、さらには諸原理を事態に移行させるという義務さえも一緒くたにして投げ捨ててしまうこの論争は、にせものの率直さを復活させ、弁証法の濫用への対策にもならないという不都合なものである。それこそネオ・マルクス主義のペシミズムであり、そしてまた非マルクス主義的思想の怠惰であるが、いつものことながら、両者はたがいに共犯して、弁証法を、私たちの内と外にある欺瞞と挫折の力として、善を悪に変えるものとして、幻滅の宿命として提示する。だがこれはヘーゲルにおいて、弁証法の一つの側面にすぎない。弁証法とは、出来事の恩寵のごとき何かでもあったのだ。それが私たちを悪から善へと引き入れ、たとえば自分の利益を追求しているだけだと思っているときにも、普遍的なものへと私たちを投げ入れる。ヘーゲルはおよそ以下のように言う。それはみずからおのれの通り道を創り出し、おのれ自身に回帰する歩みである、と。——つまり、みずからの自発的な動き以外の導きを持たないが、みずからの外へも逃れることはなく、重なり合い、さらには確証し合うこともあるような運動なのだ。だからこれこそが、私たちが表現の現象という別の名で呼ぶものである。それは合理性の神秘によってみずからを取り上げ直し、みずからを投げ出す。そしておそらく芸術や言語という例に基づいて歴史の概念を形成することに習熟するならば、その真の意味を取り戻すことができるであろう。というのは、あらゆる表現があらゆる表現に緊密に結び付いていること、それらが一つの秩序に所属していること、こうしたことが、事実によって、個人的なものと普遍的なものの接合に至るからだ。ヘーゲル弁証法が幾度となく立ち返る中心的な事実とは、私たちは対自と対他のいずれか、私たち自身に拠る思考と他人に拠る思考のいずれかを選ぶ必要はないということ、そして表現の瞬間においては、私が語りかける他者と、みずからを表現する自己が、譲歩なしに結び付いているということだ。現在存在している（あるいはこれから存在する）ものとしての他者たちだけが、私がすることの裁き手ではない。もし私が他者たちのために自己否定してしまったとしたら、私は彼らをも〈自己〉として否定してしまうことになるだろう。彼らは私がもつ価値とまったく同じ価値をもつのであり、私が彼らに付与するすべての権力（pouvoirs）を、私は私自身にも同時に付与する。私はある他者の裁きに従うが、その他者自身は、私が試みたことにふさわしいような他者なのであり、要するに、私自身によって選ばれた同類であるような他者なのである。歴史はたしかに裁き手である。――だがそれはある瞬間やある世紀における〈権力〉としての歴史ではない。それは、国や時代の境界を越えて、状況を考慮に入れながらも、私たちがもっとも真実でもっとも価値あるものとして行なったり言ったりしたことを記載し、累積させるものとしての歴史なのだ。他者たちは私がしたことを裁くだろうが、それは私が見えるものにおいて描き、聞く耳を持った人たちのために語ったからである。だが芸術も政治も、他者たちを喜ばせたり、おだてたりするものではない。彼らが芸術家や政治家から期待するのは、諸価値へと彼らを導いてくれることであるが、その諸価値を彼らは後になってはじめて自分自身の価値として認めるのである。画家や政治家は、他者たちに従う以上に他者たちを形成するのであり、画家や政治家が目指す公衆は与えられておらず、それは画家や政治家がまさに生じせしめるであろう公衆である。——つまり、画家や政治家が考える他者とは、経験的な「他者たち」、いまこの瞬間に彼らが向ける期待によって規定されるような他者たちではない（ましてや、他の種が甲殻や浮き袋を持つのと同じように、「人間的尊厳」や「人間であることの矜恃」を持つような一つの種として考えられた人類でもない）。——それは、画家や政治家にとって、ともに生きることができるようになった他者たちなのである。作家が加担する歴史（なるべく「歴史を画そう」とはせず、文学史に名を残そうなどと思わず、正直におのれの作品を作ろうとすればするほどうまく加担できる歴史）とは、作家がそのまえで膝を屈するような権力ではなく、すべての言葉《パロール》とすべての価値ある行為のあいだに続けられるたえざる対話であり、その言葉や行為のそれぞれは、おのれがいる場所から他の言葉や行為に異議を申し立てたり、認めたりするのであり、そうしてそのそれぞれは、ほかのものすべてを作り直すのだ。歴史の裁きを求めることは、公衆のご機嫌をうかがうことではない。——そして指摘しておかなければならないが、ましてや俗権の助けを借りることではない。歴史の裁きを求めることは、事物の内で語られるのを待っていたもの、それゆえにかならずやX〔誰かある人〕によって聞き取られるであろうことを語った、という内的な確信と混じり合う。スタンダールは、自分は百年後に読まれるだろうと考えていた。このことは彼が読まれたがっていることを意味するが、一世紀待つことに同意したことも意味する。つまり彼の自由は、彼が発明すべきであったことをすでに獲得されたものとみなすことによって、まだ固まっていない世界が彼と同じくらい自由になるように促す。このように純粋に歴史を求めることは真理の助けを求めることだ。この真理は歴史的記載によって創られることはけっしてないが、まさに真理として歴史への記載を要求する。このようなことは、たんに文学や芸術のみならず、すべての生の企てに住みついている。勝つことや正しさを主張することしか考えない不幸な人々を除くならば、あらゆる行為、あらゆる愛は、それらを固有の真理に変えてくれるような物語《レシ》への期待に取り憑かれている。そのときひとはようやく、事態がどのようになっていたかを知るのだから。——ある日、他人を尊重するという口実で、一方が他人を決定的に避けてしまい、相手のほうも遠慮を百倍にして返すようなときがある。あるいは反対に、その瞬間にゲームが終わり、その愛が不可能になったこともあるだろう。おそらくこの物語への期待はいわばつねに何らかの点で失望させられる。ある人間が別の人間に何かを借用するというのはきわめて普通のことであるので、私たちの意志や思考の一つ一つの動きも他者によってはずみをつけられるのであり、その意味では、どちらかに帰属するものを数え上げるのは概略的にしかできない。にもかかわらず、すべてを現し出《マニフエステ》したいというこの願いこそが、文学のみならず生をも活気づけ、こまごまとした動機はともかく、この願いゆえにこそ作家は読まれたいと思うのだし、ときには人間を作家にすることもある。いずれにせよそうして人間は語り、一人一人がXの前で自分のことを報告しようと思う。こうしたことこそが、自分の生を思考するということにほかならず、そしてまた、すべての生を、語りうる何かとして思考すること、つまりこの語のすべての意味において、歴史=物語(histoire)として思考することにほかならない。だから真の歴史=物語はすべて私たちを糧として生きる。それは私たちの現在においてこそ、ほかのすべての時間を現在に置き直す力を汲み取るのだ。私が尊重する他者は私を糧として生き、私は他者を糧として生きる。歴史哲学などによって、私の権利や主導権《イニシアテイヴ》はいささかも奪われはしない。唯一たしかなのは、歴史哲学が孤独者としての私の義務に、自分とは別の状況を理解し、私の生と他者たちの生のあいだに道を切りひらく義務、つまり私自身を表現するという義務を付け加えるということだ。文化的行為によって私は、自分とは別のいくつかの生に身を置き、それらをつき合わせ、相互に明らかにすることで、真理の秩序において共可能なものとするのであり、そうして私はすべての生の責任を担い、普遍的な生を生じさせる。あたかも私が、私の身体という生き生きとして厚みをもった現前によって、空間に一挙に身を置くのと同じように。そして身体の作用とおなじく、語や絵画の作用も私には曖昧なままだ。私を表現する語や線や色彩は、あたかも私の所作のように私の外に出て、私がしようと思うことによって私の所作が引き出されるように、私が語ろうと思うことによって引き出される。このような意味で、あらゆる表現には指令を受けない自発性、自分で自分に課したくなるような指令すら受けないような自発性がある。語は、散文芸術においてさえ、語る者と聞く者を共通の世界に運び去る。それは、一般的な定義を超えるような指示（désignation）の力によって、両者を新たな意味へと引きずり込むことによる。この指示の力は、語が私たちの内で送り、これからも送り続けるひそかな生であり、〔フランシス・〕ポンジュ*43が適切にも「意味論的な厚み」と呼び、サルトルが語の「意味する腐植土」*44と呼んだものなのだ。私たちを結び付けるこのような言語の自発性は指令ではないし、それが基礎付けている歴史は外的な偶像ではない。それは私たち自身のこと、つまり根を生やし推進力を備えた私たち自身のことであり、あるいはよく言われるように、私たちの労働の結実なのだ。

知覚、歴史、表現という三つの問題をつき合わせることによってのみ、マルローの諸分析をそれらが本来もつ方向へと修正することができるだろう。そして同時に、なぜ絵画を言語《ランガージュ》として取り扱うのが正当なのかも理解することができるだろう。絵画を言語として取り扱うこと、それは、可視的な布置《コンフィギュラシオン》に捉えられているが、一連の先行する表現を、つねに作り直される永遠性として取り集めることができるような、知覚的な意味をあきらかにする。これらを比較することは、私たちの絵画の分析ばかりではなく、言語の分析にも役立つ。というのもおそらくそれは、語られた言語の下に、作動し、語りつつある言語を暴き出させてくれるからだ。作動し、語りつつある言語において、さまざまな語は知られざる生を送り、それらの側面的で間接的な意味《シニフィカシオン》の要請するところに基づいて、結び付いたり離れたりする。表現がひとたび完成したときはこの関係が明白なものに見えたとしてもそうなのである。語られた言語の透明性、音でしかない語や意味でしかない意味の純朴なる明晰さ、記号の意味を抽出し、それを純粋状態で取り出すようにみえる（おそらくこれは、異なるいくつかの表現をたんに先取りしているだけで、そこでこの記号の意味は真に同一なものとされ続けるのだろうが）という特性、表現の生成を一つの作用において本当にまとめたり閉じこめたりすることができるという能力を自任すること、こうしたことは、絵画に見られるような暗黙でひそかな蓄積が、完成の極に達していることにほかならないのではないか。

＊　＊　＊

小説は、絵画と同じように、暗黙のうちに表現する。絵画の主題と同じように、小説の主題を語ることはできる。だが重要なのは、〔スタンダールの『赤と黒』第二部三五章において〕ジュリヤン・ソレルが、レナール夫人に裏切られたことを知り、ヴェリエールに行って彼女を殺そうとするという事実ではない。知らせを受けた後の沈黙、夢のごとき旅、思考なき確信、永遠なる決心が重要なのだ。だがこれらはどこでも語られていない。「ジュリヤンは考えた」とか「ジュリヤンは願った」といった言葉は必要ではない。表現するためには、スタンダールがジュリヤンの内にすべり込み、ヴェリエールへの旅の速度で、さまざまな物や障害や手段や偶然を私たちの眼に見せるだけで十分なのだ。五頁ではなく一頁で語るのを決心するだけでよい。この短さ、語られた事柄と省かれた事柄のバランスの異常さは、選択の結果でさえない。みずからの他人に対する感性を検討することによってスタンダールは、自分の身体よりも敏捷であるような、想像的な身体を突如として見いだす。そうして彼は、冷めた情念のリズムに従って、あたかも第二の人生のごとくにヴェリエールに移動する。この冷めた情念こそが、スタンダールに代わって、見えるものと見えないもの、語るべきことと語らないでおくべきことを選んでくれるのだ。だから〔ジュリヤンの〕死への意志は、語のなかにはどこにもない。それは語のあいだ、語が切り取る空間と時間と意味の凹みにある。映画における運動が、流れていく動かない映像のあいだにあるのと同じように。小説家は読者に対して、そしてあらゆる人間は他の人間に対して、事情《イニシエ》に通じた者の言語を使う。世界の事情を知り、人間身体や人生が隠している可能態の世界の事情を知っている者の言語を。語るべきことはすでに知られていると前提して、小説家は登場人物の行動の内に身を置き、この行動が周りのものに残す爪痕や、有無を言わせないほど勢いのある痕跡だけを読者に示す。作者が作家なら、つまり行動が残していく省略《エリジオン》や区切れ《セジユール》を見いだすことのできる者であるなら、読者はその呼びかけに応え、書かれたものの潜在的《ヴアーチヤル》な中心に合流する。たとえ作家と読者のどちらもその中心を知らなくてもかまわないのだ。出来事の報告、観念やテーゼや結論の言表、明白で散文的な意味としての小説と、スタイルの操作、遠回しで潜在的な意味としてのスタイルの操作としての小説は、たんに同音意義の関係にある。このことをマルクスはバルザックを採り入れたときによく理解していた。これがなんらかの自由主義への回帰でなかったこと、それは彼を信頼してよいだろう。マルクスが言いたかったのは、金銭の世界や近代社会の軋轢を見せるある種のやり方のほうが、たとえ政治的なものであれ、バルザックのテーゼよりも重要であることであり、その光景《ヴイジヨン》は、ひとたび獲得されたならば、バルザックの同意を得られようが得られまいが、しかるべき帰結を引き起こすということなのだ。

形式主義《フオルマリスム》を批判するのはたしかに正しいが、たいてい忘れられてしまっているのは、その過ちが形式を過大評価する点にあるのではなく、過小評価するあまり、形式を意味から引き離してしまう点にあることだ。だから形式主義は「テーマ」文学と変わりがない。というのも「テーマ」文学もまた作品の意味をその布置から切り離してしまっているからだ。形式主義の真の反対物はスタイルや言葉《パロール》についてのよき理論である。つまりそれらを「技法」や「手法」よりも基本的なところに位置させることだ。言葉は外的な目的のための手段ではなく、それ自体の内に使用規則や道徳や世界観をもつ。それは、ある所作がある人間の真理全体を担っていることがあるのと同様である。形式主義によっても「テーマ」文学によっても忘れられているが、このような言語の生き生きとした用法こそが、探究や獲得としての文学そのものなのである。実際のところ、どんなに重要なものであれ、事象そのものを再現しようとする言語は、事実上の発話において、その教示の能力を使い果たしてしまう。反対に、諸事象に対するパースペクティヴを開き、それらにレリーフをしつらえるような言語は、それが語り終えられても終わることのない議論を開始し、それ自体で探究をうながすのだ。哲学的思考や政治的思考においても、それが生産的なものであれば、似たものはあるかもしれないが、芸術作品においてかけがえがない点、それをたんなる快楽の手段の次元をはるかに越えて、精神の器官にしてくれる点は、それが観念というよりは、観念の母型を孕んでいるということである。つまり芸術作品は私たちにある表徴《エンブレム》を与え、私たちはその意味を展開するのをけっして終えることはない。また、私たちがその鍵を持っていないような世界にみずからも投錨しながら、私たちをその世界に据え付けるからこそ、芸術作品は私たちに見ることを教え、最終的には私たちに思考すべきものを与えてくれる。そのようなことは分析的な作品にはとうていできない。というのも、分析は対象の内に、私たちが置いておいたものしか見いださないからだ。文学的コミュニケーションが危険を孕んでいること、あるいは、あらゆる偉大な芸術作品が両義的であり、テーゼには還元されないことは、乗り越えを期待すればよいような一時的な弱さではなく、むしろそもそも文学というもの、つまり、ひとをとらえて放さない言語をもつために払うべき代価であり、そうした言語こそが、私たちを自分のパースペクティヴに閉じこめることなく、むしろ異質なパースペクティヴに導いてくれる。私たちが私たちの目によって、かぎりない数の空間的・色彩的な布置を捉え、それらに問いかけ、それらを形態化する手段をもっていなかったとしたら、私たちは何も見ることはないだろう。私たちが私たちの身体によって、運動のためのあらゆる神経的・筋肉的な手段を飛び越え、目標に導かれるのでなければ、私たちは何もできないだろう。文学的な言語が果たすのはそれと同種の務めであり、作家がすでに語られてしまった世界からそれとは別のものへと、移行も準備の過程もなしに運び去ってくれるのも、同じように短いが断固とした方法によってなのである。そして私たちの身体が事物の中で私たちを導いてくれるのは、私たちが身体の分析をやめてそれを使うときだけであるのと同じように、言語が文学的なもの、つまり生産的なものたりうるのは、それが向かう場所にどこでもついていくことによって、たえずその根拠を問いたずねるのをやめたときなのである。つまり、書物のすべての語や表現手段が、それらの特異な配置によって生じる意味の光輪に包まれ、そして、書かれたもののすべてが二次的な価値へと変質し、絵画の沈黙の輝きとほとんど一つになるのを見守ることによってはじめて、言語は文学的なものになる。小説の意味もまた、見えるものに課せられる首尾一貫した変形としてのみ知覚可能になる。そしてそれはそのようなものであり続けるしかないだろう。たしかに、批評によって、小説家の表現様式を他の表現様式と比べたり、ある種の物語を、ありうべき他の物語のグループに組み込んだりすることはできるだろう。このような作業が正当なのは、それが小説の知覚に先立たれているときだけである。この小説の知覚においては、ある「技法」の特殊性は、総体的な投企の特殊性や意味の特殊性と一つになる。つまりこのような批評の作業は、私たちが知覚したものを私たち自身に解き明かすことを目的にしてはじめて、正当なものになるのだ。ある顔の人相書きが、そのいくつかの特徴を明確にすることはできても、それを想像させることはできないのと同じように、批評家の言語は、その対象を所有すると称するが、小説家の言語にとって代わることはない。小説家の言語は、真なるものを現したり、透過させたりするが、それに触れることはないからだ。真なるものはまずつねに、私たちの世界像を脱中心化し、膨張させ、より以上の意味へと導く運動として現前することを本質とする。そのようにして、ある形態に導入された補助線が新たな関係への道を切り開くのであり、またそのようにして、芸術作品は作用するのだし、そもそも芸術作品というものがあり続けるかぎり、私たちにいつまでも作用し続けるだろう。

しかしながらこうした指摘だけで問題を論じ尽くすことはとうていできない。言語の厳密な形態、そして哲学が残っているからだ。語られたことの真の所有を実現し、文学が私たちの経験に与える、危なっかしい把握を確かなものにしようという野望こそが、文学よりもずっとうまく言語の本質を表現していないかと自問してみることはできよう。この問題はある種の論理学的分析を必要とするが、ここでそれを論じることはできない。それを完全に論じることはできないが、少なくともそれを位置付け、いずれにせよいかなる言語といえども、沈黙の表現形態の不確かさから完全に離れることはできず、おのれの偶然性をなくすことも、事象そのものを現出させるために自己を滅却することもできないこと、そしてその意味で絵画や実生活の営み[*45]に対する言語の特権は相対的なものであること、また表現とは精神が好奇心から検討してみようとするようなものではなくて、むしろ現働的なその存在そのものであることは示すことができるだろう。

たしかに、書くことを決意した人間は過去に対してその人間にふさわしい態度をとるものである。およそ文化というものはすべて過去を継続する。今日の親は、自分の子どもに自分の幼年時代を見て、自分の親の振る舞いを子どもに再現してしまう。あるいは怨恨から極端に反対の態度をとることもある。権威主義的な教育を受けると、自由放任主義的な教育をおこなうという具合だ。——そしてまた、こうした迂路を経て、伝統に戻ることも多い。というのも、自由がもたらすめまいのゆえに、子どもは安定した体系に舞い戻り、二五年後には権威主義的な父になる。表現芸術の新しさは、沈黙した文化をその死の循環から抜け出させることにある。すでに芸術家は、崇拝や反抗というかたちで過去を継続することに満足しない。おのれの試みを根本からやり直すのだ。画家が筆を握るのは、ある意味でまだ絵画は作り出すべきものであるからだ。だが言語芸術は、真の創造としてははるかに先をゆく。絵画はつねになお作り出すべきものであるので、新たな画家が生み出す作品はすでに作られた作品に加わっていく。新しい作品はすでにある作品を無用にはしないし、それをことさらに阻止しようともせず、それらと競合するのだ。現在の絵画は過去をあまりにきっぱりと否定するので、過去から真に解き放たれることがない。過去を利用しつつも、それを忘れることしかできない。その新しさと引き換えに現代絵画は、自分より前にあるものを失敗した試みとして示し、明日の絵画を予期させるのだが、この明日の絵画が現在の絵画を失敗した試みとして示すことだろう。こうして絵画全体は、つねになお語るべきものでありつづけるような何かを語るための、挫折した努力として現れる。書く人間は、言語体系《ラング》を継続することには満足しないが、絵画のように自足し、おのれの内密の意味に閉じこもるような固有語《イディオム》でそれを置き換えようとも欲しない。書く人間は共通の言語を破壊すると言ってもよいが、あくまでそれを実現しながら破壊するのである。与えられた言語は、書く人間を完全に貫き、そのもっともひそかな思考の一般的な形象をすでに描き出しているが、敵としてそこにあるわけではない。それは、作家が新しいものとして意味することとすべてを、獲得物に変換するため、すっかり準備を整えているのだ。あたかも、その言語がその作家のために作られ、そして作家がその言語のために作られたかのようである。作家は、言語体系《ラング》を学ぶことによって、語るという課題に身を捧げるが、この課題はその心臓の鼓動以上にまさしく彼自身であるかのようだ。そして、制度化された言語体系は、作家自身とともに、その可能態をも存在すべきものとして呼び求めているかのようだ。絵画は過去の誓いを果たす。それは過去から委任を受け、過去の名の下に行為するが、過去を顕在的な状態では含んではいない。さらに私たちが絵画史を知っていれば、それは私たちにとっての記憶であり、それ自身にとっての記憶ではなく、おのれを可能にしてくれたものを全体化しようなどとはしない。言葉《パロール》のほうは、過去を越えて進むことに満足せず、それをまとめ上げ、回収し、事実上それを含み込んだと称する。そして、過去を字句通りに繰り返すのでなければ、その現前を示すことができないだろうから、過去に準備作業をほどこす。この準備作業こそが言語に固有なものである。つまり、言語は過去の真理を私たちに提供するのだ。言葉は過去を押しのけて、世界における自分の場を確保するだけで満足しない。過去をその精神において、つまりその意味において保存しようとするのだ。だから言葉はそれ自体に結び付き、それ自体を取り上げ直し、取り戻すのだ。言語の批判的・哲学的・普遍的な用法というものがあり、それは事象をそれがあるがままに回収すると称する。――絵画は事象を絵画に変換するが、言葉はすべてを、つまり言語そのもの、そして他の理論によるその使用をも回収すると称するのだ。哲学が真理を目指した瞬間に、真理は真なるものとなるために哲学を待ってなどいなかった、と哲学は考える。だから哲学は真理を、万人の真理、ずっと前から真理であった真理として目指す。真理にとっては完全なものであることが本質的であるが、およそいかなる絵画といえども、完全なものと称したことはない。絵画の〈精神〉は〈美術館〉でしか現れない。それは自己の外にある〈精神〉だからだ。反対に言語は、みずからを所有し、おのれの創意の秘訣を獲得しようとする。人間は絵画を描くことはないが、言葉については語る。そして言語の精神はそれ自身以外のものから何かを取り入れようとはしない。絵はその魅力を一気に、夢見るような永遠性に据え付ける。この永遠性において私たちは、たとえ、その絵に影響を与えた衣装や家具や用具や文明の歴史について知らなくとも、やすやすとそれに合一することができる。それに対して書かれたものは、限定された歴史を通してしか、そのもっとも持続的な意味を与えないので、私たちはその歴史についていくらか知っていなければならない。〔パスカルの〕『プロヴァンシアルへの手紙』は一七世紀の神学論争を、『赤と黒』は王政復古期の暗闇を、現在へと置き直してくれる。それにたいし絵画は持続的なものへの直接の接近を与えてくれるが、奇妙なことに、そのために書かれたものよりはるかに強く時代の運動の影響をこうむるという代償を払うのである。私たちが絵を鑑賞するときには時代錯誤《アナクロニズム》の喜びが混じっているが、スタンダールやパスカルは完全に現在に存在している。芸術の偽善的な永遠性を放棄し、時間に勇敢に対峙して、時代を漠然と喚起するのではなく、まさに指し示すことによって、文学はそこから勝ち誇りながら立ち上がり、時間を意味として基礎付けるのだ。オリンピアの彫像は、私たちを古代ギリシアに結び付けるのに貢献するが、――白くなり、壊れ、完全な作品の断片となった――現在の状態では、古代ギリシアの偽りの神話を醸成してしまう。破れて不完全で、ほとんど読めなくなった手稿のようには、時間に逆らえないのだ。ヘラクレイトスのテクストは、ばらばらになった彫像にはけっしてできないようなかたちで私たちにひらめきをあたえてくれる。なぜならば、そのテクストの内の意味は別のかたちで沈澱し、別のかたちで濃縮されており、言葉の柔軟性に匹敵するものはないからだ。要するに言語は語り、絵画の声は沈黙の声なのだ。

つまり言表は事象そのものを開示すると称し、それが意味するものへと自己を超克するということだ。ソシュールが説くように、パロール〔言葉〕の一つ一つが他のすべてのパロールから意味を引き出すと言っても無駄である。というのも、パロールが生じる瞬間に、表現するという課題はもはや延期されたり、他のパロールに関係付けられたりすることはなく、完成させられ、私たちはなにごとかを理解するからだ。たしかにソシュールは、一つ一つの表現行為が意味するもの《シニフィアン》になるのは、表現の一般的体系の変調《モデュラシオン》としてであり、また、その行為が他の言語的所作と差異化されるかぎりにおいてだということをみごとに示した。――驚くべきなのは、彼がそういうことを言う以前には私たちがそのことについて何も知らなかったこと、そして今でも語るたびごとにそのことを忘れていること、なによりもまずソシュールの諸概念について語るときに忘れていることである。そのことが示しているのは、部分的な表現行為のそれぞれは、ラング〔言語体系〕の全体がかかわる共通の行為として、そこに蓄積された表現能力を使用するだけにとどまらず、さらにはこの能力とラングを造りなおすものでもあり、そうして私たちは、与えられ、受け取られた意味の明証性において、記号を意味へと乗り越えるという、語る諸主体が持つ能力を確認しているということなのだ。記号はたんに他の記号を、それも際限なく呼び起こすのではなく、言語は私たちが幽閉されている監獄でもないし、盲目的に従うべきガイドでもない。というのも、これらすべての言語的所作の交差点に、ついにそれらが語ろうとしていることが現れるのであり、それらはあまりにも完全にそれへの入口をしつらえてくれるので、私たちはそれと関係するためには言語的な所作など必要ないかのように思ってしまう。だから言語を——所作や絵画などの——沈黙した表現形態と比較する際には、言語は所作や絵画のように、世界の表面に方向付けやベクトルや「首尾一貫した変形」や暗黙の意味を現すだけでは満足しないことを付け加えなくてはならない。——所作や絵画は、動物的「知性」のようなもので、新たな行為の風景をあたかも万華鏡のごとくに生み出すことで尽き果ててしまう。それに対して言語においては、ある意味を別の意味に交替させるだけではなく、価値を等しくするさまざまな意味の置換がある。新たな構造は古い構造にすでに存在しているものとして与えられるが、古い構造は新しい構造に残存し続け、そうして今や過去が理解されるのだ……。

言語が完全な蓄積というううぬぼれであることはたしかであり、現在の言葉《パロール》は哲学に対して、こうしたかりそめの自己所有という問題を提起している。かりそめではあるが、無ではない。いずれにせよ、言語は、時間や状況の内にあることをやめでもしないかぎり、事象そのものを与えることはできないだろう。唯一ヘーゲルだけが、自分の体系が他のすべての体系の真理を含むと考えたが、ヘーゲルの体系を通してのみ他の体系を知る者はそれらをまったく知ることはない。たとえヘーゲルが始めから終わりまで正しいとしても、「ヘーゲル以前の思想家たち」を読まないですます根拠はまったくない。ヘーゲルが彼らの思想を含んでいるのは、「彼らが肯定していることにおいて」のみだからだ。否定することにおいては、彼らはヘーゲルには優勢的に存在したような、別の思想状況を読者に提供する。それはヘーゲルの内にはまったくないような状況であり、そこからはヘーゲル自身も知らないような光の下にヘーゲルが見えてくる。唯一ヘーゲルだけが、〈対他〉的側面をもたず、他者の目にも自分がそうだと認識している姿で存在していると思っている。以前の思想家に比べて、ヘーゲルには進歩があると認めたとしても、たとえばデカルトの『省察』やプラトンの対話篇のある種の運動には、ヘーゲル的な「真理」からいまだ距離をとるという点において「素朴さ」があるがゆえに、まさに事象との接触や意味の閃きがみられる。こうした接触や閃きをヘーゲルに見いだすためには、それらをデカルトやプラトンに見いだし、たとえヘーゲルを理解するためだとしても、たえずそれらに立ち返らなければならない。ヘーゲルは〈美術館〉であり、すべての哲学であると言ってもよいが、ただし有限性や衝撃力を奪われ、防腐処置を施されたすべての哲学である。ヘーゲルはそれらがそれ自身に変容していると考えていたが、実のところヘーゲルに変容させられているのだ。一つの真理が別の真理に統合されたときにどのように衰弱してしまうかを考えてみれば、――たとえばコギト〔我思う〕が、デカルトからデカルト主義者たちに移行すると、うわのそらで繰り返される儀礼のようなものになってしまうことを考えてみれば、〔ヘーゲル的〕総合は過ぎ去ったすべての思考を含んでいないこと、過ぎ去った思考のすべてではないこと、要するに、即自的総合であると同時に対自的な総合であることはけっしてないこと、つまり、同じ一つの運動において、存在すると同時に認識することはなく、つまり、それが認識する存在であると同時に、その存在を認識することもなく、保存すると同時に廃棄することも、実現すると同時に破壊することもないことを認めざるをえないだろう。もしヘーゲルが、過去というものは遠ざかるにつれて、その意味へと変容し、私たちは事後的に思考の叡智的歴史をたどり直すことができるのだと言いたいのだったら彼は正しい。だがその場合、この総合において、〔総合される〕それぞれの項が、まさに検討されている日付において世界の全体であり続けること、そしてさまざまな哲学の連鎖が、それぞれの哲学をまさにそれがある場において、開かれた意味としてすべて維持し、それら相互に、先取りと変容の交換を残存させることが必要条件である。哲学の意味は発生の意味であり、時間の外部において全体化することはありえず、なお表現であり続けるのだ。ましてや哲学の外部にいる作家が事象そのものに到達するという感情を抱くことができるのは、言語の使用によってであり、言語の彼方においてではない。マラルメ自身がよくわかっていたことだが、すべてを残りなく語ろうという願望に最後まで忠実であったとしたら、何も彼の筆からは降りてこないだろうし、他のすべての書物を書くことを免除してくれる〈書物〉をあきらめることによってしか、小著を書くことはできなかった。いかなる記号もない意味、事象それ自体——こうした明晰さの頂点にあるものは、およそ明晰さなるものを消失させてしまうものであろうし、私たちが明晰さから得るものは、黄金時代のようにして言語の端緒にあるのではなく、その努力の果てにあるものなのだ。言語や真理の体系は、私たちのさまざまな操作《オペラシオン》が重なり合い、おたがいがおたがいを取り上げ直すようにうながし、その結果それぞれの操作はすべての操作に入り込み、私たちがそれらに当初与えていた一つ一つの表現方式とは独立なものに見えることになるのだが、そのようにして、言語や真理の体系が私たちの生の重心をずらす。——また、他の表現的な操作を「沈黙した」もの、従属したものとしておとしめる。だがこうした言語や真理の体系にためらいがないわけではないし、意味というものは、語によって指し示されるというよりはむしろ、語の建築物に含み込まれているものなのである。

だから言語と意味の関係については、シモーヌ・ド・ボーヴォワールが身体と精神の関係について語ったのと同じことを語らなくてはならない。身体は、第一のものでもなく、二次的なものでもないと彼女は語った。だれもけっして、身体をたんなる道具や手段とすることはないし、たとえば原理によって愛することができると主張することもない。また身体だけで愛するわけでもないのだから、身体はすべてをなすとも何もしないとも言えるし、身体は私たちであるともないとも言えるのだ。それは目的でも手段でもなく、おのれを越える事柄につねに巻き込まれながらも、つねにおのれの自立性に執着する。それは明確に定められたすべての目的に反発するだけの力をもちながら、ついにそれに助けを求め、その意見を聞こうとすると、私たちに提供すべきものを何ももってはいないのである。ときには身体は生気付けられることを受け入れ、おのれとはまったく異なる生を担うこともあり、そうしたときに私たちはおのれ自身であるという感情をもつ。そのとき身体は幸福で自発的になり、私たちもまた一緒に幸福で自発的になる。同じように言語も意味に仕えてはいないが、だからといって、意味を支配することもない。両者には従属関係はない。誰も命令せず、誰も従わない。私たちが語ろうとすることは、純粋な意味《シニフィカシオン》として、言葉の外部に、私たちの前にあるわけではない。そうではなく、私たちが生きていることが、すでに語られたことに対して過剰であるということなのだ。私たちは表現装置によって、それが感知することができる状況の内に身を置き、この装置を状況と突き合わせるのであり、私たちの言表はこうした交換の総決算にほかならない。政治思想もこのような次元のことがらである。それはつねに歴史的な知覚の解明である。この知覚において私たちのすべての認識、経験、価値などが同時に働くのであり、私たちのテーゼなどはその図式的な表明にすぎない。こうした練り上げを経ず、私たちの個人的・集合的な歴史に具現していない価値を定立しようとしたり、あるいは同じことになるが、計算やまったく技術的な手続きによって手段を選ぼうとしたりするような行為や認識は、すべてそれが解決しようとしていた問題の手前で崩れ落ちてしまう。個人的な生や表現や認識や歴史は斜行的に進むのであり、目的や概念にまっすぐに進むことはない。あまりに意識的に求められるものは得られない。そして反対に、省察的な生において、観念や価値の自発的な源泉を掘り出すことのできた者は、それらに恵まれるのである。

原注

（1） Pierre Francastel : *Peinture et Société*, pp. 17 et suivantes. 〔ピエール・フランカステル『絵画と社会』大島清次訳、岩崎美術社、一九六八年、一四頁以下。〕

（2） *Le Musée Imaginaire*, p. 59. 本論は、〔マルローの〕『芸術の心理学（沈黙の声）』（*Psychologie de l'Art, (Les Voix du Silence)*, édit. Gallimard）の決定版が刊行されたときに書かれた。ここでは〔旧版の〕スキラ（Skira）社版を引用する〔アンドレ・マルロオ『東西美術論 1 空想の美術館』小松清訳、新潮社、一九五七年、四四頁〕。

（3）*Le Musée imaginaire*, p. 79.〔同書六七頁。〕

（4）*Ibid.*, p. 83.〔同書七一頁。〕

（5）*La Monnaie de l'absolu*, p. 118.〔アンドレ・マルロオ『東西美術論 3 絶對の貨幣』小松清訳、新潮社、一九五八年、一〇八頁。〕

（6）*La Création esthétique*, p. 144.〔アンドレ・マルロオ『東西美術論 2 藝術的創造』小松清訳、新潮社、一九五七年、一四一頁。〕

（7）*Le Musée imaginaire*, p. 63.〔前掲邦訳『東西美術論 1 空想の美術館』五四頁。「一八四五年のサロン」でのボードレールのコロー評（阿部良雄訳『ボードレール批評 1 美術批評 I』ちくま学芸文庫、一九九九年、四八頁）における「出来た」fait（作品として成立するのに十分なだけ制作されている）と、「仕上がった」fini（これ以上手を加えることはもうできないほど——ときには過度に——仕上がっている）との区別のこと（訳注64、三六五頁）。〕

（8）*La Création esthétique*, p. 51.〔前掲邦訳『東西美術論 2 藝術的創造』四三頁。〕

（9）*Ibid.*, p. 154.〔同書一五六頁。〕

（10）*Ibid.*〔同書一五七頁。〕

（11）*Ibid.*, p. 158.〔同書一六一頁。〕

（12）*Ibid.*, p. 152.〔同書一五三頁。〕

(13) Sartre : *Situations II*, p. 61.〔サルトル『シチュアシオンⅡ――文学とは何か』加藤周一・白井健三郎訳、人文書院、一九六四年、四九頁。ここで言及されているのはティントレットである。サルトルは作品名には言及していないが、ティントレットにはキリストの磔刑図があり、またみすず書房版の訳者の滝浦静雄氏は〈カルヴァリオへの道〉に言及している（『言語の現象学』、『メルロ＝ポンティ・コレクション 5』みすず書房、二〇〇二年、六七頁）〕。

(14) *Ibid*., p. 60.〔同書四八頁。〕

(15) *La Création esthétique*, p. 113.〔p. 114の誤り。前掲邦訳『東西美術論 2 藝術的創造』一〇九頁。〕

(16) *La Création esthétique*, p. 142.〔同書一三八―一三九頁。〕

(17) *La Monnaie de l'absolu*, p. 125.〔前掲邦訳『東西美術論 3 絶對の貨幣』一一八頁。〕

(18) *La Création esthétique*, p. 150.〔前掲邦訳『東西美術論 2 藝術的創造』一五〇頁。〕

(19) だからフロイトはけっして、禿鷲によってダ・ヴィンチを説明するとは言わなかった。〔フロイトはおおよそ、分析は絵画が始まるところで終わる、というようなことを言っていた。彼は「レオナルド・ダ・ヴィンチの幼年期の想い出」の最終節において、ダ・ヴィンチの作品理解に対する精神分析の限界を指摘している。「精神分析が最終的に認識しうるのは、欲動とそれが辿る変容までである」（甲田純生・高田珠樹訳、『フロイト全集 11』所収、岩波書店、二〇〇九年、九五頁）。〕

(20) *Le Musée imaginaire*, p. 52.〔前掲邦訳『東西美術論 1 空想の美術館』三七―三八頁。〕

(21) この表現はP・リクールによる。〔Paul Ricœur, «Husserl et le sens de l'histoire», première

publication dans la *Revue de Métaphysique et de Morale*, 54, 1949, pp. 280–316, repris in *À l'école de la phénoménologie*, Paris, Vrin, 2016, p. 57. 主にフッサールの『危機』書を論じた本論でリクールは、超越論的な哲学に固有な困難として以下のことを指摘している。「歴史は哲学の〈理念〉を実現することに意味と課題を見いだしうるのか、私たちは問うてきた。この問いはもう一つ別の問いを前提としている。すなわち、〈理念〉は、課題一般は、真の歴史を展開するのか。到来（avènement）は出来事（événement）をなすのか。／歴史概念のパラドックスとは、一方でそれは一つの意味に統一された、唯一の歴史でなければ了解不可能になるだろうが、だが他方で、それは予期不可能な冒険ではなかったとしても、歴史性を喪失するであろうということだ。一方では、もはや歴史哲学はないだろうし、他方では、もはや歴史がないであろう」。以下の論述でメルロ＝ポンティはこの「歴史概念のパラドックス」をひきうけ、「到来（avènement）はもろもろの出来事（événements）を約束する」と結論するのである。

(22) *Principes de la Philosophie du Droit*, §118.〔ヘーゲル『法の哲学 I』藤野渉・赤沢正敏訳、中公クラシックス、二〇〇一年、三一三頁。〕

(23) *Ibid.*〔同書三一四頁。〕

(24) *Ibid.*〔同書三一四頁。〕

訳注

＊1　クロード・ルフォールによれば、サルトルの『文学とは何か』（1947）の読後に書かれた批判的注釈の中でメルロ＝ポンティは、「私も一種の『文学とは何か』を書かなければならない。

記号と散文についてのもっと長い部分を付け加えて、しかも文学の弁証法全体ではなく、モンテーニュ、スタンダール、プルースト、ブルトン、アルトーといった五人の文学的知覚についての部分を付け加えて」と記していたという。これが『世界の散文への序説』という未刊の著作の構想の原型である（滝浦静雄・木田元訳『世界の散文』みすず書房、一九七九年、六頁以下）。この構想はコレージュ・ド・フランスの一九五三年の講義『言語の文学的用法についての研究』などに引き継がれているが、彼はこの書を公刊することはなかった。その代わりに『現代』誌に一九五二年に二回にわたって「『世界の散文』の抜粋」として出された文章が公刊されたのが本論文である。

＊2　écart　ソシュールの『一般言語学講義』にはこの表現は見られない。それに対して、本論の冒頭数頁は、一九四九—一九五〇年度のソルボンヌでの講義（Maurice Merleau-Ponty, *Psychologie et pédagogie de l'enfant - Cours de Sorbonne 1949–1952*, Lagrasse, Verdier, 2001.「意識と言語の獲得」、木田元・鯨岡峻訳『意識と言語の獲得　ソルボンヌ講義Ⅰ』所収、みすず書房、一九九三年）の要約になっている。そこではロマン・ヤーコブソンの音韻論による、幼児の言語獲得と失語症の分析の影響が大きい。たとえばヤーコブソンは「幼児言語の音法則と、その一般音韻論における位置」（服部四郎編・監訳『失語症と言語学』岩波書店、一九七六年）という論文で、幼児の言語習得が、一定の目標こそ持たないものの、でたらめなものではなく、その「逸脱（écart）」において一定の法則性を持つことに注目している（同書二頁、一二三頁）。この「逸脱（本書では原則として「偏差」と訳している）」という用語は、晩年には存在論的な文脈でも頻用されるが、法則（規範）からの逸脱と同時に、逸脱の法則性も問題になっているこ

とが重要である。なお本書の「序」の訳注＊19も参照。

＊3 langue 以下の記述において、「ラング」は否定的な辞項や音素の「否定的」な対立の体系として捉えられているが、それが、言語の科学の「対象」となるような、閉じられた概念体系となることは想定されていない。それに呼応してパロール（parole）は、たんなる個人的な発話としては捉えられておらず、言語の実際の「用法」（usage）、言語獲得、さらには創発的な用法として理解されている。つまり、メルロ＝ポンティにおいてラングとパロールは単純に対立せず、ラングがパロールを潜在的に内包すると同時に、パロールという実践はつねにラング全体と関係しており、両者は内的に関係している。このような使用は、ラングのみを言語の科学の対象とした、ソシュールの意図とは大きくずれるものであるが、冒頭の部分においてはさしあたり「ラング」「パロール」と訳しておく。しかしすでに前半においても、ラングとパロールの複合体の働きを「ランガージュ（langage）」と呼ぶなど、用語は一定しない。また本論の後半の文学言語論になるとほとんどソシュール的な意味は意識されていないこともあるので、パロールを「言葉」、ランガージュを「言語」としたところもある。煩瑣になるので、必要があれば適宜ルビで指示する。

＊4 メルロ＝ポンティは一九五三―一九五四年度のコレージュ・ド・フランス「パロールの問題」においてソシュールの『一般言語学講義』の記号概念を論じているが、そこで以下の一節を引用している。「ラングは、それ自体で全体であり（un tout en soi）、分類の原理である」（フェルディナン・ド・ソシュール『新訳 ソシュール一般言語学講義』町田健訳、研究社、二〇一六年、二四頁）。この場合ラングはパロールとは独立して定義可能なものに思われるが、メルロ＝

ポンティはソシュール自身がこの定義を見直したと考え、両者には「相互関係」があり、パロールはラングの（概念とは異なった）「内面」のごときものとして働いているという（Maurice Merleau-Ponty, *Le problème de la parole, Cours au Collège de France, Notes, 1953-1954*, Genève, MētisPresses, 2020, p. 60, 64）。

＊5　diacritique　メルロ＝ポンティは前出のソルボンヌ講義において、音素についてのヤーコブソンの言葉としてこの語を使用している（前掲邦訳『意識と言語の獲得　ソルボンヌ講義Ⅰ』三一頁）。この語は本来はフランス語のアクサン記号などの補助記号を指すが、メルロ＝ポンティはギリシア語の語源的な意味でこの語を使用し、「区別（discrimination）の働き」として理解していると思われる（Cf. *Le problème de la parole, ibid.*, p. 76）。

＊6　前出のソルボンヌ講義においてメルロ＝ポンティは、しばしば「一語文」として発せられる幼児の「初めの語」が、カッシーラーのような観念論者が言うように、「ばらばらな印象や事実の総合」ではなく、むしろ心理学者グレゴワールの言うように、「分化」であることを強調している。「語に先立つ経験は貧しく、隙間だらけであって、語はその一つの単位として現れてくるのであり、それは総合ではなく、分化なのです」（同書一九頁）。

＊7　ここで暗示されているのは、ロマン・ヤーコブソンの「幼児言語、失語症および一般音法則」やトゥルベツコイの『音韻論の原理』である。

＊8　初めの言語の発話の前に、喃語の「デフレーション」が起きることについては「幼児言語、失語症および一般音法則」二六頁以下、またメルロ＝ポンティ『意識と言語の獲得　ソルボンヌ講義Ⅰ』二八―二九頁および *Le problème de la parole, op. cit.*, pp. 92-93 参照。

＊9　style　メルロ＝ポンティがとりわけ本論でマルローと対決しつつ練り上げる重要概念であるが、ソルボンヌ講義ですでに以下の指摘がある。「音素体系は、言語活動のスタイルなのです。スタイルというものは語によっても観念によっても定義され得ないものであり、直接的意味は持たず、もつのは遠回しの意味だけです」（前掲邦訳『意識と言語の獲得　ソルボンヌ講義Ⅰ』三八頁）。この語は、美術史では「様式」、文学では「文体」と訳される。メルロ＝ポンティは、音韻論から出発して、物語や神話や夢を分析する構造言語学の成果を、「現出の様式」を記述する現象学と交差させることによって、「スタイル」概念を練り上げているのである。

＊10　Filippo Brunelleschi（1377–1446）　フィレンツェの建築家。代表作フィレンツェ大聖堂のクーポラ（大円蓋）により、初期ルネサンスの代表的建築家とされる。またフィレンツェのサンジョヴァンニ洗礼堂やパラッツォ・デ・シニョーリ（市庁舎）の板絵による透視画法が、近代的透視画法の確立を画すものとされる。銀板を張り、穴をあけて、鏡により風景をいわば透視する装置を使ったことがマネッティの『ブルネレスキ伝』によって伝えられている。辻茂『遠近法の誕生――ルネサンスの芸術家と科学』朝日新聞社、一九九五年参照。

＊11　ピエール・フランカステル『絵画と社会』一四―一五頁を参照。「ブルネレスキのこれらの光景をつぶさに見るためには、パネル画の中心にあけられた小さな穴に眼を当てればいいようになっていた。その穴は、たとえば大聖堂のパネルの場合、その玄関の敷居のところに相当し、ここからその光景がとらえられて描かれたのである。そのパネルはさらによく空を反映する磨かれた金属板の上に取りつけられていた。そしてこの描かれたパネルに向かい合わせ、垂直に金属板の他端のところへ図柄が映るように別に鏡を取りつけておいた。こうしてパネルにあけられた小

さな穴を通して、視角の微妙な戯れから、交線と反射光線の混じり合うまったく架空の世界が眼に映ずることになるのだった。（……）われわれは今一つの実験器具、一つの装置を前にしているのである」。

＊12　signifiant　ソシュールの術語としてはシニフィアン、能記などと訳されるが、メルロ＝ポンティがそうしたテクニカル・タームとしてこの語を使用することは少ないので、こう訳しておく。コレージュ・ド・フランス講義「パロールの問題」の草稿ではソシュール的な用語として言及されているが、そこでも使用頻度は少ない（Cf. *Le problème de la parole, op. cit.*, pp. 67–68）。

＊13　charade　なぞなぞの一種で、一つの単語をいくつかの部分に分け、それぞれについてヒントを出し、全体のヒントと合わせて回答させるもの（たとえばor［金］とange［天使］でorange［オレンジ］を推測させるなど）。

＊14　この引用はやや不正確である。フェルディナン・ド・ソシュール『新訳　ソシュール一般言語学講義』一九二頁を参照。「英語のthe man I have seen《l'homme que j'ai vu》〈私が会った男〉という表現は、ゼロ形態によって表されているように見える統語的事実を提示しているが、フランス語では同じ事実をqueによって表している。ただし、フランス語の統語的事実と比較するからこそ、何もないものが何かを表すことができるという幻想が作り出されるのである」。この節でソシュールは、ラングを構成する諸要素という「抽象的な実体は、結局のところ、常に具体的な実体に基礎を置いている」ことを主張している。

＊15　《l'absente de tous bouquets》　マラルメ「詩の危機」松室三郎訳、『マラルメ全集Ⅱ』筑摩書房、一九八九年、二四二頁参照。

＊16　一九四六年に撮影された、フランソワ・カンポ（François Campaux）によるマティスについての短編ドキュメンタリーの一部。マティス自身が驚いたというのはその中の言葉。

＊17　Leibniz, Gottfried Wilhelm von（1646-1716）ドイツの哲学者、数学者。神は無数の可能世界のなかから最善を選択したという「最善律」を説く。またこれは、光が最小の抵抗の道を選んで進むという「最小作用の原理」に関係する。本論訳注＊22をも参照。

＊18　アンリ・ベルクソン『創造的進化』合田正人・松井久訳、ちくま学芸文庫、二〇一〇年、一二八―一二九頁などを参照。そこでベルクソンは、機械論と目的論の両方を批判するため、鉄の削り屑の中に手を入れ、鉄の抵抗で手が止まった瞬間に削り屑が一定の配置をかたちづくるという例を挙げる。もし手が見えなかったとしたら、その配置を機械論者は内的な力や相互作用で説明し、目的論者はそれを導く全体的計画を持ち出すが、実際にあるのは手の「不可分な行為」「単純な行為」にすぎないとベルクソンは言う。

＊19　La Bruyère, Jean de（1645-1696）フランスのモラリスト。この引用はジャン・ポーランの『タルブの花』（前掲『言語と文学』所収）、二二七―二二八頁による。

＊20　マルロー『人間の条件（*La condition humaine*, 1933）』第一部、小松清・新庄嘉章訳、新潮文庫、一九八一年、七〇―七一頁参照。「「他人の声は耳で聞き、自分の声はのどで聞く」と父が言った。そうだ、自分の命も、のどで聞くのだ。（……）「だがこのおれというものは、おれ自身にとって、のどにとって、いったい何なんだろう？　それは一種の絶対的な肯定だ。狂人の肯定だ（……）。」（……）それ（＝抱擁）は、すべての人間が心の奥底で愛しているあの狂人に、なによりも好ましい、比類のないあの怪物――全存在がおのれ自身のためにあるあの怪物に助けを

もたらすのだ」。この「のどの声を聞く」ことと「比類のない怪物」の連関については、「人間と逆行性」という一九五一年の講演にも言及があり（『シーニュ 2』一三八頁）、さらには、晩年の『見えるものと見えないもの』（前掲邦訳二〇〇―二〇一頁）においても取り上げ直されている。「私は、結晶や金属や多くの物質と同じように、音響的存在であるが、ただし私自身の震動を私は内側から聞く。マルローが言ったように、私は自分の音をのどで聞くのだ。その点で私は、マルローも言ったように、比類のないものである。（……）しかし、もし私が、話している他人の息づかいを聴き取り、彼の興奮や疲れを感じとりうるほどに十分彼の近くにいるとすれば、私は彼においても、自分の場合と同様、怒号（vocifération）の恐るべき誕生をほとんど目撃することになる。（……）この新しい可逆性と表現としての肉の出現こそ、話したり考えたりする作用の沈黙の世界への参入点なのである」（一部改訳）。このようにメルロ＝ポンティは、ほとんど狂気に近い自己性のただなかにおいて、他者への開かれの運動を組み込む。それが言葉と意味、語りと聴取の可逆性をもたらし、さらには理念性の萌芽となる。それが表現の肉である。

＊21　ultra-chose　児童心理学者アンリ・ワロンが『子どもにおける思考の起源』で子どもに特有な思考を示すために用いた概念。メルロ＝ポンティはソルボンヌでの講義「子どもの意識における構造と葛藤」においてこの概念の重要性を論じている。メルロ＝ポンティによれば、たとえば「太陽」「空」「地球」などの観察不可能な対象は、ある種の比較不可能な絶対的な大きさをもち、「子どもの射程内になく、眼ではっきりと区切ることができないが、身体の規則だった移動によって、自由にあり方を変容させることができる」対象である。これはいわば主体に固着する前客観的な時空間として、成人にも残存し、成人と子どものコミュニケーションの媒体ともなってい

るという。Maurice Merleau-Ponty, *Psychologie et pédagogie de l'enfant – Cours de Sorbonne 1949–1952*, Lagrasse, Verdier, 2001, pp. 242–243 を参照。

＊22 compossible ライプニッツ『二四の命題』、第七命題、酒井潔訳、『ライプニッツ著作集8 前期哲学』工作舎、一九九〇年、四八頁。「「共可能的（compossibilis）」とは、「整合的（compatibilis）」と同じで、相互に無矛盾的であるような関係についていわれる」（同書訳注14）。

＊23 Jean-Baptiste-Siméon Chardin（1699–1779）フランスの画家。

＊24 «plus loin» 一八八九年六月一六日の「テオ・ファン・ゴッホから兄フィンセントへの手紙」の表現。「きみの最近の絵には従来になかった色彩の烈しさがある――これだけでも非凡な特徴だが――さらにきみはそれを乗り越え遠くへ進んでいる」（宇佐見英治訳、『ファン・ゴッホ書簡全集6』みすず書房、一九七〇年、二〇三二頁）。富松保文訳・注『メルロ＝ポンティ『眼と精神』を読む』武蔵野美術大学出版局、二〇一五年、補注5、二一一―二一三頁により詳細な解説がある。

＊25 マルロオ『東西美術論1　空想の美術館』六七頁。そこでマルローは、ゴーギャン、セザンヌなどの現代芸術において、「内的な図式」が事物の形をとることがあることを指摘し、その代表としてゴッホの〈椅子〉を例に挙げている。

＊26 déformation cohérente　マルローのこの言葉をメルロ＝ポンティはみずからの思想に取り込み、深化させていく。ここでこの概念が「スタイル」概念と結び付いていることも興味深い。

＊27 マルローの原著には Renoir, *Les Lavandrières*. Collection P. Rosenberg, Paris が図版として挙げられている。

＊28 «Quoi, ce n'est que cela?» スタンダール（1783-1842）の未完の小説『ラミエル（*Lamiel*）』第九章における主人公ラミエルのせりふ。恋愛に対する好奇心から、男に身をまかせたときに彼女が繰り返す台詞（生島遼一・奥村香苗訳『スタンダール全集 新装版 6』所収、人文書院、一九七七年、四一一―四一四頁）。メルロ゠ポンティはこのせりふを『眼と精神』の最終節の歴史論でも引用しており、本論で論じられているような、絵画史をモデルにした歴史論に対する「悟性」の反応が以下のように要約される。「悟性は、ラミエルみたいに言うであろう、なんだ、たったこれっぽっちのことなのか、理性の究極とは、われわれの足元で大地がこのように滑り落ちることを確かめ、持続的な昏迷の状態を大袈裟にも問いかけ（interrogation）と名づけ、どうどう巡りを探求（recherche）と呼び、けっして完全には存在しないものを〈存在〉と名づけることにすぎないのか、と」（邦訳三〇一頁、一部改訳）。

＊29 Frans Hals（1581/1585-1666） オランダの画家。肖像画で知られる。マルローの原著では〈養老院の理事たち〉が図版として挙げられている。

＊30 本論では「三重の取り上げ直し」の内容がわかりにくくなっているが、草稿にあたる『世界の散文』では以下のように述べられている。「超えながら継承し、破壊しながら保存し、変形しながら解釈する、つまり新しい意味を、それを呼び求め予料していたものに注ぎ込むというこの三重の捉え直しは、単におとぎ話の意味での変身、奇蹟や魔法、暴力や侵略、絶対的孤独における絶対的創造なのではなく、それはまた、世界や過去、先行の諸作品が彼に求めていたものへの応答、つまり成就と友情でもあるのである」（邦訳九六頁）。

＊31 フッサールが『ヨーロッパ諸学の危機と超越論的現象学』、とりわけその草稿「幾何学の起

源について」（前掲邦訳四九〇頁以下）で頻用していた用語。そこでフッサールは、たとえば幾何学的な理念の「原創設（Urstiftung）」に遡るという遡行的問いを発し、さらに原創設がいかに伝承されて「追‐創設」（Nachstiftung）されるのかを追跡し、そうして起源に含まれたものを「最終的創設（Endstiftung）」として再活性化しようとする。メルロ＝ポンティはこの草稿にすでに『知覚の現象学』で言及し、「言語の現象学について」（1951）（竹内芳郎訳、『シーニュ1』所収、みすず書房、一九六九年）や本書所収の「哲学者とその影」でも重要な位置を与えているが、とりわけ一九五九―一九六〇年度のコレージュ・ド・フランス講義「現象学の限界に立つフッサール――その後期哲学のテクストの翻訳と注解」においては一九五四年に出版されたフッサール全集版に基づいて詳細な注解をおこなっている。この講義については『講義要録』（前掲邦訳『言語と自然――コレージュ・ドゥ・フランス講義要録』一一七頁以下）および講義の準備草稿（加賀野井秀一訳、『フッサール『幾何学の起源』講義』所収、法政大学出版局、二〇〇五年）が出版されている。たとえば以下を参照。「理念性と歴史性は同じ源泉から発している。その源泉を見いだすには、出来事の系列と無時間的な意味とのあいだに第三の次元、つまり深さをもった歴史、ないし発生しつつある理念性の次元をみさだめさえすればよい。幾何学の最初の行程とその後の全行程は、その時々幾何学者によって体験された表向きの意味ないしは字面の意味のほかに、ある種の意味の余剰をふくんでいる。つまり、それらの行程は一つの領野を開き、創造者が未来へ向かう点描としかみなかった諸主題を創設する（Urstiftung）のだが、これらの主題が最初の獲得物とともに以後の世代に伝承され（tradiert）、一種の二次的創設（Nachstiftung）によって実践可能になるだけではなく、さらにはそこに新たな思考空間が開かれて、ついには進行中の展開が最終的な再創造（Endstiftung）のうちに汲み尽くされてしまい、たいていは源泉なり、途中で無視されてしまった脇道なりへ還帰することによって知のある変更が起こり、全体の解釈し直しがおこなわれるにいたるのである」（『講義要録』一一八―一一九頁、一部改訳）。このような読解は本論における「到来（avènement）」という用語（本論原注（21）参照）とも共鳴し、深さと過剰をはらんだ歴史論、そして知の構造変動を強調している。この課題についてメルロ＝ポンティは、やはりこの語から想を得つつ、すでに一九五四―一九五五年度の講義「個人の歴史及び公共の歴史における「制度化」」で提唱される「制度化（institution）」の概念において、生物学的制度から社会制度にいたる壮大なスケールのプロジェクトを構想していた（同書四三頁以下）。メルロ＝ポンティの五〇年代の思考の深まりにこの概念がインスピレーションを与え続けていることがわかる。本書「哲学者とその影」訳注＊11も参照。

＊32　本書「哲学者とその影」の冒頭および訳注＊1を参照。

＊33　Raymond Aron（1905–1983）フランスの社会哲学者。当時は反マルクス主義者として知られる。初期の歴史哲学の著作として『歴史哲学入門』（1938）（霧生和夫訳『レイモン・アロン選集4』荒地出版社、一九七一年）がある。

＊34　本書「序」訳注＊4参照。

＊35　avènements　本論原注（21）参照。

＊36　Jules Vuillemin（1920–2001）フランスの哲学史家、科学哲学者。マルシアル・ゲルーの弟子。一九六二年にメルロ＝ポンティの死後コレージュ・ド・フランス教授となり「認識の哲学」の講座を担当。メルロ＝ポンティの死後に追悼文も執筆している。

＊37　以下の分析はフロイトの「レオナルド・ダ・ヴィンチの幼年期の想い出」（前掲邦訳『フロイト全集11』所収）における、〈聖アンナと聖母子〉を取り上げたものである。メルロ＝ポンティはすでに一九四五年に発表された「セザンヌの疑惑」において、この分析を踏まえつつ、芸術家の生と作品のパラドクサルな関係について論じていた（粟津則雄訳『意味と無意味』みすず書房、一九八二年所収、三〇頁以下）。

＊38　motif　セザンヌの言葉（ガスケ『セザンヌ』與謝野文子訳、岩波文庫、二〇〇九年、二一三頁以下参照）。「モティーフをとらえる」こと、それはこれから書かれるべき絵画の、結晶の核のごとき「芽」をとらえ、それを中心に、色彩のコントラストの独自な等価体系を展開することであることについては、前掲「セザンヌの疑惑」を参照。

＊39　incarné　一般には「受肉した」と訳されることが多いが、マールブランシュやデカルトなど、一七世紀哲学の議論を喚起する場合を除いて、この語のキリスト教的な意味を過度に強調すべきではないことが現代の研究で明らかになっており、むしろ『見えるものと見えないもの』で概念化される「肉（la chair）」との関連を強調するため「肉化した」と訳す。おなじく名詞のincarnationも「肉化」とする。

＊40　monogramme　カント『純粋理性批判』の言葉で、いわゆる図式機能について使用されている用語。「形象は産出的構想力の経験的能力の産物であり、（空間における諸図形としての）感性的な諸概念の図式はアプリオリな純粋構想力の産物であり、いわばモノグラムである。このモノグラムを通じて、ならびにこのモノグラムに従って、初めてもろもろの形象が可能となるのであるが、しかし諸形象は自らが特徴付ける図式を介してのみつねに概念と結合されなければなら

ない（……）」（有福孝岳訳、『純粋理性批判 上』、『カント全集 4』岩波書店、二〇〇一年、二四四頁）。

*41 parenté　マックス・ヴェーバーが『プロテスタンティズムの倫理と資本主義の精神』において、宗教的信仰と職業倫理の間に「選択の親和性（Wahrverwandtschaft/parenté de choix）」を認めうるか、という問題を提起していることに基づく表現だと思われる。前掲邦訳『弁証法の冒険』二四頁参照。

*42 詳細は不明であるが、ヘーゲル学者ジャン・イポリットは『ヘーゲル精神現象学の発生と構造』の「宗教」を論じた章で以下のように記している。「ヘーゲルの思想でとりわけ特徴的にみえるのは、彼岸と此岸という偉大なるキリスト教的な二元論を乗り越えようという努力である。宗教の弁証法の目的は、世界における精神と絶対的な精神の完全な和解ではないだろうか。だとすると歴史的生成の外ではもはやいかなる超越もない。このような条件の下では——いくつかの表現にもかかわらず——ヘーゲルの思想は宗教からとても遠いところにあると思われる。現象学全体は、「垂直的な超越」を「水平的な超越」へと還元しようという英雄的な努力として現れてくる」（市倉宏祐訳『ヘーゲル精神現象学の生成と構造　下巻』岩波書店、一九七三年、四二八—四二九頁、注（18）、拙訳。Jean Hyppolite, *Genèse et structure de la phénoménologie de l'esprit de Hegel*, Paris, Aubier Montaigne, 1946, p. 525, n. (1)）。

*43 Francis Ponge（1899–1988）　フランスの詩人。ここではポンジュの詩集『物の味方（*Le parti pris des choses*）』（阿部弘一訳、思潮社、一九六五年）を中心に論じたサルトルの論考が踏まえられている（次注参照）。

＊44　ジャン＝ポール・サルトル「人と物」鈴木道彦・海老坂武訳、『シチュアシオンⅠ』所収、人文書院、二一七―二一八頁。「語の意味の秘かな化学作用によって、人間の創作物が歪められ、反り返り、人間の手から逃れ去ろうとするまさにその瞬間に、語をとらえなければならない。ひと言で言えば、語が物になろうとする瞬間に語に襲いかかり、これをとらえることだ。いやむしろ（……）あらゆる言葉を――その意味もろとも――その奇怪な物質性において、言葉を満たしている意味の腐植土ごと、屑や残りかすごと、とらえようと努めることだ。彼においては《物としての言葉》(mot-chose) というこの概念こそ本質的なものに見える」。「意味の厚み」についても同所を参照。メルロ＝ポンティは『見えるものと見えないもの』において、「武器や働きかけ、凌辱や誘惑ともなりうる〈物としての言語（langage-chose）〉」「生活と行動の言語であると同時に文学や詩の言語でもある〈物としての言語〉」について語っている（前掲邦訳一七五頁）。それは「作動する言語」であり、「実践によって内側からしか知られ得ない」ものであり「物に開かれ、沈黙の声によって呼び求められており、そしてあらゆる存在者の〈存在〉である分節化の努力を引き継ぐ」という。サルトルがポンジュの詩を「現象学的還元」になぞらえ、またその「挫折」を指摘するのに対して、メルロ＝ポンティはポンジュの詩的言語にこそ、物への開かれとその言語化の可能性をみるのである。

＊45　本書「序」訳注＊12を参照。

モースからレヴィ＝ストロースへ

今日社会人類学と呼ばれているもの[*1]——この語はフランスの外では普通に使われており、フランスでも流布している——、それは社会的《ソーシャル》なものが、人間そのものと同じように、二つの極ないしは側面をもっていることを認めたときに、社会学がなるべきもののことである。社会的なものは意味《シニフィアン》をもち、内側から理解することができるが、同時にそこでは、個人的な意図が一般化されて弱められ、プロセスに組みこまれ、有名な言葉を使うならば、物によって媒介されている。[*2]さてフランスでは、この柔軟になった社会学を、モースのように先取りした者は誰もいない。社会人類学とは多くの点において、私たちの目の前で生き続けているモースの作品なのである。

二五年を経て、かの有名な『贈与論——交換の原初的形態』[*3]が、エヴァンス＝プリチャードの序文とともにアングロサクソンの読者のために翻訳された。[*4]レヴィ＝ストロースは記している。「『贈与論』を読むものはほとんど例外なく、はっきりとはわからないが間違いなく科学的発展の決定的な事件に立ち会っているのだ、という思いに満たされた」[*5]。このような記憶をのこした社会学の瞬間は、たどりなおすだけの価値がある。

デュルケムの周知の言葉によれば、新たな学問は社会的諸事実を「客観化された諸観念の体系」としてではなく、「物として」扱おうとしてきた[*6]。だが明確にしてみようとしたところ、この学問は社会的なものを「心的なもの」としてしか規定できなかった。それは「表象」である、個人的な表象でこそないが、「集合」表象であると言われていたのである。このことから、「集合意識」という多くの議論の的になった考え方が生まれたが、これは歴史の流れの中ではっきり区別される存在として理解された。この集合意識と個人の関係は二つの事物のように外的なものにとどまっていた。社会的な説明にゆだねられたものは、心理学的・生理学的説明からはずされ、そしてその逆もまた真だったのである。

他方デュルケムは、社会形態学という名の下に、原初的諸社会を結合させること、そしてその結合体同士の組み合わせを構成することによって、社会の理念的な発生を提示していた。単純なものは、本質的なもの、そして古いものと混同されていた。レヴィ＝ブリュル[*7]が独自にとなえた「前論理的心性」という考えも、アルカイックといわれる文化において、現代文化には還元できないようなものへの道を、デュルケム以上に切り開いてくれたわけではなかった。この考えは、乗り越えがたい差異のうちに、アルカイックな文化を凝固させたからだ。こうした二つのやり方で、フランス社会学派は他者へ接近しそこねたが、この接近こそが社会学の定義そのものであるはずだ。つまり、どのようにして、私たちの論理のために他者を犠牲にせず、また、他者のために私たちの論理を犠牲にすることなく、他者を理解すべきなのか。現実態を早急に私たちの観念に同化しようと、また反対に、現実態は到達不可能だと考えようと、いずれにせよ社会学は、おのれの対象を俯瞰できるかのように語ることが常であり、社会学者は絶対的な観察者であった。欠けていたのは、対象への辛抱強い侵入、そしてそれとの交流《コミュニケーション》だったのである。

それに対してマルセル・モースはこうしたことを本能的に実践した。彼の教育も作品も、フランス社会学派の諸原理と論争状態にはない。デュルケムの甥であり、またその協力者として、モースはその正しさを認める十分な理由があった。両者の差異があきらかになるのは、社会的なものと接触するそれぞれのやり方においてである。モースは言う、呪術の研究[*8]において、共変法や外的な相関関係の内には剰余（résidu）が残されており、それこそを記述しなければならない。というのも、そこにこそ信念（croyance）の深い根拠があるからだ。だから現象のうちに思考によって入り込み、それを読み、解読しなければならない。そしてこうした読解はつねに、制度（institution）によって人間のあいだに構成される交換の様式、制度がうちたてる結合や等価性を捉えること、そして道具の使用、加工品、食料品、呪術的な言い回し、衣装、歌、踊り、神話的諸要素などを、あたかもラング〔言語体系〕が音素や形態素や語彙やシンタックスを規則付けるように、制度が規則付ける方法を捉えることである。この社会的事実は、もはや均一な実在ではなく、もろもろの象徴《サンボル》の実効的なシステムであり、象徴的な価値のネットワークであり、個人的なもののもっとも深い部分に入り込む。だが個人を取り巻く制御《レギュラシオン》が個人を消し去ることはない。もはや個人的なものと集団的なもののどちらかを選ぶ必要はない。モースは記している。「真であるもの、それは祈禱や法ではなく、しかじかの島に住むメラネシア人であり、かつローマやアテネである」[*9]。同じように、絶対的な単一者も、たんなる総和もなく、多かれ少なかれ豊かな、分節された全体性や集合がいたるところにある。原始心性のいわゆるシンクレティズム[*10]についても、モースはかの有名な「融即」と同じくらい重要な対立を指摘している。社会的なものを象徴機能《サンボリスム》とみなすことによって彼は、個人の実在や社会的なものの実在を尊重し、相互を没交渉にせずに、さまざまな文化の多様性を尊重する手段を手に入れていたのだ。拡張された理性は、呪術や贈与の非合理的な部分にまで入り込む。彼は言う。「なによりもまず、諸々の範疇についてもっとも完備した目録を作成しなければならない。人間が使用したことが知られうる一切の範疇から出発しなくてはならない。そのときに、理性の天空には、なお多くの光なき月、あるいは光弱く、薄暗くしか照らさぬ月が輝いていることがわかるだろう」[11]。

だがモースは社会的なものの理論を作ったというよりは、むしろ直観していた。だからおそらく、結論の時点において彼は、自分が発見したことの手前にとどまってしまったのだ。彼は呪術の原理をハウ[12]に求めていたのと同じように、交換の原理をマナ[13]に求める。これらは謎めいた概念で、事実の理論を示すというよりは、原住民の理論を復元するものである。これらは実際には、無数の諸事実のあいだの情動的な接合剤のようなものを指しており、彼はその諸事実を結び付けようとした。だがそれらははじめははっきりと区別されていて、そのあとで結び付けることを追求すべきものなのだろうか。総合が一次的なものなのではないか。マナとはまさに、個々人が与えるものと受け取るものと返すもののあいだに、ある種の等価関係があることが、その個々人に明証的であるということではないか。それは、ある種の偏差（écart）の経験、つまり個人が他者たちと取り持つ制度的な等価の状態と、その個人とのあいだの偏差の経験なのではないか。自己自身に対する振る舞いと、他者に対する振る舞いへの二重の参照関係という、第一次的な事実なのではないか。それはある見えない全体性の要請であり、そこではある個人自身と他者が、その個人の眼には置換可能な要素に見えるということなのではないか。だとしたら交換とは社会の一つの効果ではなく、現働的《アクテユエル》な社会そのものであることになるだろう。マナを謎めいたものにみせているものは、象徴機能の本質にかかわっており、それは言葉《パロール》のパラドックスや他人との関係のパラドックスをとおして私たちに接近可能なものだということになるだろう。――つまりそれは言語学者が語る、それ自体は明確な価値をもたないが、音素の不在には対立する「ゼロ音素」、あるいは、なにも分節しないが、それでいて可能な意味の領野を切り開く「浮遊するシニフィアン」*14などと類比的なものなのではないか……。だがこのように語ることで私たちは、モースの運動を、彼が言ったり書いたりしたことの彼方にまでたどってしまっており、社会人類学の視座から回顧的に眺めてしまっている。私たちはすでに、社会的なものについての別の考え方や別のアプローチへの境界線を越えてしまっている。これらこそ、レヴィ＝ストロースが燦然と代表しているものなのだ。

＊　＊　＊

レヴィ＝ストロースの考えによれば、社会のある部分《セクター》あるいはその全体において、交換が組織される様式が「構造」と呼ばれる。社会的事実とは物でも観念でもなく、構造なのだ。この語は現在濫用されているが、当初は明確な意味をもっていた。それは心理学者たちが、知覚野の布置《コンフィギュラシオン》を、すなわち、ある種の力線により分節され、そこからあらゆる現象が局地的な価値を帯びてくるような全体性を指し示すのに有益だった。また言語学においても、構造とは具体的で肉化したシステムであった。ソシュールは、言語記号は弁別的であること、——まず肯定的《ポジティフ》な意義を呼び起こすことによってではなく、その差異によって、つまりそれ自身と他の諸記号のあいだのある種の偏差によってのみ作用することを指摘し、明白な意義の下にあるラングの統一体、すなわち、その理念的な原理が知られる以前にラングにおいてなされる、システム化への感性を研ぎ澄まさせてくれた。社会人類学にとっても、この種のさまざまなシステムによって社会は作られている。すなわち、(適切な結婚の規則をともなう)親族と出自(filiation)のシステム、言語的交換のシステム、経済的交換のシステム、芸術や神話や儀礼のシステムなどである……。社会それ自体が、相互に作用するこれらのシステムの全体なのである。これらは諸構造と呼ばれることで、ふるい社会哲学の言う「固定化した観念」から区別される。ある社会に生きている諸主体は、かならずしも彼らを支配する交換原理を認識していない。それは、語る主体が語るために、ラングの言語学的分析を経る必要がないのと同じである。諸主体はむしろ、構造を自明なものとして実践している。こう言ってよければ、諸主体が構造をもつというよりは、構造が「諸主体をもつ」のだ。それを言語にたとえるとしたら、それはパロールの生き生きとした用法、さらにはその詩的用法にたとえられるべきであり、そのときさまざまな語はおのずから語りだし、存在になるように思える……。ヤヌス[*15]のように、構造は二つの顔をもっている。一方でそれは、内的原理に従い、そこに入ってくる諸要素を組織する。それは意味《サンス》なのだ。だが構造が担うこの意味はいわば重々しい意味である。だから学者が構造を概念的に定式化して固定化し、存在する社会を理解するための助けになるようなモデルを構築するとき、問題になっているのはモデルを現実態に置き換えることではない。原理的に言って、構造はプラトン的なイデアではない。可能な諸社会の生を支配するような、不滅の元型を想定するのは古くさい言語学者の誤りそのものだ。つまりある種の音声的な素材に、ある意味に対する自然的な類縁性を想定してしまっていた。このように考えるのは、表情の同じ特徴が、それが含まれているシステムによって、異なった社会で異なった意味をもちうることを忘れてしまうようなものだ。たとえ今日アメリカ社会が神話学において、かつて、あるいは別の場所でたどられた道を再発見したとしても、それは超越的な元型がローマのサトゥルヌス祭とメキシコのカチーナとアメリカのクリスマスの三つに肉化したということではない[*16]。そうではなく、この神話的構造は、なんらかの局地的で現働的《アクテユエル》な緊張を解決するための一つの方法を提供しているということ、それが現在の力学において再創造されているということなのだ。構造は社会からその厚みや重みをまったく奪うことはない。それ自身が、諸構造の構造である。言語的なシステムと、経済的なシステムと、それが実践している親族のシステムのあいだに、まったく関係がないことなどありえようか。だがこの関係は緻密で可変的である。それは相同的な関係であることもある。また別のときには——神話や儀礼の場合のように——、一つの構造が別の構造と対蹠的であったり、拮抗するものであったりする。いずれにせよ構造としての社会は多面的な実在であり、いくつかの目標によって正当化されうる。比較した結果、どこに到達するのだろうか。最終的には、厳密な意味での社会学が望むように、普遍的な不変項を見いだすことができるのだろうか。それはやってみなければわからない。この方向での構造論的探究を制限するものは何もない。——だが不変項の存在をはじめから前提とすることを強いるものも何もない。この探究の主要な関心は、あらゆるところで二律背反《アンチノミー》の代わりに、相補性の関係を打ち立てることなのである。

したがってこの探求は、あるいは普遍へ、あるいは特殊研究《モノグラフィー》へと、あらゆる方向に向かい、そのたびにできるだけ遠くまで進むことによって、一つ一つの目標をバラバラにみたときには捉えそこなってしまうことをまさに経験するのである。親族システムにおける基本的なものの探究[*17]は、諸習俗の多様性を超えて、構造の図式《シェーマ》へと向かう。諸習俗は、この図式のさまざまな変異体《ヴァリアント》とみなすことができるだろう。〔父親を同じくする者の〕親族関係が婚姻を排除するようになり、男がおのれの生物学的な家族や集団の女を妻とすることをあきらめて、外部の者と婚姻関係を結ぶようになった瞬間に、均衡を保つためという理由から、直接ないしは間接の代償が、つまり交換の現象が始まる。それは直接の相互性が一般交換[*18]に道をゆずるならば、かぎりなく複雑化しうるものになるだろう。したがってさまざまな可能な布置、選択的な結婚のさまざまな類型の内的な配置、さまざまな親族システムをあきらかにするようなモデルを構築しなければならない。このようなきわめて複雑で多次元的な諸構造を暴くためには、私たちの通常の心的用具[*19]では不十分であり、ほとんど数学的な表現に頼ることも必要になるだろう。今日の数学は計測可能なものや量の関係にかぎられていないので、ますます有用である。私たちは、メンデレーエフの化学の元素表に匹敵するような、親族構造の周期表を作成することを夢見ることもできるだろう。諸構造の普遍的なコードのプログラムを提出するのさえ、きわめて健全な考え方だと言ってもよいだろう。それによって、存在するシステムを越えて、さまざまな可能なシステムを、規則的な変形をほどこしながら相互に演繹することもできるかもしれない。——ただしそれは、すでになされているように、こうした理論的な先取りがなかったとしたら気づかれずに存在するような、ある種の制度に向けて、経験的な観察を方向付けるためであってもよいのだが。こうして、社会システムの底に、形式的な下部構造が現れる。この下部構造を、無意識的な思考とか、人間精神の先取りなどと言い換えてしまいたい誘惑にもかられる。あたかも私たちの科学はすでに事物において作られているかのように。また、文化という人間的秩序は、異なった不変項によって支配された、もう一つの自然秩序であるかのように。しかしながら、たとえこのような不変項が存在し、音韻論者が音素の下に見いだすように、社会科学が諸構造の下に、それらと適合するメタ構造を見いだすとしても、こうして到達される普遍は特殊の代わりになるものではないだろう。それは一般幾何学が、ユークリッド的な空間の諸関係の局地的な真理を打ち消すことがないのと同じである。社会学においても、階梯《スケール》を考慮する必要があり、一般社会学の真理は、ミクロ社会学の真理をまったく奪うことはない。形式的な構造に含意されているものはたしかに、しかじかの発生的な進行《シークウエンス》の内的必然性を明るみに出すことはできるだろう。だが人間や社会や歴史があるのは、そうした含意のおかげではない。純粋に客観的な方法が描き出す純粋なモデルや図表《ダイヤグラム》は認識の道具なのだ。社会人類学が追求する基本的なものは、やはり基本的な諸構造、すなわち、ネットワークをなす思考の結節点なのであり、この思考こそが、構造のもう一つの顔、その肉化へと、わたしたちをおのずから導いてくれるのである。社会の形式的な構造がもつ驚くべき論理的な操作も、その親族システムを生きる住人によって遂行されていなければならない。したがってその生きられた等価物のようなものがあるはずであり、この場合に人類学者は、みずからの安楽、さらには安全を引き換えにして、たんに精神的《メンタル》ではない作業によって、この等価物を探究しなければならない。このように客観的な分析を体験に接合させる作業は、おそらく人類学にもっともふさわしい課題であり、この点において経済学や人口学などの他の社会科学と区別される。価値、収益性、生産性、人口の最大数などは、社会的なものを一望する思考の対象である。こうしたものについては、それらが個人の経験に純粋状態で現れることを要求できない。それに対して、人類学の変数については、現象が直接的に人間的な意義を持つ水準において、それを遅かれ早かれ見いださなければならない。この収束（convergence）という方法において障害となるのは、帰納と演繹を対立させる古い偏見である。この偏見は経験と知的構築・再構築の往復そのものこそが実際の思考であることを、ガリレイがすでに例示していないと考えるようなものだ。ところが人類学における経験とは、すでに総合がなされているようなある全体へと、社会的主体が参入することであり、それを私たちの知性が苦労して追求する。というのも、私たちは唯一の生という統一体において、私たちの文化を構成するすべてのシステムを生きているのだから。私たちそのものであるこの総合から、いくらかの認識を引き出すことができる。そればかりではない。私たちの社会的存在の装置は旅行によって解体されたり作り直されたりする。それは別の言語を話すことを学ぶことができるのと同じだ。ここには普遍へ向かう第二の道がある。厳密に客観的な方法という、上にそびえ立つ普遍ではなく、民族学的経験によって獲得される側面的普遍のことだ。この経験は、自己を他者によって、他者を自己によってたえざる試練に付す。重要なのは一般的な参照体系を構築することであるが、そこでは先住民の視点と文明人の視点、そしておたがいに対する誤解とが場をもつことができる。こうして、別の国の人間や別の時代の人間にも原理上接近可能となるような拡張された経験が構成されるのだ。民族学とは、「プリミティヴな」社会という、特殊な対象によって定義されるような専門分野ではない。それはある種の思考様式のこと、対象が「他」であるときに課せられ、私たち自身を変容させることを求めるような思考様式のことなのである。だから私たちは自分自身の社会から距離をとるならば、その社会の民族学者となる。この数十年来、つまりアメリカ社会が以前より自分に対する自信を失いはじめて以来、それは民族学者たちに国家事業や参謀部の門戸を開いた。奇妙な方法ではある。それは私たちのものであるものを疎遠なものとして、そして疎遠なものを私たちのものとして見るのを学ぶことだからだ。そして異郷にある者(dépaysé)という私たちの観点にさえ信頼をおくことはできない。出発しようという意志はそれ自体個人的な動機を備え、証言を変質させかねないからだ。もし真実であろうとするなら、この動機をこそ語らなければならないだろうが、それは民族学が文学であるということではない。それどころか、人間について語っている人間自身が仮面をかぶっていないとするならば、民族学は不確実なものであり続けるからである。真理と誤謬は二つの文化の交差点に一緒に住みついている。私たちが受けてきた教育は、あるときは知るべきことを隠してしまうであろうが、また反対にあるときはそれが、フィールドでの生活において、他者に対する差異を浮かび上がらせるための手段ともなるということだ。フレイザー[*20]がフィールドワークについて「神がそれから守り給わんことを」と語ったとき、彼は事実ばかりではなく、ある種の認識の様式も切り捨ててしまった。一人の人間が、自分が語っているすべての社会を経験によって知ることは可能でも必要でもないのはもちろんである。ときどき、そしてかなり長い間、他の文化によって教えられるがままになるのを学ぶことだけで十分である。というのもそのときひとは新たな認識器官を身につけ、自分の文化には与えられていないような、自分自身の野生《ソヴァージュ》の領域をふたたび占有しているからだ。そしてこの野生の領域を通してこそ、ひとは他の文化と交流する。そのようにして、たとえ遠くで自分の机にいたとしても、真の知覚によって、このうえなく客観的な諸連関を裁ち直すことができるのである。

たとえば神話の構造を認識するときのことを考えてみよう。一般神話学の試みがいかに期待外れであったかはよく知られている。もし神話を聞くにあたって、あたかも現地でインフォーマントの語りを聞くようにしたならば、もう少し失望せずにすんだだろう。つまり明白な内容だけではなく、抑揚や調子やリズムや繰り返しなどを聞くのである。神話を命題として、つまりそれが語っていることによって理解するのは、外国語に私たちの文法や語彙をあてはめるようなものだ。神話というものは、見いだすべきコードが私たちのコードと同じ構造を持つことさえも前提にできずに、暗号解読者がするようにまるごと解読すべきものなのである。神話がまず初めに語ること、つまり真の意味からはむしろ私たちを遠ざけてしまうようなことを棚上げにしたうえで、その内的な分節を研究し、ソシュールの言葉を借りるならば、神話の挿話を、弁別的な価値をもつものとして、つまり、ある関係や繰り返される対立などを舞台化するものとして受けとめるべきなのだ。そして——これは理論としてではなく、方法を例示するために言うのだが——、オイディプスの神話においてまっすぐ歩くのに苦労することが三回現れ、地下の怪物を殺害することは二回現れる。[*21] ほかに二つのシステムがこのシステムの存在を確証してくれる。北アメリカの神話学でもこれと比較可能なものが見いだされることは驚くべきことだといえるだろう。そして、ここで比較対照を再現することはできないが、オイディプス神話がその構造において、人間が土から生まれたことを信じることと、親族関係を過大評価することとの相剋を表現している、という仮説に至ることだろう。このような視点に立つならば、神話の既知の変異体《ヴァリアント》を整理し、それらを相互に規則的な変形によって生み出させることができ、それらのそれぞれが、根源的な矛盾を調停するための論理的な道具や媒介手段であることに気づくだろう。私たちは神話を聞くことから始めて、論理的な図表《ダイヤグラム》にたどりつく——存在論的な図表といってもよいだろう。カナダの太平洋岸のある神話は最終的に、存在というものが先住民には非存在の否定として現れていることを前提としている。こうした抽象的な定式と当初のほとんど民族学的な方法とのあいだには共通するところがある。それは導いているのはつねに構造であること、そしてその構造がはじめはその痙攣的な繰り返しとして感覚され、最後には厳密な形式として統握されるということである。

　こうして人類学は心理学に近接することになる。オイディプス神話のフロイト的な異本《ヴァージョン》は、一つの特殊な例として、構造論的な異本《ヴァージョン》に加わる。[*22]この場合には人間と大地との関係はないが、フロイトにとってオイディプス的な危機をかたちづくるのは、生み親のもつ二重性、親族という人間的な次元のパラドックスである。フロイト的な解釈学もまた、そのもっとも疑わしさの少ない点においては、やはり夢幻的（onirique）でためらいがちな言語の解読であり、私たちの振る舞いの解読なのである。神経症は個人神話である。そしてそこに一連の重層組織や葉層（feuillets）をみるならば、神話は神経症と同じように解明される。つまりそれもまた、おのれの根源的な矛盾をおのれに対して隠蔽することをつねにあらたに試みるような、螺旋状の思考なのだと言えるだろう。

だが人類学は、精神分析や心理学の成果を固有な次元に据え付けることによって、それらに新たな深みをあたえている。フロイトや今日の心理学者は絶対的な観察者ではなく、西欧思考の歴史に属している。だから西欧人のコンプレックスや夢や神経症が、神話や呪術や魔術の真理をはっきりと与えてくれるなどと思ってはいけない。民族学の方法の規則である、二重批判の規則によるならば、精神分析を神話として、精神分析家を呪術者やシャーマンとしてみなすことも重要なのだ。私たちの心身医学的研究は、シャーマンがどのように治療をおこなうか、たとえばどのように難産を楽にするかを理解させてくれる。だがシャーマンもまた、精神分析が私たちの呪術であることを理解させてくれるのだ。もっとも規範的で、原理に忠実な精神分析でさえ、それがある生の真理に到達するのは、転移という雰囲気における、二つの生の関係を通してにすぎないのであり、そしてこの転移は（もしそのようなものが存在するとして）純粋に客観的な方法ではない。ましてや精神分析が制度となり、いわゆる「正常な」主体に適用されるようになると、それは症例ごとに正当化されたり議論されたりできるような考え方であることを完全にやめ、もはや治療もせず、説得するものとなり、それ自身で人間の解釈に適合するような主体をこしらえるようになる。精神分析には改宗者や、さらには反抗者はいるかもしれないが、もはや信念をもって仕事をする者はいなくなる。真と偽を越えて、精神分析は一つの神話である。そしてこのように堕落したフロイト主義は、もはやオイディプス神話の解釈ではなく、むしろその変異体の一つなのだ。

より深い次元で人類学にとって重要なのは、〔いわゆる〕未開人《プリミティフ》に打ち勝つことでも、また彼らが私たちより正しいとすることでもなく、還元も無謀な置き換えもなしに、おたがいが理解可能であるような場に身を置くことにほかならない。象徴的な機能にあらゆる理性と非理性の源をみるときに行なわれているのはそうしたことである。なぜならば、人間が自由にしうる意味《シニフィカシオン》の数や豊かさは、意味されるもの《シニフィエ》の名に値する明確な対象の枠を超出するからであり、そしてまた、象徴的な機能はつねにその対象を先取りしていなくてはならず、現実的なものを、想像的なものにおいて先取りすることなしに見いだすことはできないからである。だからその課題は、私たちの理性を拡大し、私たちの内において、そして他者たちの内において、理性に先立ち、またそれを超出するものを理解できるようにすることとなのだ。

このような努力は他の「記号論的な」[*23]科学、そして他の科学一般の努力にも通じるところがある。ニールス・ボーアは次のように記す。「（人間の諸文化の）伝統の差異は（……）物理学的な実験を記述するときに使用されるさまざまなやり方に多くの点で似かよっている」。今日では、伝統的な範疇はそれぞれ相補的な観点、すなわち両立不能であると同時に不可分な観点を要求するが、このような困難な条件においてこそ、私たちは世界の骨組(membrure)をなすものを探求している。言語学的な時間はもはや、古典的思考がなじんでおり、そしてソシュールが同時的なものと継起的なものという二つの視点をはっきりと区別していたときになおも想定していたような、一連の同時性ではない。トゥルベツコイ[*24]とともに、共時態はまるで伝説や神話の時間のように、継起態や通時態へと突き出ている(enjamber)。象徴的な機能が所与を先取りするとしたら、それが担っている文化の次元全体には、かならずや何かしら混濁したものがあるにちがいない。自然と文化の対照はもはや明確ではない。人類学は、インセストの禁止の規則から逸脱する文化的諸事実の膨大な総体にも立ち返っている。インドの内婚(endogamie)、イランやエジプトやアラブにおける血族婚や傍系婚の実践は、文化がときには自然と折り合いをつける(composer avec)ことを証している。そしてこれこそが、科学的な知や、累積的で漸進的な社会生活を可能にした文化形態なのだ。文化とは、そのもっともみごとな形態と言ったら言い過ぎならば、そのもっとも効率的な形態においては、むしろ自然の変形、一連の媒介である。そこで構造は、けっして一挙に純粋な普遍として現れることはない。偶然性を担わされた形態が突如として未来の回路を開き、それを制度化されたもの(institué)の権威によって支配するような環境《ミリウ》のことを、歴史と呼ばないとしたら何と呼べばよいのだろう。おそらくそれは、系列的な時間において時空間に位置付けられる出来事と、瞬間的な諸決断によって、人間的な場《シャン》全体を構成しようとする歴史ではないだろう。そうではなくそれは、神話や伝説的時間が別のかたちで人間の企てにいまもなお付きまとっていることをよくわきまえている歴史であり、細分化された出来事の彼方ないしはその手前に探りをいれる歴史であり、それがまさに構造論的な歴史と呼ばれるのだ。

したがって、この構造の概念によって打ち立てられるのは、ある思考の体制《レジーム》全体であり、その成果は今日あらゆる領域において、精神が要求するものに応えている。哲学者にとって構造は、自然的・社会的システムにおいては私たちの外部にあり、象徴的な機能としては私たちの内にあるものとして、デカルトからヘーゲルにいたる哲学を支配する主客の連関の外へ向かう道を指し示してくれる。それはとくに、私たちがどのように社会的・歴史的世界とのあいだで一種の回路をなしているのかを理解させてくれる。人間はおのれ自身の中心からはずれており、そして社会的なものは人間においてのみその中心を見いだすのだから。だがこれはあまりに哲学的すぎる話で、人類学はその重みを担う必要はない。人類学において哲学者の関心をひくのは、それが人間をありのままに、つまり生と認識の実際の状況において捉えている点にある。人類学にひかれる哲学は、世界を説明したり構築したりする哲学ではなく、私たちの存在への参入を深めようとする哲学である。このように哲学者が推奨したとしても、それが人類学を危険にさらすことはない。なぜならそれは、人類学の方法においてもっとも具体的なものを根拠としてなされる推奨だからだ。

＊　＊　＊

クロード・レヴィ＝ストロースの現在の仕事や、彼が次に準備している仕事も、当然のことながら同じ発想から生まれている。だが同時におのずと更新されている。それはみずからの成果に立ち返っているのだ。フィールドにおいて彼は、メラネシアをエリアとして、複合的な親族構造への移行――つまり私たちの婚姻システムが依拠している複合構造への移行――を可能にするような資料を収集している。[*25] さて、すでに明らかになっているのは、こうした作業はこれまでの仕事のたんなる延長ではなく、その射程をさらに拡げるであろうということだ。近代の親族システム――人口学的、経済的あるいは心理学的条件付けに、配偶者の決定をゆだねているシステム――は、当初の展望からすれば、交換の「より複雑な」変異体として規定されるはずであった。複合的な交換を完全に理解することで、交換という中心的な現象の意味も変わらざるをえず、その決定的な深まりが要求され、また可能になるのである。クロード・レヴィ＝ストロースは、複合的システムを単一なシステムへと演繹的かつ独断的に同化吸収させようとはしていない。それどころか、彼はそれらについて、中世、そしてインド＝ヨーロッパ語族やセム語族の諸制度をとおして歴史的に接近しないですますわけにはいかないと考えている。そしてこの歴史的分析によって、インセストを完全に禁止し、自然を単純に媒介なしに直接的に否定する文化と、もう一つ別の文化を区別せざるをえなくなると彼は考える。つまり、——現代の親族システムの起源にあって——むしろ自然をうまくかわし、インセストの禁止を回避することもあるような文化を区別するのだ。この第二のタイプの文化こそが、「自然との格闘」を開始し、科学や、人間による技術的支配や、累積的な歴史[*26]（cumulatif）と呼ばれたものを創出しうることを示したのである。したがって、近代的な親族システムや歴史的社会の観点からは、媒介なしの直接的な自然の否定は、より一般的な他性の関係の限界事例として現れてくる。ここにおいてこそはじめて、レヴィ＝ストロースの初期の研究の最終的な意味、すなわち交換と象徴的な機能の深い本性が定まる。基本構造の水準では、交換の法則が振る舞いを完全に包含するので、それは静態的な分析の対象となりがちである。人間はこうした法則をその土地固有の理論として定式化することはないが、まるで原子がそれを支配する配分法則を遵守するのと同じように、この交換の法則に従う。人類学的領野の反対の端において、つまり複合的システムにおいて、諸構造は炸裂し、配偶者を決定するに際して、「歴史的」動機付けへと開かれる。交換や象徴的機能や社会はもはや第二の自然としては、つまり第一の自然と同じくらい威圧的で、それを消し去ってしまう第二の自然としては作動しない。成員のそれぞれが、みずからの交換システムを規定するよう、うながされる。まさにその結果として、諸文化の境界はぼやけ、そうしておそらくはじめて、世界規模の文明が今日的な問題となる。この複合的人類と自然や生との関係は単純でも明確でもない。動物心理学や民族学は動物性において、人類の起源と言ったら言いすぎならば、その兆し、部分的な予兆、あるいは先取りされたカリカチュアのごときものを暴き出している。人間や社会は、厳密に言えば自然や生物学的なものの外部にあるのではない。それらはむしろ、自然の「賭け金（mise）」をかき集め、それらをまとめて危険な賭けにさらすことによって、自然や生物学的なものからみずからを区別するのだ。この転倒は莫大な利得を、まったく新しい可能性を意味するが、そこで失われるものも見定めなければならないし、またその危険を私たちは確認しはじめている。交換や象徴的な機能はその厳格さを喪失しているが、同時にその厳かな美しさも失っている。神話学や儀礼に、理性や方法が、そして生のまったく世俗的な用法が、深さを欠いた代償的な小神話をともないつつ、置き換わっている。これらすべてのことを考慮したうえで社会人類学は人間精神の収支表へと、つまりそれがどのようなものであり、どのようなものでありうるか、という問題へと向かっている……。

このように研究は、はじめは無縁なものとみえる諸事実によって豊かになり、前に進みながら新たな次元を獲得し、新たな探究によっておのれの当初の成果を再解釈するが、この新たな探究もまた、当初の成果によって引き起こされたものなのだ。おおわれる領域の広さと事実の正確な理解が同時に増大していく。このような表徴《シーニュ》に私たちは、偉大なる知的試みを認めるのである。

訳注

＊1　anthropologie sociale　レヴィ＝ストロースは一九五九年にコレージュ・ド・フランス教授となり「社会人類学」の講座を創設する。この就任にあたってメルロ＝ポンティが一九五九年三月一五日に公表した推薦文が公開されている（Maurice Merleau-Ponty, «Rapport de Maurice Merleau-Ponty pour la création d'une chaire d'Anthropologie sociale», *La lettre du Collège de France* [En ligne], Hors-série, 2008, mis en ligne le 24 juin 2010, consulté le 06 janvier 2019. URL : https://journals.openedition.org/lettre-cdf/229）。本稿は三節に分かれるが、その前半二節はこの推薦文を加筆修正したものである。

＊2　メルロ＝ポンティは『弁証法の冒険』のルカーチ論において、その物象化論を論じる過程で、資本とは「物ではなく、物によって媒介された人と人との社会的関係である」という『資本論』の言葉を引用している（邦訳四五頁参照）。

＊3　正式書名は、«Essai sur le don : forme et raison de l'échange dans les sociétés archaïques»（『贈与についての試論――アルカイックな社会における交換の形態と理由』）である。邦訳とし

て、有地亨・伊藤晶司・山口俊夫訳『社会学と人類学Ⅰ』所収、弘文堂、一九七三年、二一九―四〇〇頁、吉田禎吾／江川純一訳『贈与論』ちくま学芸文庫、二〇〇九年、森山工訳『贈与論 他二篇』岩波文庫、二〇一四年などがある。

＊4 *The Gift: Forms and Functions of Exchange in Archaic Societies*, translated by Ian Cunnison, with an Introduction by E. Evans-Prichard, London, Cohe & West, 1954.

＊5 レヴィ＝ストロース「マルセル・モース論文集への序文」、『社会学と人類学Ⅰ』所収、二五頁。一部中略がある。なお以下のモースの思想の要約はこの序文に多くを負っているのでこの序文の参照頁を記しておく。

＊6 デュルケーム『社会学的方法の規準』宮島喬訳、岩波文庫、一九七八年。「集合表象」については同書三三―三四頁参照。

＊7 Lucien Lévy-Bruhl (1857–1939) デュルケムの集合表象論を「未開《プリミティフ》」心性論に展開したことで知られるフランスの哲学者。未開心性における表象相互の「前論理的」結び付きを「融即の法則」として説明した。『未開社会の思惟（上）』山田吉彦訳、岩波文庫、一九五三年、第一部第二章を参照。

＊8 マルセル・モース「呪術の一般理論の素描」(1902)、前掲邦訳『社会学と人類学Ⅰ』所収。

＊9 前掲「マルセル・モース論文集への序文」一七―一八頁参照。「しかじかの島に住むメラネシア人」とは「いずれかの社会における誰か一人の人間の経験」を指し、「ローマやアテネ」は「空間的、時間的に局限された社会の経験」を指す。

＊10 syncrétisme 相反する教義、儀礼、慣行を結合させたり融合させたりする試みのこと。

＊11　前掲「マルセル・モース論文集への序文」四三頁。Cf. Marcel Mauss, *Sociologie et Anthropologie*, Paris, PUF, 1950, éd. 1989, p. 309.

＊12　hau　マオリ族の言葉で「物の霊、特に森の霊や森の獲物」を指し、贈り物にはハウが宿っているとされる。『贈与論』ちくま学芸文庫版三四頁、岩波文庫版九一―九二頁参照。

＊13　mana　メラネシア語やポリネシア語で、主に人間に宿る呪術的な力を指すが、モースはこれが一つの力や存在でもあるのみならず、一つの作用、資質および状態であるとし、この概念の理解しがたさを強調し（前掲「呪術の一般理論の素描」一六八頁以下）、『贈与論』ではこれが返礼を要求するものであることが強調される（ちくま学芸文庫版三〇頁以下、岩波文庫版七九頁以下）。マナは「力でありながら作用、質であって状態、同時に名詞でも形容詞でもあるもの、抽象的でしかも具体的、遍在的でかつ局部的なもの」としてモースには不可解なものであったが、レヴィ゠ストロースは、ヤーコブソンが強調した「ゼロの音素」の「象徴的価値」にあたるものとして理解することを提唱する（前掲邦訳『社会学と人類学Ⅰ』四二頁）。

＊14　signifiant flottant　レヴィ゠ストロースによれば「言語は一挙に創造され」たものであり、意味するもの（シニフィアン）と意味されるもの（シニフィエ）のあいだにはつねに不適合があって、意味するものはつねに「意味の過剰さ（un surplus de signification）」を具現する。この意味でマナのような概念は、「浮遊するシニフィアン」を表し、人間はこれを象徴的思考の法則にしたがって配分するとレヴィ゠ストロースは言う（同書三九頁以下）。

＊15　Janus　古代ローマの神。二つの頭をもった姿で現される守護神。この比喩をメルロ゠ポンティはヴァレリーから借りていると思われる。「ヤヌス――言葉はヤヌスである。〈自己〉のほう

を向き、〈他人〉のほうも向く。私に語り、〈君〉にも語る」（Paul Valéry, *Mélanges*, repris dans *Œuvres I*, Paris, Gallimard, «Pléiade», 1957, p. 324)。一九五三年の『言語の文学的用法についての研究』の講義草稿においてメルロ＝ポンティは、この一節に以下のようなコメントをつけている。「言葉への移行。／しかしながら、文学的な言葉は、他人との混濁した関係の特殊例である、ヤヌスとしての言葉は自己と他人に向けられ、したがって、あらゆる誤解、威光、呪術、自己と他人の関係の両義性のみなもとであるが、それでいて私という存在の深い必然性により連れ戻される。この関係は不可分なのだから」Maurice Merleau-Ponty, *Recherches sur l'usage littéraire du langage, Cours au Collège de France, Notes, 1953*, texte établi par B. Zaccarello et E. de Saint Aubert, Genève, MētisPresses, 2013, pp. 105–106.

＊16 レヴィ＝ストロース「火あぶりにされたサンタクロース」、中沢新一訳『火あぶりにされたサンタクロース』所収、ＫＡＤＯＫＡＷＡ、二〇一六年。ブラジルのサンパウロの雑誌 *Anhembi* にポルトガル語で出され、そのフランス語原文が一九五二年に『現代』誌（*Les Temps Modernes*, n° 77, Mars 1952）に寄稿された。レヴィ＝ストロースは、一九五一年ディジョン大聖堂前の広場で、異端者として有罪とされたサンタクロースが火あぶりにされた事件から出発して、その共時的・通時的構造の重層性を分析し、クリスマスを一つの贈与として語っている。なおカチーナとは、「プエブロ・インディアン」の習俗。「特殊な衣装を身にまとい、仮面をかぶった「カチーナ」たちは、先祖の霊や神をあらわしていると信じられている。彼らは周期的に、時を定めて村を訪れては、そこでダンスをしたり、子供たちに褒美や罰を与える」（同書三四頁）。

＊17　élémentaire　レヴィ＝ストロースの『親族の基本構造』（*Les structures élémentaires de la parenté*, Mouton, 1967. Première édition 1947. 福井和美訳、青弓社、二〇〇〇年）の試みのこと。親族の「基本構造」とは「交叉いとこ婚にみられるように、好ましい配偶者を半自動的に決定するような体系」（同書一七頁）のこと。

＊18　échange généralisé　社会の二つの下位集団のあいだの交換である「限定交換」に対して、三つ以上の集団間でサイクルが作られる交換を「一般交換」（邦訳では「全面交換」）という。

＊19　outillage mentale　「心性史」などで知られる新しい歴史を提唱した「アナール学派」の創始者のひとりリュシアン・フェーヴル（Lucien Febvre, 1878–1956）が『ラブレーの宗教――16世紀における不信仰の問題』（*Le problème de l'incroyance au XVI*^{e} *siècle : La religion de Rabelais*, Albin Michel, 1942. 高橋薫訳、法政大学出版局、二〇〇三年）で使用した概念。そこで彼はラブレーの「無神論」と呼ばれるものを言語学、心理学、宗教学、社会史などのさまざまなコンテクストに置き、その「心的用具」を明るみに出す。メルロ＝ポンティはとりわけ一九五四―一九五五年度のコレージュ・ド・フランス講義「制度化」の概念についての講義において、「歴史的制度化」の例としてフェーヴルのこの著作を取りあげ、またレヴィ＝ストロースの親族システム論を批判的に読解していた（メルロ＝ポンティ『言語と自然――コレージュ・ドゥ・フランス講義要録』四七頁）。同講義のためのメルロ＝ポンティによる講義草稿が刊行され、その内容の詳細を知ることができる（Maurice Merleau-Ponty, *L'institution, la passivité, Notes de cours au Collège de France* (*1954–1955*), préface de Claude Lefort, Belin, 2003/2015)。

＊20　James George Frazer（1854–1941）イギリスの人類学者。『金枝篇』（*The Golden Bough* :

A Study in Comparative Religion, 1890.『初版 金枝篇（上・下）』吉川信訳、ちくま学芸文庫、二〇〇三年）で知られる。その比較宗教学的研究はすべて文献学に基づく。

＊21 以下はレヴィ＝ストロースの『構造人類学』の第一一章所収の「神話の構造」（田島節夫訳、みすず書房、一九七二年）という論文の要約である。「まっすぐに歩くことの苦労」とは、オイディプスとその父と祖父の名がそうした含意を持つこと、「地下の怪物の殺害」とはカドモスによる竜の殺害とオイディプスのスフィンクスの殺害のことをさす。また「親族関係の過大評価」とは、オイディプスが母と結婚したことや、アンティゴネーの兄の埋葬などをさす。レヴィ＝ストロースは、北アメリカの神話においても、大地から生まれた人間が、出現したときには、まだ歩けないか、あるいはうまく歩けないという主題があらわれることを指摘し、オイディプス神話との連関を示唆している。

＊22 前注の論文でレヴィ＝ストロースは、フロイトをオイディプス神話の資料の一つに数え、「各神話をそのすべての話形の総体によって定義すること」を提唱する（同書二四〇頁参照）。

＊23 Niels Bohr（1885–1962） デンマークの物理学者。メルロ＝ポンティはその量子力学における（たとえば粒子と波動の）「相補性」という概念をしばしば借用している。

＊24 Nikolaï Troubetzkoy（1890–1938） プラハ学派に属するロシアの言語学者。形態音韻論を研究した。著書に『音韻論の原理』（長嶋善郎訳、岩波書店、一九八〇年）がある。

＊25 複合構造とは、「経済機構や心理機構が結婚相手を選択するメカニズム」を与えるシステムのことである。すでに『親族の基本構造』の結論でこの「複合構造への移行」が予告されていたが、実際にはこの計画は放棄され、レヴィ＝ストロースの関心は神話論理の分析にむかう（渡辺

公三『闘うレヴィ＝ストロース』平凡社新書、二〇〇九年、一三三—一四三頁参照）。

＊26 一九五二年に刊行された「人種と歴史」（渡辺公三・三保元・福田素子訳、『人種と歴史・人種と文化』所収、みすず書房、二〇一九年）の「停滞的歴史と累積的歴史」という節（同書五五頁以下）においてレヴィ＝ストロースは、西欧社会を過去の成果のうえに立つ「累積的歴史」と規定したうえで、「停滞的歴史」とみえる社会はあくまで累積的歴史の視点にとって「意味」がないとみえる歴史にすぎないことを、相対性理論を援用して語っている。

哲学者とその影

伝統とは諸起源の忘却である、[*1] と晩年のフッサールは語っていた。私たちは彼に多くのものを負っているからこそ、いったい何が彼のものなのか、正確に見きわめることができないままでいる。その企てがこれほどまでに大きな反響《エコー》を呼び起こした哲学者、それも彼自身が身を置いていたところから、これほど遠くにまで反響を呼び起こしたようにも思われる哲学者に対しては、どんな追悼も裏切りとなってしまうだろう。つまり、そんな権利などありもしないのに、自分の考えに基づいてごく表面的な賛美をすることで、フッサールに権威付けてもらおうとすることもある。――あるいは反対に、距離を示すものともなりうる尊敬の念とともに、フッサールの思想を、彼自身が望んで語ったことに厳格に切り詰めすぎてしまうこともある……。だがこのような困難は、「自我《エゴ》」の間のコミュニケーションにまつわる困難にほかならない。フッサールはそれをよくわきまえており、彼自身がこの困難に立ち向かう算段を残してくれている。すなわち、私は他人から自分自身を借り、私は自分自身の思考で他人を作り上げる。だがこれは他人の知覚の失敗ではなく、これこそが他人を知覚することなのだ。他人というものがまず、事物のような正面的な明証性としてではおそらくなく、むしろ私たちの思考を横切るようなかたちでそこにおり、私たちの内において、まるでもう一人の私自身のように、他人にのみ所属するある領域を保持していたのでないとしたら、私たちはわずらわしい注釈を浴びせることも、客観的に証明されたことだけに他人をけちくさく切り詰めてしまうこともないだろう。「客観的な」哲学史は、偉大な哲学者たちを彼らが他者に思考せしめたことによって切り刻んでしまうし、対話を装った省察は、そこで私たちが質疑応答しているようなものだ。だが両者のあいだには中間領域がある。そこでは語られる哲学者と語っている哲学者がともにいて、それぞれに所属するのが何なのかをそのたびに判定するのは、たとえ権利の上のことだとしても、できはしないのである。

　解釈というものは変形するか、あるいは文字通りに受け取るかどちらかだとひとが思いがちなのは、作品の意味が完全に肯定的《ポジティフ》なものであると考え、そこにあるものとそこにないものとを区分けする目録を、権利の上でならば作ることができると思うからだ。だがそれは作品に対しても、また思考することに対しても誤解である。ハイデガーはおよそ次のように記している。「思考することが問題になるとき、作られた作品――これは著作の広がりや数とはまったく一致しないが――が偉大であればあるほど、その作品において思考されていないもの（impensé）が、つまり、この作品を通して、そしてそれのみを通して、まだけっして思考されていないものとして私たちに到来するものはますます豊かになるのである」[1]。フッサールが生涯を終えたとき、彼によって思考されていないものがあった。これはたしかにフッサールのものでありながら、別のものへと開かれている。思考とは、思考対象を所有することではなく、思考すべき領域、つまり私たちがまだ思考していないことを、思考対象によって区切ることなのである。知覚世界は事物のあいだの反射や影や水準や地平によってしか保たれない。これらは事物ではないが無でもなく、それどころかこれらこそが、同じ一つの事物や世界において、可能な変様の領野を確定するのである。

――それと同じように、ある哲学者の作品や思考は、語られた事柄相互のある種の接合（articulation）から成り、これらの語られた事柄については、客観的解釈と恣意的解釈のジレンマはない。というのもこれらは思考の対象ではなく、分析的な観察や孤立させる思考にゆだねられると、影や反映のように崩れてしまうからであり、もう一度思考し直すことによってのみ、それらに忠実に付き従うことができ、それらをふたたび見いだすことができるからである。

私たちは、いくつかの古いページの余白に、このフッサールによって思考されていないものを呼び起こしてみたいと思う。フッサールの日常の会話も知らず、その教えさえも受けていない者がそのようなことをするのは無謀にみえるだろう。しかしながらこうした試みは、他のアプローチとは別の意義をもつだろう。なぜなら、眼に見えるフッサールを知っていた人にとっては、作品とのコミュニケーションの困難に、著者とのコミュニケーションの困難が加わるからだ。ある種の思い出は、会話的な挿入や短絡的な表現を理解するのを助けてくれる。だが別の思い出は、「超越論的な」フッサール、つまり現在哲学史におごそかに定着しているフッサールを覆い隠してしまうだろう。——それは虚構《フィクシオン》ではなく、むしろそれこそが人生から解放されたフッサール、仲間たちとの対話や、その遍時間的な(omnitemporel)大胆さへと連れ戻されたフッサールだからだ。私たちにとって近親者がそうであるのと同じように——そこに天才にふさわしい魅惑と失望の力が加わって——、生身のフッサールは彼を取り巻く人々をけっして休ませてはくれなかっただろうと思う。思考の連続的な生誕に立ち会い、それを毎日のように待ち構え、それが客観的なものになり、さらには伝達可能な思考として存在するのを助けるという、驚くべき非人間的な営みこそが、しばしのあいだ彼らの哲学的な生の全体を占めていたことだろう。そのようなことの後で、フッサールの死と彼ら自身の成長によって、成人の孤独に連れ戻されたとき、かつての彼らの省察の十全な意味をふたたび見いだすことは、およそ容易なことではないだろう。――フッサールに従ったり逆らったりしながら、しかしいずれにせよフッサールから出発しておこなっていた、かつての省察を見いだすのは。彼らはおのれの過去を経由してそれと合流する。この道のりは、作品を通した道のりより短いだろうか。まず哲学のすべてを現象学に入れ込んでしまったために、彼らは今では自分の若い時期に対するのと同じように、現象学に対しても厳しくなりすぎるおそれはないだろうか。[*2] そうしてある現象学的なモティーフを、その起源における偶然性や経験的な謙虚さにおいてそうであったものに矮小化してしまうおそれはないだろうか。そうした現象学的なモティーフは、関与しない傍観者[*3]にとってはその起伏《レリーフ》ある姿をそっくりそのままとどめているというのに。

＊　＊　＊

現象学的還元という主題を取り上げてみよう。――周知のとおり、この主題はフッサールにとって謎めいた可能性であり続け、彼はそこにたえず立ち返っていた。フッサールは現象学の基礎をたしかなものにすることができなかったなどと言ったら、彼が何を求めていたかについて、誤解することになるだろう。還元の問題はフッサールにとって前提条件でも序説でもない。それは探求のはじまりであり、ある意味では探求のすべてである。というのも、彼が言うように、探求とは連続的な端緒だからだ。フッサールが不都合な障害に困惑しているなどと思い込んではならない。障害を見きわめることは彼の探求の意味そのものである。その「成果」の一つは、「私たち自身への回帰の運動」——聖アウグスティヌスは「私たち自身へ帰れ」*4と言っていた——が、それが引き起こす逆向きの運動によっていわば引き裂かれているということだ。ヘーゲルにとって絶対者を定義する「自己に還帰すること」と「自己から出ること」の同一性*5をフッサールは再発見する。フッサールが『イデーンI』で言っているように*6、反省するということ、それは反省されないものを遠隔的に（à distance）開示することである。遠隔的に、というのは、私たちはもはや、素朴なかたちで、反省されないものではないからだ。——にもかかわらず私たちは反省そのものによってその概念をもつのだから、反省が反省されないものに到達することを疑うこともできない。だから反省を問い糾すのは反省されないものではなく、反省がおのれ自身を問い糾すのである。なぜならば、反省による取り上げ直しや所有や内面化や内在の努力は、その定義からして、すでに与えられた終極に対してのみ意味を持つが、この終極はそれを求めようとするまなざしの下で、おのれの超越へと引き退いてしまうからである。

だからフッサールが還元に対して矛盾した特徴を認めたとしても、それは偶然でも素朴なことでもない。彼はそのようにして、自分が言いたいこと、つまり事実上の状況が課してくることを語ったのだ。私たちこそ、真理のもう半分を忘れてはならない。つまり一方で、還元は自然的態度を乗り越える。それは「自然に即して（natural）」[2]はいない。ということはつまり、還元を受けた思考は、自然科学の意味での〈自然〉をもはや見ることはなく、ある意味では「〈自然〉の反対物」[3]を、すなわち、「自然的態度を構成する諸作用の純粋な意味」[4]としての〈自然〉を見る。――この場合に〈自然〉はノエマになる。〈自然〉はつねにノエマであったのだ。〈自然〉は、それをつねに隅から隅まで構成してきた意識に組みこまれ直す。「還元」の体制の下では、もはや意識とその作用と志向的対象しかない。だからこそフッサールは、〈自然〉は精神に対して相対的だとか、〈自然〉は相対的だが精神は絶対者だと記すこともできたのだ[5]。

だがこれが真理の全体ではない。精神なき〈自然〉などなく、思考上では、精神を抹消することなしに〈自然〉を抹消できるからといって、〈自然〉が精神の産物であるということではないし、この二つの概念をいかに繊細に結合したからといって、存在における私たちの状況の哲学的表現を与えうるわけではない。〈自然〉なき精神を考えることはでき、精神なき〈自然〉を考えることはできない。とはいえ、私たちは〈自然〉と精神の分岐に基づいて、世界や私たち自身を思考すべきではないだろう。現象学のもっとも有名な記述が「精神哲学」とは異なった方向に向かうことはたしかなのだ。還元は自然的態度を乗り越えるとフッサールが言うのは、その乗り越えが「自然的態度の世界全体」を保存するとすぐさま付け加えるためである。「還元を受けた」意識のまなざしに対しても、世界の超越そのものは意味を保つはずだし、超越論的内在はたんにそのアンチテーゼなどではありえない。『イデーンII』以降、反省が私たちを閉じられた透明な環境に閉じこめることはしないこと、少なくとも直接には「主観的なもの」から「客観的なもの」へと移行させはしないこと、反省の機能はむしろ、こうした区別が不確かになるような第三の次元の開示にあること、こうしたことが明らかになるように思われる。たしかに、ある「私（je）」はあって、それはあらゆる事物を残りなく把握し、眼前に繰り広げ、「客観化」し、その知的所有を獲得するために、「無関心」なもの、純粋な「認識者」となる。——そうして純粋に「理論的態度」として、「生まれつつある状態にある存在についての知を供給しうるような諸関係を見えるようにする」[6]。だがこの「私」は哲学者ではなく、この態度は哲学ではない。それは〈自然〉科学だ。——より深い次元ではこれはある種の哲学であり、そこから〈自然〉科学が生まれるような哲学、純粋な〈私〉に回帰し、そしてその相関者である「たんなる諸事象」[*7]（bloße Sachen）へと、すなわちあらゆる実践的な述語やあらゆる価値述語をはぎ取られた事象へと回帰する哲学なのだ。『イデーンII』以降、フッサールの反省は、純粋な主体と純粋な事象のこうした差し向かいを回避するようになる。その下、に根本的なものを求めるのだ。フッサールの思考が別の場所に向かったというのでは言い足りない。主体と客体の純粋な連関を無視するのではなく、それを敢然と乗り越えるのだ。というのも、フッサールの思考はこの連関を相対的には根拠付けられたもの、つまり、派生的であるかぎりで真実なものとして提示し、構成的な結果として提示しているからだ。そうしてこの構成的な結果を、それなりの地位と時期において、あえて正当化することに着手するのだ。

だがいったい何から始めて、どのようなより深い審級を前にして、そうしようというのだろうか。「たんなる諸事象」の存在論が誤っているのは、純粋理論（あるいはイデア化）の態度を絶対化し、存在との関係を見逃し、自明視するからだ。この存在こそが、その関係を基礎付け、その価値を測っているのに。この自然主義に比べるならば、自然的態度はより高度な真理を備えている。この真理をこそ再発見しなければならない。それはおよそ自然主義的ではないからだ。すべての反省に先だって、会話や実生活の営みにおいて、私たちは自然主義が説明できない「人格主義的態度」*8をとっている。そのとき事物は即自的な自然ではなく、「私たちの環境《ミリウ》」(7)である。私たちのこのうえなく自然な生は、即自態とは異なる存在論的環境を志向する。だからこの環境は、構成的順序からみるならば、即自態の環境からは派生し得ない。自然的態度において、事物に関してでさえ、理論的態度がそれについて語りうるよりもはるかに多くのことを、私たちは知っている。――そしてとりわけ、別の仕方で知っているのである。反省は、世界との私たちの関係を一つの「態度」として、つまり「諸作用」の総体として語る。だがそれは事物においてすでに前提されてしまっている反省、自分自身より先をみない反省にすぎない。フッサールの反省は、普遍的な取り上げ直しを試みながらも、反省されないもののうちに、「あらゆる定立の手前にある総合」(8)があることに気づいている。自然的態度が真に一つの態度――判断作用や命題論的な作用――になるのは、自然主義的な定立になってしまうときだけである。それ自身は自然主義に向けられる苦情からは免れている。なぜならば、それは「あらゆる定立以前」にあるからであり、あらゆる定立以前の世界定立(*Weltthesis*)――フッサールが別のところで言う原初的な信念や根源的な臆見[*9](*Urglaube, Urdoxa*)――の謎だからだ。この世界定立は、たとえ権利の上においても、明晰判明な知の用語に翻訳できず、あらゆる「態度」やあらゆる「視点」よりも古いものとして、世界の表象ではなく、世界そのものを与えてくれる。世界へのこのような開けを、反省は、おのれがそれに借りている力を使いでもしないかぎり「乗り越える」ことなどできはしない。私たちの定立の領域から派生するものではないような、世界定立の領域には固有な明晰さや明証性があるのであり、まさに臆見《ドクサ》の薄明かりのうちでは隠されてしまうような世界の開示があるのだ。現象学的反省は自然的態度において始まるとフッサールが口を酸っぱくして言うとしても——彼は『イデーンII』でもそれを繰り返し、「たんなる諸事象」の身体的・間主観的な含蓄についておこなった分析を、構成されたものへと投げ返しているのだが[9]——、それはたんに知に到達する前には臆見から始めたり臆見を経由したりしなければならないということを言い換えたものではない。自然的態度の臆見は根源的臆見(Urdoxa)であり、理論的意識の根源に対して、私たちの実存の根源を突きつけるものであり、その優先性は決定的で、還元を受けた意識はそれを説明しなければならない。実のところ、自然的態度と超越論的態度の関係は単純ではなく、それらは偽や見かけと真実のように、並置されたり、入れ替わったりするものではない。自然的態度こそが、おのれの歩みをたえず再開しながら、現象学へと移行するのである。——だからそれは乗り越えられない。それに対して超越論的態度のほうはいまだなお「自然的」[10](natürlich)であり続ける。自然的態度の真理がある——それは自然主義の、二次的で派生的な真理なのだ。「心の実在性は身体的物質のうちに土台付けられているが、しかし逆にこの身体的物質は心のうちに土台付けられてはいない。より一般的には、物質的世界は、自然と呼ばれる客観的世界の内部において、一個の自己完結的な固有な世界であり、それは他の実在の支えを必要としない。それに対して、精神的な実在の存在、つまり実在的な精神世界存在は、最初の意味での、つまり物質的自然という意味での自然の存在に結び付いており、しかもそれは偶然的な根拠からではなく、原理的な根拠からしてそうなのである。私たちが res extensa〔延長するもの〕の本質を問うならば、それはなんら精神に由来するものを含んではおらず、媒介的に〔über sich hinaus〔それ自身を越えて〕〕実在的な精神との結合を要請するようなものは何も含んではいないが、逆に、実在的な精神は本質的に、身体の実在的な精神として、物質性に結び付いてしか存在することはできないと思われる」[11]。この一節を引用したのは、〈自然〉の相対性と精神の非相対性を強調し、〈自然〉の充足を破壊してしまう他の節と釣り合いをとるためにほかならない。ここでは自然的態度の真理があらためて強調されているからだ。結局のところ現象学は唯物論でも精神哲学でもない。それに固有の操作は、前理論的な層を開示することであり、そこでは二つのイデア化が相対的な権利を受け取りながら、乗り越えられるからである。

私たちの定立と理論の手前にある秘密中の秘密である、この下部構造のほうは、いったいどのようにして絶対的な意識の諸作用に基づくことができるだろうか。私たちの「始源学《アルケオロジー》〔考古学〕」[*10]の領域へと下降することによって、私たちの分析の道具は無傷のままではおられないのではないか。ノエシス、ノエマ、志向性といった概念や、私たちの存在論をまったく変化させないことがあるだろうか。私たちは以前のようにこれからも、諸作用の分析論のうちに、私たちの生や世界の生を最終的に支えているものを求めることはできるだろうか。周知のとおりフッサールはこうしたことにけっして十分な説明を与えることはなかった。いくつかの言葉だけがあり、それが問題を指し示す指針――思考すべき思考されないものを示す指針――となっている。まずは「あらかじめ与えられているもの[12]」を説明すべき「理論以前の構成[13]」という言葉がある。「あらかじめ与えられているもの」とは、世界と人間がその周りを回るような、意味の核のことであり、それについては（フッサールが身体について言っているように）、私たちにとって「すでに構成されている」とも、「けっして完全には構成されない[*11]」とも、どちらとも言えてしまうのである。――要するにあらかじめ与えられているものに対して、意識はつねに遅れているか先んじているかなのであり、けっして同時的（contemporain）になることはない。おそらくこうした特異な存在を念頭に置きつつフッサールは、意味や本質の範例として内容を把握すること（Auffassungsinhalt-Auffassung als...[*12]（「統握内容」-「……として統握すること」［という関係］））によって行なわれるものではないような構成を語り、そしてまた、人間的な作用の志向性よりも古く、時間を生気付けるような、機能しつつある潜在的な志向性[*13]について語ったのだ。私たちにとってなくてはならないのは、意識の遠心的な活動による存在にはいまだ支えられていないような諸存在であり、意識が自発的に内容に付与するのではないような意義であり、意味に斜行的に（obliquement）参与し、それに合一することなくそれを指示するような内容、そしてそこにおいて定立的な意識のモノグラムや刻印[*14]としては、いまだ読解可能ではないような意味なのである。志向的な糸が、それを支配するなんらかの核の周りに集合することはあるが、私たちをさらにより深いところに連れて行く一連の遡及的指示[*15]（*Rückdeutungen*）は、ノエマを知的に所有することで完成することはない。一連の秩序だった手続きはあるだろうが、それには終わりもなければ始まりもない。絶対的な意識の渦ばかりではなく、フッサールの思考は〈自然〉の此性[*16]にも引きつけられている。両者の関係を示す明白なテーゼが見つからないので、私たちに残されているのはフッサールが示してくれる「前理論的構成」のさまざまな見本に問いかけてみること、そしてそこに窺うことのできる思考されないものを――自分たちの責任で――言葉にしてみることだけである。超越的な〈自然〉すなわち自然主義の即自と、精神やその作用やノエマの内在性のあいだには、疑いもなく何かがある。この中間（entre-deux）に向かってこそ歩みを進めなければならない。

＊　＊　＊

『イデーンⅡ』は「客観的な物質的な事物」の下に、諸含蓄の網目を明るみに出した。

そこで構成意識の脈動はもはや感じられない。私の身体運動と、それが開示する事物の「属性」のあいだの関係は、「私はできる[*17]（je peux）」とそれが引き起こしうる驚異との関係である。しかし私の身体そのものも、見える世界にかみ合わされていなければならない。つまり私の身体がその能力を備えているのは、まさにある場所をもっていて、その場所から見る、ということに基づくのである。だからそれは一つの事物ではあるが、私が住み込んでいる事物である。それは主体側にあると言ってもよいが、事物の場所性とも無縁ではない。身体と事物のあいだの関係は、絶対的なことそこ、距離の起源と距離との関係である。身体は私の知覚能力が局在化される領野である。だがこの能力と身体との結び付きが客観的な共変動でないとしたら、どのようなものなのだろうか。フッサールは言う、もし蒸気機関車がタンクいっぱいに給水されたら意識が満腹感を感じ、ボイラーに火が入れられたら熱さを感じたとしても、蒸気機関車がこの意識の身体だとは言えないだろう[14]。だとすると、私の身体と私のあいだには、機会的因果性の規則性以上の何があるのだろうか。身体を私と事物の紐帯[*18]たらしめるような、私の身体のそれ自身との関係があるのだ。私の右手が私の左手に触れるとき、私はそれを「物理的事物」として感じるが、同じ瞬間に、もし私が欲するならば、驚くべき出来事が生じる。私の左手もまた私の右手を感じ始め、それは身体となり、それは感覚する[15]（*es wird Leib, es empfindet*）。物理的事物が生気付けられる。――より正確には、それはかつてのままであり、この出来事によって豊かになるわけではないが、ある探索能力が物理的事物に据え付けられ、それに住み込むのである。だから私は触れつつある私に触れ、私の身体は「一種の反省」[*19]を果たす。私の身体において、そして私の身体によって、感覚する者（celui qui sent）から、身体が感覚するもの（ce qu'il sent）への一方通行的な関係だけがあるわけではない。関係は逆転し、触れられる手は触れる手となり、そうして触覚は身体に拡散し、身体は「感覚する事物」「主体－客体[16]（sujet-objet）」だと私は言わざるをえなくなる。

　しっかり確認しなければならないのは、この記述が私たちの事物や世界についての観念をくつがえすこと、感覚態《サンシーブル》[*20]の存在論的な復権にいたるということである。というのも、以後私たちは文字通りに、空間それ自体が私たちの身体をとおしてみずからを知る、と言うことができるからである。主体と客体の区別が（そしておそらくノエシスとノエマの区別も？）私の身体において乱されるとしたら、それは私の身体の作動の極、〔あるものが同定されて〕その探索が終わる終極である事物においてもそうだろう[17]。事物は身体と同じ志向的な生地に織り込まれているからである。知覚された事物は「そのものとして（en personne）」あるいは「その肉において〔有体的に〕（dans sa chair : leibhaft）」把握されると〔フッサールは〕言うが、これを文字通りに受け取らなければならない。感覚態の肉、探索を押しとどめる稠密な肌理《きめ》、探索を終わらせる最適状態などは、私たち自身の肉化を反映するものであり、その対応物なのだ。ここには、比類のない存在のあり方、固有の「主体」と「客体」をともなった比類のない世界があり、「主体」と「客体」の相互の接続があり、そして、感覚的な経験のあらゆる「相対性」にとっての「非相対的なもの」の決定的な規定がある。この「非相対的なもの」こそが認識のあらゆる構築にとっての「権利根拠」なのだ[18]。およそいかなる認識や客観的な思考も、私が感覚したという最初の事実から由来する。たとえばこの色であれ何であれ、問題になる感覚態によって、私のまなざしを一挙に停止させつつ、かぎりのない（indéfini）一連の経験をも約束してくれるような特異な存在は、事物の隠れた諸側面の可能態がいまや実在として凝結したものであり、一度で与えられる持続の流れなのだが、このような特異な存在を私がもった、という最初の事実に、あらゆる認識や客観的思考は由来する。私の探索の諸契機や、事物のさまざまな側面を結び付け、そしてこの二つの系列を相互に結び付ける志向性は、〔カント的な〕精神的な主体の結合の活動ではなく、対－象（ob-jet）の純粋な連結でもなく、肉的な主体としての私が、運動のある位相から別の位相への移行を遂行するということにほかならない。このような移行が私にとって原理的に可能なのは、私が身体とよばれる、知覚と運動の動物[*21]であるからである。たしかにここには一つの問題がある。志向性というものが、もはや精神によって、感覚的物質を本質の範例として把握すること、私たちが置いたものを事物において再認することでないとしたら、いったいそれは何になるのだろうか。ましてやそれは、超越的なあらかじめの秩序付けや目的論、あるいは、デカルト的な意味で、私たちの内で私たちなしに働く「自然の設定」[*22]といった、外から課せられた機能ではありえない。もしそうだとしたら、感覚態の次元を、客観的な企図の世界や計画の世界から区別しようとした瞬間に、そこにふたたび組み入れてしまうことになるだろう。――つまり感覚態の次元は遠隔的な存在（*être à distance*）であること、今ここにおいて、汲み尽くしがたい豊かさが閃光のように証されることであること、事物は私たちの前でわずかに開いており、開示されていると同時に隠されたものであることを忘れてしまうことになるだろう。世界を一つの目的とみなしたとしても、観念とみなしたとしても、このようなことすべてはうまく説明されない。解決は――もし解決があるとしたらの話だが――、この感覚態の層に問いかけること、あるいはその謎に慣れ親しむことでしかありえないだろう。

私たちはまだデカルト的な「たんなる諸事象」からは遠いところにいる。私の身体に対する事物は「独我論的な」事物であり、まだ事物そのものではないからだ。それは私の身体の文脈《コンテクスト》にとらわれており、私の身体そのものはその縁や周縁においてしか事物の秩序には属さない。世界はまだ自分に対して閉じてはいない。身体が知覚する事物が真に事物たりうるとしたら、それは事物が他者たちによっても見られていること、その名に値するすべての観察者によって推定上は見えるものであるということを、私が学んだときだろう。だから即自態は他人の構成の後にしか現れない。だがそこからなお私たちを隔てる構成的手続は、私の身体の開示と同種のものである。後に確認するが、それは私の身体において現れていた普遍を利用するのだ。私の右手は私の左手における能動的な触覚の到来に立ち会っていた。私が他人の手を握ったり、たんにその手を見たりしているときに、他人の身体が私の面前で生気付けられるのも別のやり方で起きるわけではない[19]。私の身体が「感覚する事物」であり、刺激に反応するもの[*23]（reizbar）であること――私の「意識」のみならず私の身体がそうであること――を学び知ることによって、私は別のアニマリア[*24]があることと、そして可能性としては他の人間もありうることを理解するのである。そこにあるのは、比較でも類比でもなく、投影でも「投入[20]」でもないことは確認しておかなくてはならない。他の人間の手を握ったときに、彼がそこに存在すること（être-là）の明証性を私がもつのは、その手が私の左手に置き換わり、私の身体がこの「一種の反省」において他人の身体を併合するからである。そして逆説的なことに、この「一種の反省」は私の身体に位置しているのだ。私の両手が「共現前」し「共存在する」のは、それらが唯一の身体の手であるからだ。他人はこの共現前の延長に現れる[21]。他人と私とは唯一の間身体性（intercorporéité）の二つの器官であるかのようだ。フッサールにとって他人経験は「感官論的」[*25]であり、またもし他人が実際に存在するならば、つまり、たんに理念的な終極として存在するのでもなく、また私の客観的身体や他人の身体と私が取り持つ関係を補塡する、第四の比例項として存在するのでもないとすれば、まさにそうあるべきだ。私がまず知覚するのはもう一つ別の「可感性（Empfindbarkeit）」であり、そこから出発してのみもう一人の人間やもう一つの思考を知覚する。「そこにいる人は見たり聞いたりしている。そして彼自身の諸知覚に基づいて、可能なすべての形式に従って、あれこれ判断や評価や意欲をしている。そこにいる人の「内で」、「我思う」が顕現するということは、身体と身体的な出来事に基づき、〈自然〉の因果的 - 実体的な連関に決定される、ひとつの自然な事実（Naturfaktum）である[22]（……）」。

どのようにしたら身体の共現前を諸精神にまで延長できるのか、それは自己への還帰によるのではないか、そうすると投影や投入が呼び戻されるのではないかという疑問をもつ人もいるだろう。「可感性（Empfindbarkeit）」や感覚的領野が、意識や精神を前提としていることを学ぶのは、私の内においてではないか、というわけだ。だがまずこの反論は、他人というものが、私が自分自身にとって精神であるというのと同じ意味で、私にとって精神であることを前提としている。だが結局のところこれほど不確かなことはない。他者たちの思考はけっして私たちにとって完全に一つの思考であることはない。さらにこの反論は、もう一つの精神を構成することがいま問題になっていることを含意しているようだが、構成するものそれ自身が、この段階では生気付けられた肉でしかない。構成するものが語ったり聞いたりするようになる瞬間まで、同じように語ったり聞いたりする他者の到来(avènement)を留保しても、まったく支障はない。――またこの反論がとくに見逃しているのは、まさにフッサールが言おうとしたことだ。すなわち、精神にとっての精神の構成はなく、人間にとっての人間の構成があるのだということを。見える身体がもつ特異な雄弁さの効果によって、*Einfühlung*[*26]〔感情移入、自己移入〕は身体から精神へと向かう。はじめての「志向的越境」[23]によって、もう一人別の探索者、もう一つ別の行動が私に現れるとき、なんであれあらゆる可能性とともに私に与えられるのは、ひとまとまりの人間である。そして私は、おのれの肉化した存在において、この人間が存在するという疑いえぬ証拠をこっそりと保持しているのだ。厳密に言って私はけっして他者の思考を思考できない。他者が思考していることは思考できるし、このマネキンの背後に、私の自己現前をモデルに自己現前を構築することはできるが、私が他者の内に置くのはいまだ私であり、そのときまさに「投入」が行なわれてしまう。それに対し、そこにいる人間が見ていること、私の感覚的世界が彼のものでもあること、このことを私は議論の余地なく知っている。なぜなら私はその人間の視覚に立ち会い、その人間の目がその光景にとらわれていることにおいて、その視覚が見られるからである。そしてまた、「私はその人間が見ているということを見ている」と私が語るとき、「私はその人間が思考しているということを思考する」という場合のようには、二つの命題が相互に入れ子状になることはなく、「主となる」視覚〔私は見ている〕と「従属する」視覚〔その人間が見ている〕が相互に脱中心化するからである。私に似ているある形態がそこにあった。だがそれはひそかな課題に没頭し、未知の夢想にとりつかれていた。そのとき突然、ほのかな光がその目の少し下、少し前に現れた。まなざしが上を向き、私が見ているものそのものを捉えようとする。私のかたわらで知覚と運動の動物に支えられていたものすべて、私がそれについて構築できるであろうことすべて――そしてまた私の「思考」も、ただし私の世界への現前のひとつの変様としての私の「思考」もまた――、突如として他者の内に崩れ落ちる。〔そのとき〕私はマネキンではなく、ひとりの人間がそこにいると語る。テーブルへのパースペクティヴやその見かけではなく、テーブル〔そのもの〕がそこにあることを見るのと同じように。もちろんのこと、私が私自身人間でなかったら、その人間を認めることはないだろうし、私が思考という絶対的な接触をもっていなかったら（あるいはそれを私自身とともにもっていると信じていなかったら）もう一つのコギトは私の眼前に現れないのはたしかである。だがこうした不在〔「ない」〕の一覧表は、包括的にいま生起したばかりの出来事を表すものではなく、他人の到来から派生する部分的な連関を記しているだけであって、他人の到来を構成するものではない。およそいかなる投入も、それによって説明しようとすることを前提としている。もし他人の内に私が入れなくてはならないものが私の「思考」だとするならば、けっして入れることはできないだろう。私のコギトのもつ説得力のすべてが、私が私であるということに基づいているとしたら、どのような見かけであれ、そこに一つのコギトがあると私に説得するだけの力をもっていないだろうし、転移を動機付けることもないだろう。他人が私に対して存在しなければならないとしたら、それはまず思考という次元よりも下においてでなくてはならない。そこでは事物は可能である。というのも、世界への知覚的な開けは、所有というよりは剝奪であって、存在を専有することを要求せず、諸意識の死をかけた闘争を開始したりはしないからである。私に知覚された世界や、私の眼前になかば開かれた事物は、それらの厚みのうちに、一人以上の感覚主体の「意識状態」を供給するのに十分なたくわえをもっており、そこには当然のように私以外の多くの証人がいる。ある行動が、すでに私を越えている世界の内に描き出されるとき、それは原初的存在に加えられたもう一つの次元にすぎないが、この原初的存在はすべての次元を備えている。だから「独我論的」層においてすでに、他人は不可能ではない。なぜなら感覚的事物が開かれているのだから。他人が現働的《アクテュエル》なものになるのは、ある別の行動やまなざしが私の事物を占有するときであり、このこと自体がなされるとき、つまり、私の世界にもう一つ別の身体性が接続されるときに、投入はない。なぜなら、私の感覚態は、その外観《アスペクト》、布置、その肉的な肌理《テクスチャ》によって、一つの身体にゆだねられ、私の身体性を存在の試練となすことにおいて、まさに事物であるかぎりの事物という奇蹟をすでに実現していたからだ。人間は、「思考」では作り上げることができない他我（alter ego）を作り上げることができる。なぜなら人間は世界に向かってみずからの外におり、一つの脱-自（ek-stase）は他の脱-自と共可能だからだ。そしてこの可能性は、生《なま》の（brut）存在と一つの身体の紐帯として、知覚において成就される。*Einfühlung*（感情移入、自己移入）の謎のすべては、「感官論的な」初期段階にあるのであり、この謎が解決されるのはそれが知覚であるからだ。他の人間を「定立」するのは知覚する主体であり、他者の身体は知覚された事物であり、他者そのものもまた「知覚するもの」として定立される。それはつねに共-知覚（co-perception）である。私がそこにいる人間が見るということを見るのは、私が私の右手に触れつつある左手に触れるのと同様である。

　Einfühlung の問題は、私の肉化の問題と同じように、感覚態についての省察に通じる、あるいは、そこに移し置かれると言ってもよい。もっとも厳密な意味で私的な私の生にお

いて私に予告されるものである感覚態は、みずからのうちにおいて、他のすべての身体性に響き渡っている。それはもっとも秘められたところにおいて私に到達するものだが、私のほうは、世界と他者たちと真なるものの秘密を握っている現前の絶対性において、生《なま》のあるいは野生の状態に到達するのだ。そこには「ただたんに一個の主観にとって原的に現前しうるだけではなく、理念的には他のすべての主観にとっても（それらの対象が構成されるやいなや）原的に現前して与えられうる」「諸対象」がある。「原的に現前して与えられうる諸対象の全体は、相互にコミュニケーションの可能なすべての主観にとって共通の原的現前の領界を形成しており、この全体が第一の根源的な意味での自然である[24]」。おそらくこの一節ほどうまく、フッサールの反省の二重の方向、すなわち本質の分析論と実存の分析論という二重の方向が確認される箇所はないだろう。というのも、一個の主観に与えられているものが原理的にまったき他者にもあたえられているのは「理念的に（idealiter）」であるが、この本質的関係によって担われている明証性と普遍性が生じるのは、感覚態の「原的な現前」からだからだ。もし疑問に思うならば、フッサールが以下のようにほのめかしている驚くべき数頁を読んでほしい[25]。彼は言う。たとえ絶対的に真なる存在を、絶対精神に連関するものとして定立したいと思ったとしても、それがその名に値するものとなるためには、私たち人間が存在と呼ぶものとなんらかの関係を持つ必要があるだろうし、絶対精神と私たちは、相互に理解し合わなければならないだろう。二人の人間のあいだでも「ある人が見ている事物と別の人が見ている事物が同じ事物であるのを認識するのは、両者が相互に理解することによってのみ可能になる」[26]のと同じように。そして「私たちの現象が、人間同士のあいだで交換しうるのと同じように」、絶対精神も「それと私たちのあいだの相互的な理解によって――あるいは少なくとも一方の側からのコミュニケーションによって――交換しうるような、感覚的な現出を通して」事物を見なければならないだろう。そしてさらに「絶対精神もまた身体をもたなければならず、したがって感覚器官にも依存することになるであろう」。もちろん、世界や私たちの内には、厳密な狭い意味での感覚的なものだけではなく、それ以上のものがあるのはたしかだ。〔たとえば〕他者の生そのものは、その行動とともに私には与えられない。他者の生そのものに到達するには、私は他者それ自身でなくてはならないだろう。このことと相関して、私がいかに、自分が知覚しているものにおいて存在そのものをとらえていると主張したとしても、他者の目から見れば、私は私の「表象」に閉じこめられているだろうし、私は他者の感覚的な世界の手前にとどまり、したがってそれを超出してしまっている。だがこのように考えるのは、私たちが感覚態や〈自然〉について、劣化した概念を使用してしまっているからだ。カントは〈自然〉とは「諸感官の対象の総括[27]」だと言った。フッサールは感覚態を、生《なま》の存在の普遍的形式として再発見する。感覚態とはたんに事物ではなく、たとえその凹みとしてであれ、そこに描き出されるものすべてでもある。またそれは、そこに痕跡を残すものすべて、たとえ偏差としてでさえ、またある種の不在としてであれ、そこに現れるものすべてのことでもある。「根源的な意味で経験によってとらえうるもの、すなわち原的な現前のうちに与えられうる存在（das urpräsentierbare Sein）が、存在のすべてではなく、またそれについて経験できるような存在のすべてですらない。有心的存在者（*animalia*）は、複数の主観に対して原的に現前して与えられえない諸実在である。それは主観性をはらんでいる。有心的存在者は特異な対象であり、それら自身は原的な現前において与えられえないにもかかわらず、原的な現前を前提するというかたちで、根源的に与えられているのである(28)」。有心的存在者や人間とはこのようなものだ。すなわち、否定的なものの航跡をもちながら、絶対的に現前する存在なのだ。私が見ている知覚する身体は、その行動によってその背後に穿たれ、こしらえられるある種の不在でもある。だがこの不在そのものが現前に根づいており、他人の心が私の目にとっての心となるのは、その身体によってである。「否性[*27]」もまた感覚的世界のうちに数えられており、それはまさしく普遍なのである。

＊　＊　＊

だとすると、このことから構成の問題について、どのようなことが帰結するだろうか。前理論的・前定立的・前客観的な次元を通過することで、フッサールは構成されるものと構成するものの関係をくつがえした。いまや、即自的な存在や、絶対精神に対する存在がその真理を引き出すのは、もはや絶対精神もなく、またこの精神への志向的対象の内在もないような「層」、身体によって「同じ世界に属している」肉化した諸精神だけがあるような「層」からなのである。[(29)] もちろんだからといって、哲学から心理学や人間学に移行したわけではない。論理的客観性と肉的な間主観性の関係は、フッサールが別のところで語っていた、双方向の *Fundierung*[*28]〔基づけ〕の一つである。間身体性は「たんなる諸事象」の到来において頂点に達する（そして変容する）が、これら二つの秩序の内のどちらかが一次的だとは言えない。前客観的な秩序は一次的ではない。というのも、それは論理的客観性の創設において完成することによってのみ定着するのだし、そしてじつはそのことによってのみ存在し始めるからである。とはいえ、論理的客観性のほうも自己充足することはなく、前客観的な層の働きを確立するだけであり、それは「感性的世界のロゴス[*29]」の到達点としてのみ存在し、その統御の下においてのみ価値をもつのだ。構成に関する「深い」層と高次の層のあいだには、フッサールがすでに『イデーンII[(30)]』で言及し、そして後には沈澱の理論[*30]として取り上げ直すことになるはずの *Selbstvergessenheit*〔自己忘却〕という特異な関係がみてとられる。論理的な客観性が肉的な間主観性から派生するのは、この肉的な間主観性がそのものとしては忘却されるという条件の下においてであり、論理的な客観性へと進むことによって、肉的な間主観性そのものがこの忘却を産出するのだ。だから構成的な領野の力は一方向に進むのではなく、それ自体に回帰する。つまり間身体性はみずからを超出し、最終的には自分が間身体性であることを忘れ、おのれの出発点の状況をずらし、変容させる。だから構成の原動力はもはやその端緒にも終極にも見いだされえないのである。

このような関係は構成の各段階に見いだされる。直観的な事物は固有の身体に基づいている。とはいえ、心理学者たちが言うように、事物は運動感覚《キネステーゼ》[*31]から成るということではない。〔反対に〕固有の身体のほうが直観的事物に支えられていて、そこで行動のサーキットが閉じる、とも言うことができるからだ。身体は事物の可能性の条件にほかならないが、それ以上のものでもない。身体から事物に向かうとき、ひとは原理からその帰結に向かうわけではないし、手段から目的に向かうのでもない。そこでひとは一種の伝播（propagation）や絡み合いや跨ぎ越しに立ち会っているのであり、これらが単独の自己（solus ipse）から他者への移行、「独我論的な」事物から間主観的な事物への移行を予示するのだ。というのも、「独我論的な事物」はフッサールにとって一次的なものではないからであり、単独の自己もまたそうである。独我論とは「思考実験」[31]であり、単独の我は「構築された主観」[32]である。この孤立化という思考方法は、志向的な生地の結び付きを断ち切るというよりは、むしろ開示する。現実にであれ、たんに思考の上であれ、この結び付きを断ち切り、また単独の自己を本当に他者たちや〈自然〉から切り離すことができたとしても（フッサールが精神や〈自然〉が無に帰したと想定し、そのとき〈自然〉や精神にどんなことが帰結するかと問うときには[*32]、そういうことをしていると認めなければならないが）、たとえそのようなことができたとしても、唯一残されたこの断片には、それが一部であった全体への関係がそっくり保存されている。だから私たちはまだ単独の自己を獲得しないだろう。「（……）単独の自己（*solus-ipse*）というのは実はその名に値しないのである。われわれが直観的に許容されることとしておこなってきた捨象は、孤立した人間とか、孤立した人間の人格とかをあたえない。そもそもこの捨象は、われわれが自分たちの環境世界にいる人間や動物を大量虐殺して、自分自身の人間主観だけを無傷で残すということではなかった。その場合ただ一人後に残る主観はいぜんとして人間主観、すなわち間主観的な対象であり、自分自身をあいかわらずそのような主観として把握し措定しているであろう[33]」。

この指摘は重大な結果を招く。他人「以前」の我《エゴ》が単独だと言う場合に、すでに我は他者の亡霊《ファントム》との関係に置かれており、あるいは少なくとも、他者たちが存在しうるような環境世界を想定している。真に超越論的な孤独とはそのようなものではない。それは、他者を想定することさえできないようなときにしか起こりえないし、またそうした孤独を求めるためには、自己もあってはならない。私たちが真に単独なのは、そのことを知らないときだけであり、この無知そのものが私たちの孤独なのだ。独我論的と言われる「層」や「領域」には我も自己もない。間主観的な生に向けて私たちが脱出する孤独とはモナドの孤独ではない。私たちを存在から隔てるのは匿名の生の靄《もや》でしかなく、私たちと他人を隔てる境界には触れることができない。切断があるとしたら、それは私と他者のあいだではなく、私たちがまじりあっている原初的な一般性と、自己と他者という明確なシステムのあいだにおいてである。間主観的な生に「先立つ」ものは、そこから数的に[*33]区別されえない。というのもそもそもこの水準では個体化も数的な区別もないからである。他人の構成は身体の構成後になされるものではなく、他人と私の身体は根源的な脱自《エクスターズ》によって同時に生まれる。原初的な事物が属している身体性はむしろ、身体性一般である。というのも幼児の自己中心主義《エゴサントリスム》[*34]と同じように、「独我論的層」もまた、自己と他者の転嫁[*35]や混じり合いなのである。――おそらく次のようにいうひともいるだろう。およそこのようなことは、独我論的意識が自分について考えたり言ったりしそうなことだ。この水準で思考や言葉があるとしたらの話だが。しかし独我論的意識がどんなに中立だという幻想を抱いたとしても、それはまさしく幻想なのだ。感覚態はXに対して存在として与えられる。とはいえこの色や音を体験しているのは、いずれにせよ私であり、ほかの誰でもない。前人称的生そのものはなお、私からの世界への展望なのだ。母親が苦しんでいるとき、彼女がまさに苦しんでいる痛みについて、自分をなぐさめてくれるよう彼女に要求する子どもは、いずれにせよ自己のほうを向いているではないか。[*36]——少なくとも私たちがそのように子どもの振る舞いを評価するのはたしかである。私たちは、世界における痛みや快楽を、それぞれ唯一の生に配分することに慣れきってしまっている。だが真理はもうすこし複雑である。献身と愛を期待している子どもは、この愛の実在性を証している。そしてこの愛は子どもによって理解されており、子どもなりの弱々しく受動的なやりかたで、そこで役割を演じているのだ。相互態（*Füreinander*）という差し向かいの関係において、両者の境界を消し去るような、エゴイズムと愛の結合《クプラージュ》があり、支配する者においても献身する者においても、独我論を越える同一化があるのだ。エゴイズムも利他主義も同じ一つの世界への所属を背景にしている。そしてこの現象を独我論的な層から出発して構築しようとするのは、それを完全に不可能にしてしまうことである。——そしてまたフッサールの語るもっとも深遠な言葉を見逃してしまうことでもある。白人の文明的な成人にとってそうであるように、自分の生を反省する人間すべてにとって、それを一連の私的な意識状態とみなす原理上の可能性があることはたしかだ。しかしながらそのようにみなすことができるのは、あくまでこうした日常的で系列的《セリー》な時間を跨ぎ越す（enjamber）諸経験を忘却し、あるいは、それを歪曲するようなかたちで再構成するという条件においてである。「ひとは独りで死ぬ」から「ひとは独りで生きる」という帰結を引き出すのは正しくない。そして主観性を定義するさいに、痛みや死だけを参照してしまったら、その主観性にとって他者との生や世界における生は不可能になってしまうだろう。だとするならば、――もちろん世界霊魂[*37]や集団の霊魂やカップルの霊魂を持ち出して、私たちはその道具などだと考えるわけではなく――原初的な〈ひと〉（un *On* primordial）を考えなくてはならない。原初的な〈ひと〉とは、それなりの正当性をもち、またけっして活動を停止することなく、成人のこのうえなく激しい情念をも支えるものであり、それについての経験は、知覚がおこなわれるそのたびに、私たちの内で更新される。というのも、すでに確認したように、この水準ではコミュニケーションは問題を孕んでおらず、それが問題含みなものになるとしたら、私が知覚野を忘却し、反省がこしらえるようなものへと私自身を切り詰めてしまったときだけなのだ。「自我論」[*38]への還元や「固有領域」[*39]への還元とは、あらゆる還元と同じように、さまざまな原初的な絆を試練にかけることであり、それらを延長し、最終的帰結に至るまで、それらを追跡することなのである。固有の身体から「出発して」他人の身体や存在を理解でき、そして、私の「意識」と私の「身体」の共現前が他人と私の共現前にまで広がっていくのは、「私はできる」と「他者は存在する」がもうすでに同じ一つの世界に所属しているからであり、固有の身体が他人を予感させるから、*Einfühlung*〔自己移入〕が私の肉化のこだまであるからであり、意味《サンス》のきらめきが両者を、諸起源の絶対的現前において、置き換え可能なものにするからである。

このようにして構成の全体は*Urempfindung*〔原感覚〕の閃光のうちに先取りされている。私の身体の絶対的な〈ここ〉と感覚的事物の「そこ」、近くにある事物と遠くにある事物、私が感覚するものについてもつ経験と他人が自分が感覚するものについてもつ経験などは、「原的なもの《オリジネール》」と「変様させられたもの」の関係にあるが、だからといって、〈ここ〉が劣化したり弱まったりしたのが〈そこ〉であるというわけではないし、自我が外部に投影されたのが他者だというわけではない[34]。そうではなく、肉的な存在の驚異によって、「ここ」や「近いもの」や「自己」とともに、それらの「変異体《ヴァリアント》」のシステムがそこに定立されているからなのである。おのおのの「ここ」、おのおのの近くにある事物、おのおのの自我は、絶対的な現前として体験されつつも、それら自身を越えて、その他すべてのものを証しているのである。私にとってそうしたその他すべてのものは、「ここ」や「近くの事物」や「自我」と共可能ではないが、にもかかわらずこの瞬間において、別のところに

（*ailleurs*）存在しつつ、絶対的な現前として体験されている。端緒に含まれている未来のたんなる進展でもなく、外的な統制の私たちの内でのたんなる結果でもないものとして、構成は連続的なものと非連続的なものという二者択一から解放されている。各層が先行する層の忘却から成る、という意味では非連続だが、この忘却は、あたかも端緒などなかったかのようなたんなる不在ではなく、文字通りにかつてそうであったことが、それ自身がその後になったことのために忘却されるということ、ヘーゲル的な意味での想起[*40]〔＝内化〕（Erinnerung）であるという意味では、初めから終わりまで連続的なのである。各層が自分の位置から先行する層を取り上げ直し、後続する層へ侵食するので、各層は他の層に対して先立つものでも以後のものでもあり、したがってそれ自身に対してそうなのだ。そのようなわけでフッサールは、分析の過程で導かれる多くの循環にいっこうに驚かなかったようにみえる。たとえば事物と他人の経験の循環がある。十全に客観的な事物は他者たちの経験に基づき、他者たちの経験は身体の経験に基づくが、身体そのものもある仕方で事物であるのだから[35]。〈自然〉と人格の循環もある。自然科学の意味での〈自然〉は〈そしてまた、フッサールにとってこの第一の〈自然〉の真理である*Urpräsentierbare*〔原的に現前するもの〕という意味での〈自然〉も〉、まず第一には世界全体[36]（*Weltall*）であり、そのようなものとして諸人格を包摂するが、この諸人格のほうは、直接に解明されるならば、それらが共同して構成する対象としての〈自然〉を包摂する。[37] だからこそまた、一九一二年の予言的なテクストにおいて、フッサールは、自然と身体と精神のあいだの相互関係について、あるいは、あるひと〔編者M・ビーメル〕のみごとな言葉を借りるならば、それらの「同時性[38]」について[*41]語るのをためらわなかった。

このように構成的な分析に到来する出来事《アヴァンテュール》——その相互侵食、跳ね返り、循環など——に関して、フッサールはそれほど不安を抱いたようにはみえない。ある論考で、[39] コペルニクス的世界は生きられた世界に送り返され、物理学の世界も生の世界に送り直されることを示したあとで、彼はおだやかにこう言うのだ。——おそらくこれは少々やりすぎだ、まったくもって狂気の沙汰だ、と思われるだろう。[40] だが彼は付け加える。問題は、経験により深く問いかけ、[41] その志向的な諸含蓄をできるだけ近くから追跡することにほかならない。構成的な分析の明証性より優先されうるものはない。だとすれば、事実上の真理より本質が要求されるということなのだろうか。フッサール自身が自問しているように、「哲学的不遜[*42]」なのだろうか。これはまたしても、みずからの思考に閉じこもり、他のものを排する権利を、意識が横取りしているということなのだろうか。しかしながら、フッサールがときおり究極の権利の基礎として持ち出すのは、経験なのである。だから彼の考えは以下のようなものだ。私たちは〈自然〉と身体と哲学的意識の接合地点にいて、この接合を体験しているのだから、その解決が、私たちの内で、そして世界の光景《スペクタクル》の内で素描《エスキス》されていないような問題を考案することはできず、私たちの生においてはひとかたまりで問題になっているようなことを、私たちの思考の内で組み立てる手段があるにちがいない。フッサールが構成の明証性に固執するとしても、それは意識の狂気ではないし、事実として確認される自然的な依存の代わりに、自分にとって明晰なものを置く権利を持っているということでもない。そうではなく、超越論的な領野がたんに私たちの思考の領野ではなくなり、経験全体の領野となったということ、フッサールは、私たちが生まれながらにその中にいる真理を信頼しているということ、そのような真理こそが意識の真理や〈自然〉の真理を包含しうるのでなくてはならないということである。構成的分析がおこなう「遡示[*43]（rétro-référence）」が意識の哲学の原則に打ち勝つ必要がないのは、意識の哲学が拡大したり変容したりすることによって、全体を受け入れることができるようになり、そして意識の哲学に抗するものさえも受け入れられるようになったからなのである。

現象学の可能性は、現象学そのものにとって一つの問いであること、「現象学の現象学[*44]」があって、そこにこれまでの分析全体の究極の意味がかかっていること、ただし完全で自足し、自立している現象学などは疑わしいものであること、こうしたことをフッサールは後に語ることになるが、これはすでに『イデーンⅡ』を読めばわかることだ。志向的な分析は同時に二つの対立した方向に導くことを彼は隠さない。一方でそれは〈自然〉に、「原的に現前可能なもの（Urpräsentierbare）」に向かうが、他方でそれは人格や精神の世界に引き込まれる。フッサールはこう説明する。「このことは、それら二つの世界がたがいにまったく無関係で、両者のそれぞれの意味が両者の間の本質関係を樹立しないということをかならずしも意味しないし、かつそうあるべきでもない。われわれはほかにも《諸世界》の枢要な相違を知っているが、それら諸世界はやはり意味の諸関係と本質の諸関係によって媒介されている。理念の世界と経験の世界との相互関係や、現象学的に還元された純粋意識の《世界》と、その意識の中で構成される超越的な諸統一体の世界との相互関係を例に挙げてもよいであろう(42)」。したがって、〈自然〉世界と人格世界の媒介という問題がある。さらにいえば構成意識の世界と、構成作業の結果の媒介という問題がある。そして意識の哲学としての現象学の最終課題は、非‐現象学との関係を理解することにある。私たちの内で現象学に抵抗するもの——自然的な存在、シェリングの語る「野蛮な」原理[*45]——は、現象学の外にあることはできず、現象学の内に場を持つべきなのである。哲学は影を引きずっているが、それは未来の光がたんに事実上不在であるということではない。フッサールは言う。「〈自然〉の世界」と「精神の〈世界〉」の関係をたんに「把握する」のではなく、「内部から理解する」ことは、すでに非常に「異例な」困難をはらんでいる。少なくともそれは私たちの生では事実上乗り越えられてはいる。というのも、私たちはたえず、自然主義的な態度から人格主義的な態度へとやすやすと移行しているからだ。重要なのは、ある一つの態度から別の態度へと移りながら、ごく〈自然〉に私たちがしていることに適うようなものとして反省を遂行すること、志向的な把握の変化や、経験の諸分節、構成的な多様体（multiplicités）間の本質的関係を記述することだ。これらの構成的な多様体が、構成されたもの相互の差異を説明するからだ。この場合、現象学は、もつれあったものを解きほぐすことができ、ある態度から別の態度へと、知らず知らずのうちに〈自然〉に移行することにまさに起因する誤解を解くこともできるだろう。しかしながらこのような誤解が存在すること、このような移行が「自然的な」ものであること、このことは〈自然〉と諸人格の結び目を解きほぐすのに原理的な困難があることを意味しているだろう。自然主義的態度や人格主義的態度から絶対的意識への移行、私たちにとって自然的な権能から「人為的な（künstlich）」な態度への移行を内部から理解しなければならないとしたら、それはどのようなものになるだろう。[43] ――この人為的な態度は、じつはもはやさまざまな態度の内の一つの態度ではなく、私たちの内で語っている存在であるべきなのだ。内と外の関係そのものを受け入れるような、この「内部」とはいったいどのようなものになるだろう。というのも――少なくとも暗黙のうちには、そしてとりわけこの場合に（*a fortiori*）——フッサールがこのような問いを発するのは、[44]彼にとって非‐哲学は哲学に、超越的な「構成されたもの」は構成するものの内在性に、はじめから包含されてしまってはいないからであり、超越論的な発生の背後に、すべてが同時であるような世界、*ὅμου ἦν πάντα*[*46]〔あらゆるものは一緒になってあった〕を、少なくともかいま見てはいたからなのである。

この最後の問題はそれほど唐突なものだろうか。フッサールは初めから、あらゆる超越論的還元は不可避的に形相的であると[*47]予告していなかっただろうか。このことは、反省は構成されたものをその本質においてのみ把握すること、それは合致ではないこと、反省は純粋な産出に身を置くのではなく、志向的な生の素描だけを再‐産出することを意味していた。フッサールは「絶対的な意識への還帰」を、学びつつある作動、少しずつ遂行され、けっして完結しない無数の作動という資格でのみ、つねに提示している。私たちは構成的な発生と重なり合うことはけっしてなく、せいぜいのところその短い切片に寄り添うくらいだ。だとすれば、私たちの再‐構成に対して、（もしこうした言葉に意味があるとすればではあるが）事物の反対側で、応答するものは何なのだろうか。私たちの側には、さまざまな明晰さの諸契機が、収斂しつつ非連続的なものとしてあるような、さまざまな志向しかない。構成的な意識を、私たちはたぐいまれで困難な努力を通して構成する。ヴァレリーが言うように、著者とは長く苦難に満ちた営みを、瞬間的に思考する者である。――だがこの思考する者は、どこかにいるわけではない。ヴァレリーにとって著者というものが、作家である人間の詐欺であるのと同じように[*48]、構成する意識とは、哲学者の職業的な詐欺なのだ……。いずれにせよフッサールにとって、それは志向的な生の目的論が到達する人為的な産物（*artefact*）である。――スピノザ的な〈思考〉の属性ではないのだ。

構成は世界を知的に所有しようという企てであるが、そのようなものとして構成は、フッサールの思考が成熟するにつれてますます、私たちが構成したのではない、事物の裏側を開示する手段となっていく。すべてを「意識」の意図に、すなわち、その態度や意図や意味付けの透明な戯れ《ジュ》に従わせようという、常軌を逸した試みが必要だった。――古典的哲学が残した思慮に満ちた世界の肖像を徹底させることが必要だった。――それは、残りのすべてのものを暴き出すためである。すなわち、私たちのイデア化や対象化の下にあって、それらをひそかに養っているが、そのノエマを認めることはほとんどできないような諸存在を暴き出すために。そしてまた、客観的対象のように運動していないが、何に「つなぎ止められて」いるかもわからないので、停止してもいないような〈地球（la Terre）〉を暴き出すために。――それは私たちの思考や生の「地盤」や「基幹」であり、私たちが別の惑星に住むときには移動させたり置き換えたりすることはできるが、その場合でも私たちは私たちの故郷を拡大しているのであって、それを消し去ることはできない。私たちが踏みしめるすべての地盤はすぐさまその一地方になるのだから、〈地球〉は定義上一つしかないのと同じように、〈地球〉の子らが交流できる生きた存在は、同時に人間となる。――あるいは、地上の人間は、より一般的な人類の変異体《ヴァリアント》となり、そのより一般的な人類が唯一のものであり続ける、と考えてもよい。〈地球〉は私たちの空間であるのみならず、時間の母型《マトリス》でもある。時間について構築された概念はすべて私たちの原歴史を前提としている。たった一つの世界に共に現前している諸存在の原歴史を。可能世界を呼びおこすことはすべて、私たちの観点（*Welt-anschauung*[*49]〔世界－直観〕）に関係する。あらゆる可能性は私たちの現実性の変異体であり、現実態に備わる可能性（*possibilité de réalité* effective）（*Möglichkeit an Wirklichkeit*）である……。晩年のフッサールのこうした分析は[45]、彼が初めから予告していたことを思い出すならば、それほど法外でも突拍子のないものでもない。この分析は、フッサールがつねに語っていた、すべての定立と理論に先立ち、認識の客観化の手前にある「世界定立」を解明しているのであり、これこそがフッサールにとって、この客観化により西欧的な知が迷い込んだ袋小路において、唯一有効な手段になったのである。

　意に反することであったかもしれないが、フッサールは当初の計画からははずれ、むしろその本質的な大胆さに促されて、野生の世界と野生の精神を呼び起こす。事物がそこにあるのは、ルネサンスの透視画法《パースペクティヴ》のように、見かけの投影や、〔円環上の壁面の〕パノラマに従うからではない。そうではなく、屹立し、しつこく反復され（insistant）、その稜線によってまなざしを削り取るようにしてなのだ。事物のそれぞれは絶対的な現前を要求し、それは他の事物の現前と共不可能である。だがすべての事物は布置の意味の力によって、ともにあり、それについては「理論的な意味」はその観念を与えることもできない。他者たちもそこにいる（他者たちは事物の同時性とともに、すでにそこにいたのだ）が、まずは精神としてでも、あるいは「こころ」としてですらない。むしろ、たとえば怒りや愛を抱きつつ立ち向かうような相手として、つまり顔つきや所作や言葉などとしてそこにおり、それらに対して、私たちの顔つきや所作や言葉が、思考を介することなしに応答する。——私たちは、他者たちの言葉がまだ届いてすらいないうちに、彼らに彼らの言葉を返してしまうことさえあるほどなのだ。それも、私たちがそれを理解して応答するときとおなじくらい確実に、いやそれ以上に確実に、突き返すのである。それぞれが他のすべてを含み、身体的次元において、他者たちによって確固たるものになる。このバロック的な世界は自然に対する精神の妥協ではない。たとえ意味があらゆるところで比喩的であるとしても、あらゆるところで意味が問題になるからだ。このような世界の刷新は精神の刷新でもあり、いかなる文化によっても馴致されていないような、生《なま》の（brut）精神の再発見であり、それに対しては、文化を再創出することが求められる。いまや非相対的なものは、即自的な自然ではなく、絶対的な意識の統握の体系でもなく、ましてや人間でもない。そうではなく、フッサールが語る——ただし括弧つきで書かれ、思考される——「目的論（téléologie）」であり、人間を通して成就される〈存在〉の継ぎ目や骨組なのである。

原注

（1）«Je grösser das Denkwerk eines Denkers ist, das sich keineswegs mit dem Umfang und der Anzahl seiner Schriften deckt, um so reicher ist das in diesem Denkwerk Ungedachte, d. h. jenes, was erst und allein durch dieses Denkwerk als das Noch-nicht-Gedachte heraufkommt.» (*Der Satz vom Grund*, pp. 123-124.)〔辻村公一訳『根拠律』創文社、一九六二年、一四三頁。「ある思想家の思惟作品、それは決して彼が書いた書物の大きさや数に合致しないが、その思惟作品が偉大であればあるほど、その思惟作品の内にあって思惟されていないもの、すなわちその思惟作品を通じて初めてしかも全くその思惟作品を通じてのみ、いまだ——なお——思惟されていないものとして明るみに立ち現れてくるものは、それだけ一層豊富である」。〕

（2）*Ideen II, Husserliana*, Bd. IV, p. 180.〔エトムント・フッサール『イデーンⅡ-Ⅱ』立松弘孝・榊原哲也訳、みすず書房、二〇〇九年、一〇頁。〕

（3）«Ein Widerspiel der Natur», *ibid.*

（4） *Ibid.*, p. 174 : «Als reiner Sinn der die natürliche Einstellung ausmachende Akte.» 〔「自然的態度の見方を形成する諸作用の純粋な意味として」。同書四頁。〕

（5） *Ideen II*, p. 297. 〔前掲邦訳『イデーンⅡ-Ⅱ』、第六四節「〈自然〉の相対性と精神の絶対性」で、フッサールは以下のように述べる。「自然はさまざまな一貫した相対関係の分野であり、しかもそうでありうる。なぜならやはりそれらの相対関係は、すべての相対関係を支えている絶対者、すなわち精神に対してつねに相対的だからである」（同書一四七頁）。〕

（6） 〔メルロ＝ポンティの仏訳に基づく翻訳。〕*Ibid.*, p. 26 : «Zusammenhänge sichtbar zu machen, die das Wissen vom erscheinenden Sein fördern könnten.» 〔立松弘孝・別所良美訳『イデーンⅡ-Ⅰ』みすず書房、二〇〇一年、三〇頁。「現出する存在についての知識を促進しうるような諸連関」。〕

（7） *Ideen II*, p. 183 : «Unsere Umgebung.» 〔前掲邦訳『イデーンⅡ-Ⅱ』一三頁参照。「われわれが一緒に生活し、互いに言葉を交わし、握手して挨拶しあい、愛情と反感、信念と行動、発言と反論の中で互いに関わりあっているときや、われわれを取り巻く諸事物をまさにわれわれの環境（Umgebung）と見なして、自然科学の場合のように《客観的な》自然としては見ていないときに、われわれがいつも採用している人格主義的な見方は〔自然主義的な見方とは〕まったく異なる」。〕

（8） *Ibid.*, p. 22 : «Synthesen, die vor aller Thesis liegen.» 〔前掲邦訳『イデーンⅡ-Ⅰ』二五頁。「あらゆる定立に先立つ綜合」。〕

（9） *Ideen II*, p. 174. 〔前掲邦訳『イデーンⅡ-Ⅱ』三―四頁。〕

(10) *Ibid.*, p. 180 : «Eine Einstellung... die in gewissem Sinn sehr natürlich... ist.»〔同書一〇頁。「ある意味でごく自然な態度」。〕

(11) *Ideen III*, *Husserliana*, Bd. V, Beilage I, p. 117.〔渡辺二郎・千田義光訳『イデーンⅢ』みすず書房、二〇一〇年、一五〇―一五一頁。一部メルロ＝ポンティの仏訳に合わせた。〕

(12) *Ideen II*, p. 5 : «Vorgegebenheiten.»〔前掲邦訳『イデーンⅡ-Ⅰ』六頁。〕

(13) *Ibid.* : «Vortheoretische Konstituierung.»〔同書五頁。〕

(14) *Ideen III*, Beilage I, p. 117.〔前掲邦訳『イデーンⅢ』一五一頁。〕

(15) *Ideen II*, p. 145.〔前掲邦訳『イデーンⅡ-Ⅰ』一七二頁。〕

(16) *Ibid.*, p. 119 : «Empfindendes Ding.»〔指示された頁にはこの表現は見当たらない。前掲邦訳『イデーンⅢ』一五三頁参照〕。*Ibid.*, p. 124 : «Das subjektive Objekt.»〔「主観的対象」。この表現は*Ideen III*, p. 124（同書一六一頁）にある。ただしSubjekt-Objektという表現は*Ideen II*, p. 195（前掲邦訳『イデーンⅡ-Ⅱ』二七頁）にある。〕

(17) *Ideen II*, p. 60 : «Die Erfahrungstendenz terminiert in ihr, erfüllt sich in ihr.»〔前掲邦訳『イデーンⅡ-Ⅰ』七〇頁。「経験の傾向性はこの所与を目指し、この所与において充足される」。〕

(18) *Ibid.*, p. 76 : «Rechtsgrund.»〔同書八八―八九頁。「事物が存在するとすれば（存在の措定が経験の連関の中で整合的に行なわれることが《それが存在する es ist》という言表の根源的な理性根拠である）、その事物は、非相対的なもの（das Irrelative）をさまざまな相対的なものの中で選別して規定し、そして他方では、すべての正当性の根拠を内包しているものから、すなわちさまざまな経験の所与から、したがって感覚的な相対的なものから規定するという仕方で、必ず

規定されうるはずである」。〕

(19) *Ideen II*, pp. 165–166.〔同書一九六—一九七頁。「他人の手が何かに触っているのを私が見ている場合、私にとってその手はその手自身の独我論的な外観（Ansicht）を付帯的に現前化し、そしてさらに、準現前化された共現前の様態で（in vergegenwärtigter Kompräsenz）それに属しているはずのものもすべて付帯的に現前化することになる」（一九七頁）。〕

(20) *Ibid.*, p. 166〔同書一九七頁〕: «ohne Introjektion»〔投入なしで〕。〔フッサールは他者の心的作用の内面性について以下のように記す。「まさにここから心的生活の《表現》を体系的に研究して、いわばこの表現の文法を解明する作業に取りかかれるかもしれない（すでにその試みもなされている）。ここにはこの多様な表現が身体性の中で心的な現存在を付帯的に現前化しているのであるから、それらのすべてによって、まさに人間という二重統一の対象性が——《投入》なしで——構成されるのである」。〕

(21) *Ideen II*, «übertragene Kompräsenz»〔「転用された共現前」〕。〔文字通りの表現は見当たらないが、いわゆる感情移入（Einfühlung）に関係した箇所において両表現が使用されている。原注（19）の引用および *Ideen II*, pp. 166–167（前掲邦訳『イデーンⅡ-Ⅰ』一九七—一九八頁）などを参照。〕

(22) *Ideen II*, p. 181.〔前掲邦訳『イデーンⅡ-Ⅱ』一一頁。一部メルロ＝ポンティの仏訳に合わせた。〕

(23) «Intentionale Ueberschreiten.»〔この表現は『デカルト的省察』五一節の intentionale Übergreifen（浜渦辰二訳『デカルト的省察』岩波文庫、二〇〇一年、二〇二頁。「ある志向的干渉〔越境〕」）に基づくと思われ、これが当時のフランス語訳では transgression intentionnelle と訳されている。そこで問題になっているのは、我と他我が「受動的綜合」によって「対になる（Paarung）」ことについてである。「より詳しく分析すると、そこには本質的に、或る志向的な干渉〔越境〕があるのを見出す。それは、対になるものが同時にしかも際立てられて意識されるやいなや、直ちに発生的に現れる。もっと詳しく言えば、それは対象的な意味が交互に生き生きと呼び覚まし合うこと、交互に押しかぶせながら覆い合うこと（ein wechselseitiges. überschiebendes Sich-überdecken nach dem gegenständlichen Sinn）である」。ただし、ここで Überschreiten（越境）と記している理由は不明。メルロ＝ポンティは transgression（越境、侵犯）を empiétement（相互侵食）、enjambement（跨ぎ越し）という用語とも関連付けており（前掲邦訳『見えるものと見えないもの』三六四頁などを参照）、彼独自の思考展開と関係していることがうかがわれる。「幼児の対人関係」（前掲邦訳『眼と精神』所収）、一三六頁および三一八頁訳注一三六も参照。〕

(24) *Ideen II*, p. 163.〔前掲邦訳『イデーン Ⅱ-Ⅰ』一九三頁。〕

(25) *Ibid.*, p. 85.〔同書九九頁。〕

(26) *Ibid.*

(27) «Der Inbegriff der Gegenstände der Sinne.» (*Krit. der Urteilskraft.*)〔『判断力批判 上』牧野英二訳、『カント全集 8』岩波書店、一九九九年、一九頁。〕

(28) *Ideen II*, p. 163.〔前掲邦訳『イデーン Ⅱ-Ⅰ』一九四頁。〕

(29) *Ideen II*, p. 82.「論理的な客観性は当然（*eo ipso*）、間主観性という意味での客観性である。

ある一人の認識者が論理的客観性において認識するものは（……）、そのような客観を認識する者ならば誰もが充足しなければならない諸条件が満たされているかぎり、その認識主観によってもまったく同じように認識されうる。ということはこの場合、認識主観は諸事物を、しかも同じ諸事物をかならず経験するはずであり、しかも彼がこの同一性をも認識すべきであるとすれば、彼は他の認識者と互いに自己移入（Einfühlung）できねばならず、そのためには身体性をもち、彼らと同じ世界に所属し（zur selben Welt gehören）ていなければならない（……）」。〔同書九五―九六頁。メルロ＝ポンティ自身がフランス語に訳しているので、一部それに合わせた。〕

(30) *Ideen II*, p. 55.〔「これまでのわれわれの分析はすべて特定の狭い枠組みの中で行なわれてきたのであるから、われわれはこの枠組を明確にしなければならない。われわれにとって段階的に構成されてきた実在的な統一体は、そのすべての段階を経ても、真に客観的な物質的事物がはじめて構成される最終段階には到達しない。われわれがこれまで記述してきたのは、経験する自我が行なう感覚的な諸直観の連続的‐統一的な多様性の中で、すなわちさまざまな段階の《感覚的事物》の多様性の中で構成される事物であり、したがって図式的な諸統一体の多様性や、さまざまな段階の実在的な諸状態と実在的な統一体の多様性の中で構成されるものである。このような事物は、観念的に個別化された個々の主観にとっての事物である。ただし、この主観はいわば自己忘却されており、分析者によっても忘れられたままである」〔同書六五頁〕。〕

(31) «Gedankenexperiment», *Ideen II*, p. 81.〔同書九四頁。〕

(32) *Ideen II*, p. 81 : «Konstruiertes Subjekt.»〔同書九四頁。〕

(33) *Ibid*.〔一部メルロ＝ポンティの仏訳に合わせた。〕

(34) しかしながらオイゲン・フィンクは、フッサールにおける知覚されたものの絶対的な優位をこのように理解しているようである（*Problèmes actuels de la Phénoménologie*, pp. 80-81）。〔「志向的分析と、思弁的思考の問題」高橋允昭訳、『現象学の課題』所収、せりか書房、一九六九年、九七—九八頁参照。これは一九五一年四月のブリュッセルにおける国際現象学会議のフィンクの口頭発表であるが、この会議でメルロ＝ポンティは「言語の現象学について」の発表をおこなった。本論訳注＊2も参照。〕

(35) *Ideen II*, p. 80 : «Verwickeln wir uns nicht in einen Zirkel, da doch die Menschenauffassung die Leibesauffassung, und somit die Dingauffassung, voraussetzt?»〔「人間を統握するには身体の統握が、したがってまた事物の統握がやはり前提されているのであるから、われわれは循環に陥るのではないか」（前掲邦訳『イデーンⅡ-Ⅰ』九三頁）。〕

(36) *Ibid.*, p. 27.〔同書三二頁。〕

(37) «Wir geraten hier, scheint es, in einen bösen Zirkel. Denn setzten wir zu Anfang die Natur schlechthin, in der Weise wie es jeder Naturforscher und jeder naturalistisch Eingestellte sonst tut, und faßten wir die Menschen als Realitäten, die über ihre physische Leiblichkeit ein plus haben, so waren die Personen untergeordnete Naturobjekte, Bestandstücke der Natur. Gingen wir aber dem Wesen der Personen der Personalität nach, so stellte sich Natur als ein im intersubjektiven Verband der Personen sich Konstituierendes, also ihn Voraussetzendes dar.» *Ideen II*, p. 210.〔「われわれはここで一つの悪しき循環に陥るように思われる。なぜならわれわれは最初、自然科学者や自然主義的な見方をする人なら誰でも通常するような仕方で、自然そのものを措定し、そ

して人間を、物理的な身体性に加えて一つのプラスをもつ実在として把捉したため、諸人格は自然に従属する客体、自然界の成素であったが、しかしわれわれが人格性の本質を探究した段階では、自然は間主観的な人格集団の中で構成されるもの、したがって人格集団を前提するものであることが判明したからである」(前掲邦訳『イデーンII-II』四四頁)。」

(38) Marly Biemel: *Husserliana*, Bd. IV, Einleitung der Herausgebers〔前掲邦訳『イデーンII-I』、「編者の序文」xiii頁〕。フッサールのテクストは以下の通り。「われわれの考察の重要な成果は、〈自然〉と身体と、この身体と編み合わさってそのうえまた心が、互いに相互関係性をもって、互いに一体となって構成されている、ということである」。*Husserliana*, Bd. V, p. 124〔前掲邦訳『イデーンIII』一六二頁〕。«...Ist ein wichtiges Ergebnis unserer Betrachtung, dasz die «Natur» und der Leib, in ihrer Verflechtung mit dieser wieder die Seele, sich in Wechselbezogenheit aufeinander, in eins miteinander, konstituieren.»

(39) *Umsturz der kopernikanischen Lehre in der gewöhnlichen weltanschaulichen Interpretation. Die Ur-Arche Erde bewegt sich nicht*. 7-9 mai 1934.〔「自然の空間性の現象学的起源に関する基礎研究——コペルニクス説の転覆〔通常の世界観によって解釈されているコペルニクス説の転覆。〈根源的な意味での箱舟〉(Ur-Arche)としての地球は動かない〕」。新田義弘・村田純一訳、『講座現象学 3——現象学と現代思想』所収、弘文堂、一九八〇年、二六七—二九三頁。一九四〇年のM・ファーバー編集のフッサール記念論文集に附録として収められているこの論考は、一九三四年にフッサールが書いたものとしてA・シュッツが編纂したものである。この論考にメルロ＝ポンティは、すでに『知覚の現象学』で言及している。前掲邦訳『知覚の現象学 1』一三二

一三三頁参照。〕

(40)《Aber nun wird man das arg finden, geradezu toll》, *ibid.*〔「ところがひとびとはこうしたことを途方もないこと、まさに狂気の沙汰だと思うであろう」。前掲邦訳『講座現象学 3』二九一頁参照。〕

(41) たとえば *Ideen II*, pp. 179–180 を参照〔前掲邦訳『イデーンⅡ-Ⅱ』一〇頁〕。同様の思考の運動は「コペルニクス説の転覆」の末尾でもみられる。

(42) *Ideen II*, p. 211. 強調はメルロ゠ポンティ。〔前掲邦訳『イデーンⅡ-Ⅱ』四四―四五頁。一部メルロ゠ポンティの仏訳に合わせた。〕

(43) *Ideen II*, p. 180.〔同書一〇頁。〕

(44) ここで注釈している文章は以下の通り。「ある意味でごく自然な(natürlich)態度ではあるが、しかし自然に即して(natural)はいない、そのような新しい見方をわれわれはいま目ざしていたのである。〈自然に即してはいない〉ということは、この見方で経験されることはあらゆる自然科学の意味での自然ではなく、いわば〈自然〉の反対物だということである。この(世界の)対立をたんに把握するのではなく、内部から理解すること(von innen her zu verstehen)には、まったく異例の困難がある。それは諸態度を遂行することにあるのでもない。なぜなら――もしわれわれが純粋意識を目ざす態度(Einstellung auf das reine Bewusstsein)、すなわち、そもそも人為的なものである、さまざまな還元の残余を度外視すれば――、われわれはいつでも一つの態度から別の態度へ、たとえば自然主義的な態度から人格的な態度へ、そしてまたそれと連関して、自然科学的な態度から精神科学的な態度へ、まったく容易に移行できるからである。

上記の諸困難は反省することから、そしてまた〈志向的統握および経験の変更と、それらによって構成される相関者を現象学的に理解すること〉から始まる。現象学の枠内でのみ、構成される諸対象の存在の差異と、それらの差異に対応して構成する種々の多様体の相関的な本質連関とを関係付けることによって、それら存在の差異は絶対確実に区別（in absolut sicherer Sonderung）され、純粋な反省がないゆえに、気づかれないままなされる、無自覚な態度変更に起因する、あらゆる誤解も免れて、混乱なく（unverwirrt）維持されうるのである。絶対的な意識と、その意識のなかで追跡可能な本質連関の全体に立ち返ることによってはじめて、一方と他方の態度に対応する諸対象の依存関係と、それら相互の本質関係が理解されうるのである」。〔同書一〇—一一頁。一部メルロ＝ポンティの仏訳に合わせた。〕

(45)　ここで要約したのは前出〔原注（39）〕の*Umsturz...*〔「自然の空間性の現象学的起源に関する基礎研究——コペルニクス説の転覆」〕である。

訳注

＊1　本書「間接的言語と沈黙の声」訳注＊32および本論訳注＊30を参照。また一九五九—一九六〇年度コレージュ・ド・フランスにおけるフッサールについての講義の準備草稿でも以下のように記されている。「経験的な起源の（経験的な意味における歴史の）忘却というものは、まさしく、創造されたものが、ありのままの過去といったものとは別様に生きのび、あらゆる精神に住みつき、過去をすり減らすことなく持続し、〈歴史〉になる可能性をもっていたということに起因している。現在において生きのびることによる、この起源の忘却は、伝承〔伝統〕性、伝承化

(Tradierung) であり、……を……へゆだねることである。伝承とは、永遠の起源であるために経験的な起源としての起源を忘れることなのだ」(「現象学の極限にあるフッサール」、『フッサール『幾何学の起源』講義』所収、四三頁。一部改訳、強調はメルロ゠ポンティによる)。

＊2　たとえばフッサールの弟子のオイゲン・フィンクは、メルロ゠ポンティも参加した一九五一年四月にブリュッセルで開かれた第一回国際現象学会議の「志向的分析と、思弁的思考の問題」という発表において、フッサールが志向的分析を普遍的な方法とみなすがゆえに、思弁的な思考契機(「事象そのもの」を現象として解釈すること、徹底的な再開始の要求、概念的なものの後続性、「構成」概念の無規定性、「生」概念の曖昧さなど)があることを指摘していた。本論はメルロ゠ポンティによる、この批判への応答とも読まれる。他方デリダがおおむねフィンクの方向で「現前の形而上学」としてフッサールを批判することを考えれば、この議論の射程は大きい。前掲邦訳『現象学の課題』九九頁などを参照。

＊3　フッサールの用語 unbeteiligter Zuschauer または uninteressierter Zuschauer の訳語と思われ、「無関与の観察者」「関心をもたない傍観者」などと言われる。世界に入り込んで経験している「関心をもっている」自我に対して、現象学的な変更を受けた態度においては、現象学的な自我が「無関心な傍観者」として立てられて一種の自我分裂がおこなわれる(前掲邦訳『デカルト的省察』七二頁)。この問題は、『デカルト的省察』のフッサールの改訂構想をもとに執筆されたフィンクの『第六省察』における「超越論的方法」で展開される。メルロ゠ポンティはすでに『知覚の現象学』執筆以前にこの『第六省察』を参照している。エトムント・フッサール、オイゲン・フィンク『超越論的方法論の理念』新田義弘・千田義光訳、岩波書店、一九九五年参照。

＊4　ラテン教父アウグスティヌスの『真なる宗教』からの引用だが、フッサールが『デカルト的省察』の末尾で引用している「外に行こうとしないで、汝自身のうちに帰れ、真理は人の内部に宿っている（*Noli foras ire, in te redi, in interiore homine habitat veritas*）」に基づくと思われる。前掲邦訳『デカルト的省察』二八〇頁および三四三頁訳注（8）を参照。

＊5　ヘーゲルは『精神現象学』の最終章「絶対知」において、たとえば絶対知としての自我について、「自我は、区別されたものとしての自らにおいて、自己に帰っている」という（ヘーゲル『精神現象学　下』樫山欽四郎訳、平凡社ライブラリー、一九九七年、三九五頁）。

＊6　たとえば以下を参照。「反省において知覚されつつ把握されるものは、ただ単に存在しまた知覚的まなざしの内部で持続しているだけではなくてこのまなざしがその方に振り向けられる以前にすでに存在していたような或るもの、として原理的に性格付けられるのである。「すべての体験は意識される」ということ、このことは、したがって、特に志向的体験に関しては次のことを意味する。すなわち（……）その体験は、すでに反省されないまま「背景」として現にそこに存在していたのであり、したがって原理的には知覚される用意ができていたものなのである」（エトムント・フッサール『イデーンＩ－Ｉ』渡辺二郎訳、みすず書房、一九七九年、一九三－一九四頁）。

＊7　*Ideen II*, p. 25（前掲邦訳『イデーンⅡ－Ｉ』二九頁）以下を参照。「ではここでもう一度、近代自然科学の相関者としての《自然》の理念に立ち返るとしよう。この理念を根本的に現象学的に画定することが、われわれのこれまでの研究目標であった。この意味での《自然》が《単なる諸事象 bloße Sachen》の領野であり、〈構成する意識の本質のうちにアプリオリにあらかじめ

指定されている境界設定によって、理論的に論究されるべき他のあらゆる対象領野と区別される、対象性の領野〉であることは明らかである。すぐに言えること、そしてわれわれがすでに言明したことは、自然科学には価値述語も実践的な述語も無縁だということである」。

＊8　とりわけ『イデーンⅡ』で、自然主義的態度と対立させて使われる用語。自然科学的・心理学的に統握された自我の態度を示す前者にたいし、人格主義的態度は精神科学的に統握された自我の態度であり、固有の環境世界の中心として存在する。本論原注（7）の引用も参照。

＊9　フッサールは『イデーンⅠ』において「自然的態度の一般的定立」、すなわち「われわれすべてにとってただひとつの空間的時間的環境世界が現にそこに存在する」ことを括弧に入れる必要を説いていた。この自然的世界の一般的定立はたしかに「臆見」であるが、後にこれが「世界定立」としての「根源的ドクサ」ないしは「根源的信念」として捉え直される（『現象学事典』弘文堂、一九九四年、本間謙二「ドクサ」の項を参照）。メルロ＝ポンティはこの語を foi primordiale〔原初的信憑〕と訳し、とくに遺稿『見えるものと見えないもの』では、この概念の再定義をおこなっている。

＊10　オイゲン・フィンク「エトムント・フッサールの現象学の問題」、新田義弘・小池稔訳『フッサールの現象学』以文社、一九八二年、一四二頁参照。この論文は一九三九年に *Revue internationale de Philosophie* Ⅰに発表され、『知覚の現象学』でも参照されている。

＊11　正確な出典は不明だが『イデーンⅡ』に以下のような文章がある。「あらゆる知覚の手段として私に役立つ同じ身体が、身体そのものを知覚しようとすれば私の妨げになるのであるから、身体は奇妙なことに完全に構成された事物（ein merkwürdig unvollkommen konstituiertes

Ding）ではない。／それにもかかわらずわれわれが身体を一つのリアルな事物として統握するとすれば、それはわれわれが身体を物質的自然の因果連関に組み込まれたものと見なしているからである」（*Ideen II*, p. 159. 前掲邦訳『イデーンⅡ-Ⅰ』一八八―一八九頁）。なおメルロ゠ポンティは『知覚の現象学』（前掲邦訳『知覚の現象学１』一六三頁）ですでにこの表現の出典を『イデーンⅡ』として指示し、さらには一九五四―一九五五年度の「制度化」概念についてのコレージュ・ド・フランス講義の要録でもこの表現を引用している。「われわれはここで、制度化という概念のうちに意識の哲学のもろもろの難点に対する治療薬を求めよう。意識の前には、意識によって構成された対象しかない。たとえわれわれがそれらの対象のうちのあるものは「けっして完全には」構成されることがない（フッサール）ということを認めたとしても、やはりそれらはそのつど意識の作用や能力の正確な反映であり、それらのうちには、意識を他のパースペクティヴに投げ入れうるようなものは何もないのだし、意識と対象とのあいだの交換もなければ運動もない」。メルロ゠ポンティ『言語と自然――コレージュ・ドゥ・フランス講義要録』、四三頁。

＊12　メルロ゠ポンティは『知覚の現象学』で、『イデーンⅠ』における、感覚内容を「生気付ける」ような「統握」（渡辺二郎訳『イデーンⅠ-Ⅱ』みすず書房、一九八四年、九二頁）という図式に疑問を呈し、それに対して、フッサールの『内的時間意識の現象学』における「どんな構成も統握内容―統握という図式をもつというわけではない」（谷徹訳、ちくま学芸文庫、二〇一六年、三九頁）という発言を「決定的な一歩」として評価する（前掲邦訳『知覚の現象学１』二五五頁）。

＊13　メルロ゠ポンティはすでに『知覚の現象学』において「機能しつつある志向性（fungierende

Intentionalität)」に言及している。「作用志向性の底に、われわれは、これを可能にしているもうひとつの志向性、つまりハイデガーが超越と呼んでいる、作動しつつある(opérant)志向性を認めなければならない」(竹内芳郎・木田元・宮本忠雄訳『知覚の現象学2』みすず書房、一九七四年、三一八頁)。その直接の典拠は訳注＊10に引いたフィンクの論文だと思われる。オイゲン・フィンク、前掲邦訳、一六六頁。「隠されたもののなかで働きつつ、その成果のなかで蔽われてゆく、つまり意味によって充たされてしまう意識のありかたの、その蔽いをとることが志向的分析の課題なのである。この志向的分析の主題は、機能しつつある志向性(die fungierende Intentionalität)であり、生き生きと意味を形成し、意味を作動させ、意味を変化させてゆく意識の機能なのである」。

＊14　本書「間接的言語と沈黙の声」訳注＊40を参照。

＊15　前掲邦訳『イデーンⅡ-Ⅰ』二〇頁(*Ideen II*, p. 17)の「感覚的対象」についての分析を参照。「明らかにわれわれは、上述した対象構成のどの形式の場合にも〈何らかの理論的または評価的ないしは実践的な自発的諸作用から根源的に発生してあらかじめ与えられているような対象をもはや何ひとつ遡示しない対象〉へ連れ戻される。換言すれば、われわれが〈与えられている何らかの対象の志向的構造〉や〈二次的受容性という形で意識に提示されている遡示Rückdeutungen〉を追跡して、〈問題の対象性を真に原的に与えてくれるような自発的な諸作用〉を行なうならば、場合によっては一連の行程を経てではあるが、われわれは基盤となる対象性ないしはノエマへ帰着するであろう」。

＊16　eccéité/haecceitas　中世の哲学者ドゥンス・スコトゥスの用語で、個体化の原理を形相性

にみる考え方のこと。「これ」において種の全体性が実現されることに個体化があると考える。

＊17 Ich kann フッサールがデカルトの「我思う」に対して打ち出した用語。*Ideen II*, p. 152（前掲邦訳『イデーンⅡ－Ⅰ』一八〇頁）などを参照。「物質的な自然の対極として自分自身を構成する主観は（……）諸器官が局在化される領野としての身体を局在化する一個の自我であり、そしてこの自我がこの身体を、ないしは身体の諸部分たる諸器官を自由に動かし、そしてそれら諸器官によって一つの外界を知覚する《能力》（《私はできる Ich kann》）を所持しているのである」（*Ideen II*, p. 254. 前掲邦訳『イデーンⅡ－Ⅱ』九七頁）。

＊18 vinculum ライプニッツの vinculum substantiale に基づく用語。神学者デ・ボスとの往復書簡にみられ、多数のモナドが集合して一つの物体的あるいは合成的実体をなしてモナドを統一するために加わる紐帯のこと。山本信『ライプニッツ哲学研究』東京大学出版会、一九五三年、二八三頁以下を参照。また遺著『見えるものと見えないもの』の構想過程において、メルロ＝ポンティはこの概念の検討に一定の頁を割こうとしていた。同書二四九頁および注＊＊を参照。

＊19 フッサール『デカルト的省察』のフランス語版 *Méditations cartésiennes, Introduction à la phénoménologie*, Paris, Colin, 1931（Vrin, 1980）の第四四節の言葉として、『知覚の現象学』（前掲邦訳『知覚の現象学1』一六五頁）において引用されている表現。「そして私の知覚的活動によって、私はあらゆる「自然」の経験を、さらに、一種の「反省」によって（par une espèce de «réflexion»）自分自身にも関係している自分固有の身体も経験する（あるいは経験する能力がある）」（*Méditations cartésiennes*, p. 81）。しかし一九五〇年の『フッサール全集（*Husserliana*）』版ではこの用語は削除される（前掲邦訳『デカルト的省察』一七五頁）。また、前掲邦訳『見え

るものと見えないもの』二七四頁および訳注*も参照。

*20 le sensible　何かを感受しうるもの、という意味と、身体によって感覚されるうるもの、という二つの意味をもつ両義的な用語。

*21 animal de perceptions et de mouvements　本書「序」訳注*22を参照。

*22 institution de la nature　デカルト『屈折光学』VI, AT, VI, p. 137に由来する表現。「脳の状態は、それら神経が行きわたっている肢体の状態の変化につれてわずかながらも変化する。したがって、自然によって定められた（institué de la Nature）脳の状態は、魂によって生気付けられている身体の各部分が他の全部分に対してどこにあるかを魂が知りうるようになっているだけではなく、身体各部の末端から引かれ無限に伸びていると考えられる直線、この線の上にあるすべての箇所の方に向かって魂がそこから注意を移すことができるようにもなっている」（青木靖三・水野和久訳『増補版　デカルト著作集 1』白水社、二〇〇一年、一五〇頁）。また「距離の視覚」に関しても同じ表現が使用される（同書一五一頁）。メルロ＝ポンティはすでに『行動の構造』の構造においてこの表現に注目し、これをマールブランシュの「自然的判断」すなわち感覚的次元の判断に関係付けている（滝浦静雄・木田元訳『行動の構造』みすず書房、一九六四年、二九四頁参照）。また『眼と精神』においてもこの表現は、視覚という思考の中心にある「不思議な受動性」として言及される（同書二七八頁）。一九五四―一九五五年度のコレージュ・ド・フランス講義で提唱される「制度化」（institution）概念は、この受動性を内部から、つまりデカルトの神のような超越者を介さずに思考しようとしたものとも考えられる。そのためにこそデカルト的自然概念の更新が必要だったのである（前掲邦訳『言語と自然――コレージュ・ドゥ・フ

ランス講義要録』四三頁以下参照)。

＊23 *Ideen III*, p. 118 (前掲邦訳『イデーンⅢ』一五二頁)。「身体は、しばしば諸感覚の担い手であり、いつでも新たに「刺激可能」である、とわれわれは言う」。

＊24 animalia ラテン語で生きものや動物のこと。フッサールはAnimalienという語を使う。生物一般も指すが、フッサールはとくに「身体と心の具体的統一体」(*Ideen II*, p. 139. 前掲邦訳『イデーンⅡ-Ⅰ』一六四頁)から論じ始め、それが複数の主観に、原的な現前(Urpräsenz)においては与えられないが、原的な現前を前提として根源的に与えられているような、特異な客観性を持つことを指摘している(*Ibid*., p. 163. 同書一九四頁)ので、邦訳では「有心的存在者」とも訳されている。

＊25 esthésiologique/aesthesiologische *Ideen II*, pp. 170, 175 (同書二〇二頁、前掲邦訳『イデーンⅡ-Ⅱ』五頁、および二九〇頁訳注(六)参照)。同書の訳注ではH・プレスナー、そしてメルロ=ポンティも参照したH・ドリーシュやフォン・ユクスキュルの「諸感官の人間学」との関係が指摘されている。

＊26 Einfühlung フッサールが他者経験に関して使用する用語。とくに『デカルト的省察』においては、自己の身体と他者の身体が「対になる(Paarung)」ことにより、意味が蔽い合い、志向的な越境が生じることを言う。本来は美学用語からTh・リップスが借用し、「感情移入」とも訳されていたが、フッサールにおいてそれは「本能」的なものではないので、「自己移入」と訳される(邦訳一六六頁および注(9)を参照)。

＊27 négatité サルトル『存在と無』の用語。「単に判断の対象であるばかりでなく、人間が苦

しんだり闘ったり怖れたりするような現実、その内部構造のうちに、あたかも存在の必要条件であるかのように、否定を宿している現実が、無数にある。それらを、われわれは否《いな》性 négatité と呼ぶことにしよう」（松浪信三郎訳『存在と無 I』ちくま学芸文庫、二〇〇七年、一一三頁）。

＊28 Fundierung この概念は、フッサールが『論理学研究』において、「必然的連繫の相互関係」を示すものとして論理学的に使用していたものである（立松弘孝・松井良和訳『論理学研究 3』みすず書房、一九七四年、五〇頁）が、メルロ＝ポンティは『知覚の現象学』において、「内容と形式」「理性と事実」「永遠と時間」「反省と非反省的なもの」「思考と言語」「思考と知覚」などの関係も、基づけの二重の関係であるという（前掲邦訳『知覚の現象学 1』二二五頁、『知覚の現象学 2』二八一頁）。たとえば後者においてメルロ＝ポンティは、「基づけるもの」として働く項は、「基づけられるものが基づけるものの一規定ないしは一顕在形態としてあらわれるという意味では、たしかに最初のもの」であるが、「基づけられるものをつうじてこそ基づけるものが姿をあらわす」一点において、両者の両義性は乗り越えられないという。

＊29 エトムント・フッサール『形式論理学と超越論的論理学』立松弘孝訳、みすず書房、二〇一五年、三一七頁。「普遍的なアプリオリの層は空間‐時間性の感性論的なアプリオリである。感性的な世界のこのロゴスが真の学問でありうるためには当然、分析的なロゴスと同様、超越論的な構成の研究が必要であり――すでにそこから非常に豊かではあるが困難な学問が成立する」。

＊30 sédimentation メルロ＝ポンティはすでに『行動の構造』において、フッサール『形式論理学と超越論的論理学』を参照しつつ、この語に言及している（邦訳三一四頁、注（11）参照。訳書では「沈積」となっている）が、本書「間接的言語と沈黙の声」の訳注＊31で指示した一九

五九―一九六〇年度コレージュ・ド・フランス講義「現象学の限界に立つフッサール――その後期哲学のテクストの翻訳と注解」では、沈澱による意味の忘却の問題はとりわけ「書かれた言葉」に関して問題になる。「書かれた言葉のもつ意味は事物の堅固さを純化し、それを思考に分かち与えるものなのであるが、一方それは、生きた精神がそれを目覚めさせに赴かないかぎり化石化した意味、沈澱した意味、潜在的なないしは眠れる意味でもある。われわれが総体的意味にふれるとき、われわれは忘却や不在にもふれているのである。（……）この沈澱こそがわれわれをもっと遠くまで赴かせるものなのだが、その沈澱のために、われわれがうつろな思考によって脅かされることになったり、起源にあった意味が抜き去られてしまったりもするのだ。真理は虚偽の可能性をぬきにしては定義しえないのである」（前掲邦訳『言語と自然――コレージュ・ドゥ・フランス講義要録』一二二頁）。またメルロ＝ポンティ「現象学の極限にあるフッサール」一〇二―一〇三頁も参照。ただし「忘却」の語は一九五二年度のフッサール全集版にはない。それに対してメルロ＝ポンティが早くから参照していた、一九三九年度のフィンクによる版では、「すべての沈澱はある仕方で「忘却すること（Vergessen）」である」という一文があり、メルロ＝ポンティはこれに依拠していると思われる（«Die Frage nach dem Ursprung der Geometrie als intentional-historisches Problem», *Revue internationale de Philosophie*, 15 janvier 1939, p. 212)。

＊31　kinesthèse　ここでは心理学の用語で、「皮膚感覚と対比して、四肢の位置や動きを知らせる内的な感覚」のこと（藤永保監修『最新心理学事典』平凡社、二〇一三年参照）。

＊32　たとえば『イデーンⅠ』第四九節「世界を無化しても残る残余としての、絶対的意識」（前

掲邦訳『イデーンⅠ-Ⅰ』二〇九頁以下）を参照。

＊33 numériquement　同一性には「数的同一性」と「質的同一性」があり、前者は「同じ一つの」という意味での論理的同一性のことを言い、後者は数的には同一とはかぎらない二つの個体がある範囲の性質を共有することをいう（『岩波　哲学・思想事典』一九九八年、飯田隆「同一性」の項参照）。

＊34 egocentrisme　心理学者ジャン・ピアジェの概念。メルロ＝ポンティはソルボンヌにおける児童心理学・教育学の講義でピアジェを引用するが、この概念については、子供が自己の「脱中心化」を経て、知的な相互性に至るべきものとして、否定的にとらえられていることがしばしば批判され、「生きられる脱中心化」の概念が提唱されている。前掲「幼児の対人関係」、『眼と精神』所収、一二八頁以下、また、『意識と言語の獲得――ソルボンヌ講義Ⅰ』六五頁以下などを参照。

＊35 transitivisme　心理学用語で、主体と外界の差別のなさゆえに、感覚が他人に転嫁されること。メルロ＝ポンティは「幼児の対人関係」で、隣の子どもに不意に平手打ちをくわせ、叩かれたのは自分だと主張する子どもの例を挙げ、これは「外からやってくる不安の攻勢に対する応答」であるという。前掲邦訳一八〇―一八一頁参照。

＊36 メルロ＝ポンティは一九五三―一九五四年度のコレージュ・ド・フランス講義「パロールの問題」の講義草稿においても同様の例を挙げているが、転記者によればこの例は以下の書から想を得ている。Paul Guillaume, *L'imitation chez l'enfant*, Paris, Félix Alcan, 1925. cf. Maurice Merleau-Ponty, *Le problème de la parole, Cours au Collège de France, 1953–1954, op. cit.*, p.

41, n. 3.

＊37　l'âme du monde　「自然的世界を生ける有機体とみたときに、それを活性化している原理。ソクラテス以前の物活論的教義にその萌芽がみられる」（前掲『岩波　哲学思想事典』、髙橋憲一「世界霊魂」の項参照）。メルロ＝ポンティの思想、とりわけ晩年の「世界の肉」という概念が物活論、すなわち物質に生命的なものが宿っているという考えを示すのではないかという批判に対しては、彼自身が『見えるものと見えないもの』の研究ノートで反論している。邦訳三六六頁参照。

＊38　egologie　超越論的自我への還元、自我とそのうちに含まれているものへの還元を自我論的還元というが、フッサールはこの還元には「未規定な規定可能性」の地平が含まれていること、また超越論的な間主観性への現象学へと開かれていることを指摘している（前掲邦訳『デカルト的省察』六四頁などを参照）。

＊39　sphère d'appartenance/Eigenheitssphäre　フッサールが『デカルト的省察』の「第五省察」で導入した用語で、「他者経験《フレムト》がもつ構成的な働きを遮断し、それとともに、異なるもの《フレムト》に関わるすべての意識の仕方を主題的に遮断する」判断停止（エポケー）によって現れる領域のこと（同書一七一頁）。

＊40　本来は「想起すること」を指すが、ヘーゲルは『精神現象学』末尾において、「絶対精神」が、意識に対して外的であるものを「内化（Er-innerung）」して保存することこそが「現象する知の学」そのものであるという（邦訳四〇七頁参照）。

＊41　simultanéité　この言葉はここでは、フィンクの「フライブルク時代のフッサールの後期哲

学」という論文に由来するようである。「時間的自己構成」について彼は次のように言う。「繊細をきわめた無限の分析のなかで、彼〔フッサール〕の反省は、時間の流れのなかで同一的な自我の「同時性」、受動的感覚与件と自我の自発性との現在性を捉えるのである」。一九五九―一九六〇年度の講義において、メルロ゠ポンティはこの論文に基づいて、フッサールの最後の省察を検討している。前掲邦訳『言語と自然――コレージュ・ドゥ・フランス講義要録』一二三頁参照。

＊42　本論原注（39）「自然の空間性の現象学的起源に関する基礎研究――コペルニクス説の転覆」、邦訳二九一頁。

＊43　Rückdeutungen の仏訳。本論訳注＊15参照。

＊44　現象学を営む観察者がその営みそのものを解明し、現象学的研究において匿名的に機能している現象学とその理論形成を、超越論的自己了解において完成し、世界構成の問題などを問い直す「超越論的方法論」として、フィンクによって提唱された表現。前掲邦訳『超越論的方法論の理念』八頁、一一三頁および本論訳注＊3を参照。

＊45　le principe «barbare»　シェリング『諸世界時代　第一巻　過去（第一草稿　一八一一年）』山口和子訳、『〈新装版〉シェリング著作集　第4b巻』文屋秋栄、二〇一八年、六〇頁参照。「そうした神〔フィヒテの神。訳注による〕は、自己の内面を掘り下げる力を失った人間が自然に作り上げた像である。その神の無力は、民族の無力に比較されうる。かれらはいわゆる文化や啓蒙を求めて善良に努力することにより、自己の内なる一切を思惟へと解消するにいたった。しかし、かれらはそれに応じて、闇と同時に一切の強さと、あの――いったいなぜ適切な言葉で呼んではいけないだろうか――野蛮な原理を失ってしまった。この野蛮な原理は、克服されると

――しかし根絶されてしまいはしないが――一切の偉大さの本来的な基礎となるのである」。メルロ゠ポンティは一九五六―一九五七年度のコレージュ・ド・フランス講義でシェリングの「自然の概念」をデカルト、カント、フッサールらとともに論じているが、その講義ノートでは「過去の深淵」に関してこの一節を引用し、以下のようにコメントしている。「これは、私たちが到来するときにはもうすでにそこに存在しているような、先‐存在のことである。〈存在〉が〈存在〉の意識にたいして過剰であること、このことをシェリングはきわめて厳密に思考しようとした」(Maurice Merleau-Ponty, *La Nature, Notes, Cours du Collège de France*, Paris, Seuil, 1995, pp. 61–62. 前掲邦訳『自然――コレージュ・ド・フランス講義ノート』五六頁、改訳)。また『言語と自然――コレージュ・ドゥ・フランス講義要録』七八頁、『見えるものと見えないもの』三九四―三九五頁なども参照。

＊46 アナクサゴラスに由来する言葉と思われる。「あらゆるものは一緒になってあったが、それらは、その数においても小ささにおいてもともに無限である」(廣川洋一『ソクラテス以前の哲学者』講談社学術文庫、一九九七年、三〇九頁)。メルロ゠ポンティは『見えるものと見えないもの』の研究ノートでもこの語を引き、「類似」を地とした「差異の到来」について語っている(邦訳三一三頁参照)。この語の出典についてのより詳細な解説として川瀬智之『メルロ゠ポンティの美学――芸術と同時性』青弓社、二〇一九年、一二六―一二七頁参照。

＊47 文字通りの出典は不明だが、経験的な事実ではなく、形相的な本質を把握する「形相的還元」と、自然的態度を遮断して超越論的主観性に至る「超越論的還元」の不可分な関係については、『イデーンⅠ‐Ⅰ』第二篇第四章末尾の注記、および邦訳三八九頁訳注(九)を参照。メル

ロ＝ポンティのこの発言について詳説した論考として、渡辺二郎『内面性の現象学』勁草書房、一九七八年、第二章参照。

＊48　imposture　詐欺とは、たとえば読者が作品の完璧さに幻惑されてそれを作家に投影することを言う。一九五三年度のコレージュ・ド・フランスのヴァレリーについての講義の要録でメルロ＝ポンティは以下のように記している。「したがって、文学というものは、詐欺によって身を養っているのである。つまり、作家は彼の言葉の望むとおりを語りながら深遠だとみなされるのであったり、彼のうちにある欠如の一つひとつがひとたび言葉《パロール》にされるや能力と見えてくるのであったり、一冊の本の出来上がるのに協力し合った偶然時の総和が著者の意図とみなされたりするのである」（前掲邦訳『言語と自然──コレージュ・ドゥ・フランス講義要録』一六頁）。ただしこの懐疑的な態度は、表現的な言葉の実践によって乗り越えられることをヴァレリーに即して示すのが講義の主眼である。とりわけヴァレリーが『固定観念』という作品で提示する「錯綜体(implexe)」という考えこそが、「われわれの意志の手前で、われわれがなすこととわれわれが意志することとの関係」を保証してくれる「折衷物」であるとメルロ＝ポンティは考える（同書一八頁）。メルロ＝ポンティはフッサールの言語もまた、このような表現的錯綜体だとみなしているのである。

＊49　本論の原注（39）に引用されている、フッサール「自然の空間性の現象学的起源に関する基礎研究──コペルニクス説の転覆」二七一頁参照。「世界統覚を引き続いて形成してゆく場合は、つねに「世界直観」の統一性は世界の可能性を確証しなければならない──〔すなわち〕世界の現実性のひとつの根本的な成分を形成している可能性そのものとしての世界可能性を、そしてさ

らに、開かれたさまざまの可能性の総体（Universum）としての世界可能性を〔確証しなければならない〕」。

生成しつつあるベルクソン(1)

ベルクソン主義の運命には、一つならざる逆説がある。ペギー[*1]が一九一三年に言っていたように、この自由の哲学者は、急進社会党と大学を敵にまわしていた。このカントの敵はアクシオン・フランセーズの一派を敵としていた。この精神の友は、信心家たちを敵にした。だから当然現れるべき敵ばかりではなく、敵の敵も敵にしたのだ。ペギーやジョルジュ・ソレル[*2]のような非正統的な人々をひいきにしていた時代のベルクソンを、ほとんど呪われた哲学者として描くことができるくらいである。――ただし同じ時期に、すでに一三年も前から、コレージュ・ド・フランスで好意的な聴衆に囲まれ、一二年も前から、ある学士院の会員であり、やがてはアカデミー・フランセーズの会員になること[*3]を忘れてあげたとしたらの話ではあるが。

私が属している世代は、すでに教育からしりぞき、長い時間をかけて『道徳と宗教の二源泉』〔一九三二年〕を準備中だった、ほとんど沈黙している第二のベルクソンしか知らなかった。そのとき彼はすでにカトリック教会からも光明としてたたえられ、危険人物とはみなされず、合理主義的な教師によって学校で教えられていた。学派こそけっして形成されなかったものの、ベルクソンに育てられた、私たちより年上の者からは絶大な信頼を得ていた。最近になってようやく、猜疑心が強く排他的なポスト・ベルクソン主義が生まれ、ベルクソンを万人のものとしてしまうのは、あたかも彼に対する敬意を減じるものであるかのように考えられるようになった……。

かつて哲学と文学を一変させた者が、どうしてこのようなほとんど規範的《カノン》な著作家になってしまったのか。それとも変わったのは彼のほうだろうか。後に確認するが、彼はほとんど変わっていない。それではむしろ彼が公衆を変え、彼自身の大胆さに巻きこんだのだろうか。本当のところを言えば、二つのベルクソン主義がある。すなわち一方に、果敢さを具現するベルクソン主義がある。それは戦っていたときのベルクソンの哲学であり、ペギーも彼はうまく戦っていたと言う。——そしてまた、勝利後のベルクソン主義がある。ベルクソンが長い時間をかけて見いだしたことに、はじめから納得してしまい、すでに諸概念で満ちているベルクソン主義である。そのときベルクソン自身もその概念を自分のものにしてしまっていた。スピリチュアリスムや、その他の実体的存在に対する漠然とした大義と同一視されてしまうと、ベルクソンの直観は牙を抜かれ、一般化され、矮小化されてしまう。そんなものはもはや回顧的なベルクソン主義、外部からみたベルクソン主義でしかない。セルティヤンジュ神父が、[*4]今日ではカトリック教会はもはやベルクソンを禁書目録に入れていないが、それは一九一三年の判断を見直したということではなく、その作品がどのような終わりを迎えるのかが今ではわかっているからだと書くとき、これはまさに回顧的なベルクソンにふさわしい表現だと言えるだろう……。ベルクソン自身は、ある道に進もうとするとき、というよりはむしろそれを切り開こうとするとき、その道がどこに至るのかを予想してなどいなかった。『物質と記憶』や『創造的進化』を書こうとするときに、『道徳と宗教の二源泉』を予想してなどいなかったのだ。『二源泉』は糾弾されたかつての作品を修正したかもしれないが、だとしてもそれは前二著なしでは意味をもたなかっただろうし、それらなしでは有名にもならなかっただろう。この条件をそのまま受け入れるか、拒むかのどちらかだ。危険《リスク》をおかすことなしに真理をもつことはできない。まず結論をみてしまったら、もはや哲学はない。哲学者は近道を求めず、あらゆる道をためしてみる。確立されてしまったベルクソン主義はベルクソンをゆがめる。ベルクソンは不安がらせたのに、ベルクソン主義は安心させる。ベルクソンは獲得そのものだったが、ベルクソン主義はベルクソンをまもり、正当化する。ベルクソンは事物との接触だったのに、ベベルクソン主義は通念の寄せ集めだ。ベルクソンがひとりで辿り、けっして捨てることのなかった道を、意見の調停や祝賀で忘れてはならない。直接的で、簡素で、媒介もなく、とっぴなやりかたで哲学をつくりなおし、見かけの下に深遠なものを、私たちの目前に絶対的なものを、——そして、極度な礼儀正しさの下に発見の精神を求めたベルクソンを。これこそがベルクソン主義の第一の源泉なのだから。

彼は『レ・ゼテュード(*Les Études*)』誌に収められた一九一一年の講演を以下のようなことばで締めくくっている。「学者や芸術家や哲学者が名声を求めることにこだわるのは、持続性のあるものを創造したという絶対的な安心感を欠いているからである。この安心感をあたえてみれば、彼らは自分の名をとりまく雑音などものともしなくなるだろう」[*5]。結局のところ彼が願った唯一のことは、生き残るような書物を書くということなのだ。そのような証言をするためには、彼が私たちの仕事にどのように現前しているかを語らなければならないだろう。そしてあたかも一九〇〇年の〔コレージュ・ド・フランスの〕聴衆のように、私たちなりの好みや偏りを抱えつつ、彼の作品のどのページにおいて、彼が「事物と接触しつつある」ように感じられると思われるのかを、語らなければならないだろう。

＊　＊　＊

彼が哲学者であるのはまず、スペンサー[*6]が厳密さを欠きつつ使用していた力学原理の一つを検討することによって、いわば知らず知らずのうちに、哲学全体を再発見した流儀によってである。そのとき彼は、時間に接近するには、それを座標系と測定のあいだにペンチで挟むように締め付けるわけにはいかないこと、時間の観念を得るためには、それが自由に生成するがままにし、その連続的生誕に付き従わなければならないことに気づく。この連続的生誕によってこそ、時間はつねに新しく、そしてまさにそれゆえに、つねに同一のものなのである。

哲学者としての彼のまなざしはそこに別のものを見いだし、求めていたもの以上のものを見いだすことになる。というのも、もし時間がそのようなものならば、それは私が外から見るものにすぎないからである。外からは私は時間の痕跡しかもちえず、その発生的な推進力に立ち会うこともできないだろう。だから時間は私であり、私は私がとらえる持続であり、私の内においてこそ持続がおのれ自身をとらえる。そして現時点からすでに私たちは絶対的なもののもとにいる。これは奇妙な絶対知だ。というのも私たちは私たちの記憶の全体も、私たちの現在の厚み全体も認識せず、私の私自身との接触は「部分的合致[*7]」——これはベルクソンがしばしば使用する言葉で、実のところ、問題含みの語なのだが——である。いずれにせよ、私が問題になる場合、接触は部分的だからこそ絶対的なものであり、私が私の持続にとらわれているからこそ、私はそれを誰のものでもないものとしてとらえるのであり、それが私を逸脱するからこそ、私はその経験をもつのだ。この経験はより密接だとも、より近いとも考えられないような経験だろう。絶対知とは上空飛行ではなく、内属（inhérence）のことだ。哲学に対して、「我思う」やその内在的な思考ではなく、凝集することが離脱することでもあるような〈自己であること（Être-soi）〉という原理を与えたのは、一八八九年〔『意識に直接与えられているものについての試論』の刊行年〕の時点においてはたいへん斬新なことであり、また未来にもつながる考え方だったのである。

この場合私が合致するのは非合致に対してなのだから、経験は、私という特殊な存在のかなたに広がっていく可能性をもっている。私の持続を直観すること、それは見る一般的な方法を学ぶことであり、すべての事物を――そして主体や客体と呼ばれるもの、さらには空間と呼ばれるものさえも――持続の相の下に（*sub specie durationis*）見直すような、一種のベルクソン的な「還元」の原理なのである。空間と呼ばれるものさえも、というのは、内部の空間や、まさにアキレスが歩いている世界であるような拡がりが、すでに描き出されているのが確認できるからだ。持続するある種のやりかたでしかないような、諸存在や諸構造が、メロディと同じように（ベルクソンは〈有機的〉組織化 organisation と言う[*8]）

ある。持続とはたんに変化や生成や動性ではなく、この言葉の生き生きとした能動的な意味で、存在である。時間が存在の代わりに置かれるのではなく、それは生まれつつある存在として理解されており、そして時間の側から接近しなければならないのは、いまや存在全体なのである。

このことをひとは、『物質と記憶』が出版されたとき〔一八九六年〕によくわかっていた、あるいは少なくともわかっているべきだったのである。だがこの本は驚かし、晦渋なものにみえた。今日でさえこの書はベルクソンの偉大な書物のなかでもっとも読まれることが少ないものである。だがこの書においてこそ、持続の領野と直観の実践は決定的なかたちで拡大する。彼自身が言っているように、前著を忘れ、別の諸事実の路線[*9]をそれとしてたどり、心身の複合体と接触することによって、ベルクソンは持続に連れ戻されるのだが、この別のアプローチにおいて新たな諸次元を迎え入れる。このときベルクソンに対していわゆる意味の変化を批難してしまうのは、体系であることを求めず、充実した反省であることを求め、存在を語らしめようとした哲学の法則を知らないだけである。この意味の変化こそが探求そのものなのだから。それ以降、持続は心と身体が接続《アルティキュラシオン》する中間地帯《ミリウ》となる。というのも、現在と身体、過去と精神は、本性上異なっているのに、たがいに移行し合うからである。直観はもはや決定的に、単純な一致や融合ではなくなる。それは純粋知覚や純粋記憶のような「極限《リミット》」[10]にばかりではなく、そのあいだ（l'entre-deux）にも拡がっていく。ベルクソンの言葉を借りれば、未来を志向し、過去を活用するかぎりにおいて、現在や空間に開かれてあるような存在へも拡がっていくのだ。そこにこそ諸直観の生が、モーリス・ブロンデル[11]が諸直観の「混成（hybridation）」と呼ばなければならなかったものが、つまり物質と記憶に向かう「二重の弛緩」があるのだ。対立項をそれらの究極の差異においてとらえることによって、直観はそれらが合一するのを見るのである。

たとえば『物質と記憶』における知覚された存在についての驚くべき記述を過小評価したら、ベルクソンはいちじるしく歪められてしまうことだろう。彼は、事物が限定的な意味でのイマージュ、つまり「心的なもの」や魂であるなどとはいささかも言っていない。――彼が言っているのは、私の眼前における事物の充実性のゆえに、私の視覚は私の内ではなく、まるで事物の内でおこなわれているかのようだということ、見られるということ[12]はまるで事物の優越的な存在の劣化であるかのようだということ、「表象される」ということ――ベルクソンの言葉を借りるならば、主体の「暗箱」に現れること[14]――はおよそ事物の定義をなすものではなく、その自然的な豊かさから帰結するかのようだということである。ひとはかつてこのような存在と自己のあいだの回路を打ち立てたことはない。すなわち、存在は観者《スペクタトウール》である「私に対して」あるのだが、この観者のほうも「存在に対して」あるような回路を。だれもこのように、知覚世界の生《なま》の存在を記述したことはない。生まれつつある持続に続いて、この生の存在を暴き出すことによってベルクソンは、人間の中心において、世界の前ソクラテス的で「前人間的な」意味を取り戻したのである。

ベルクソンが繰り返し言うように、『持続と同時性』[*15]は哲学の書であり、さらにより敢然と、知覚された世界に身を置こうとする。三五年前と同様に今日でも、物理学者たちはベルクソンが相対論的物理学に観察者《オブサーバー》を導入したと批難する。相対論的物理学において時間は、測定や基準系との関係に対してのみ相対的であると物理学者たちは言う。だがベルクソンが示そうとしているのは、まさに即自的な事物のあいだには同時性はないということだ。即自的な事物はいかに近接していようと、それぞれ別々に存在する。知覚された事物だけが、同じ現在の線に関与することができる。――そしてひとたび知覚が存在するやいなや、測定をまったく介することなく、一つの領野に属する二つの出来事ばかりでなく、すべての知覚野のあいだ、すべての観察者のあいだ、すべての持続のあいだで、ただ一つの眺望の同時性がある。すべての観察者を同時に捉えたとしたら、それも、そのうちの一人によって見られた観察者たちとしてではなく、彼ら自身に対して、そして彼らの生の絶対性においてとらえたとしたら、そうした孤独な諸持続は、たがいに貼り合わされたり測定されたりすることはもはやなく、いかなるずれもなくなり、したがって時間の世界を断片化することもなくなることだろう。このようにすべての持続を総体的に復元することは、それらの内的な源泉においては不可能である。私たち一人一人は自分の持続としか合一しないのだから。こうした復元は、肉化した諸主体が相互を知覚したとき、それぞれの知覚野が重なり合い、含みあったとき、同じ一つの世界を見つつある姿をおたがいに見るときにこそ可能になるとベルクソンは言う。知覚はその固有の秩序において普遍的な持続を措定し、ある基準系から別の基準系への移行を可能にする諸公式は、あらゆる物理学と同様、二次的な客観化である。それは私たちの肉化した諸主体の経験において意味があるものに対しても、また、統合的な存在に対しても、決定を下すことはできないのだ。これは、普遍を知覚の神秘に基づかせ、そしてベルクソンがまさに言ったように、知覚を上から眺めるのではなく、その内に沈潜しよう[*16](s'enfoncer)とするような哲学の素描だったのである。

ベルクソンにおいて知覚とはこうした「悟性の補完的な能力」であり、これだけが存在に対応する能力であり、存在に私たちを開くことによって、「自然の作用《オペラシオン》の内で自分が働いていることに気づく」[*17]ような能力である。私たちが生命を知覚する術《すべ》を知ってさえいれば、生命の存在は、あらゆる製造物よりも古いものとして眼前にある事物をモデルとするような、単純で不可分な諸存在と同種のものであることがわかるだろう。そして生命の作用は一種の知覚として私たちに現れてくるだろう。生命が進化の線上で長い準備の後に、視覚器官を組み立てること、そしてときには、分岐している進化の線上で同じ器官を組み立てることを確認すると、ひとは収斂する細部の背後において、私の手が私に対するときのように、唯一の所作をみるような気がするのであり、[*18] さまざまな種における「視覚への歩み」[*19] は、まさに『物質と記憶』が描いていた視覚の全体的な作用《アクト》に支えられているのである。ベルクソンははっきりと『物質と記憶』への参照を求めている。[*20] この全体的な作用こそが、程度の差はあれ、有機体に下降しているとベルクソンは言う。だからといって、生命の世界が人間的表象であるとか、人間的知覚が宇宙的な産物だということではない。そうではなく、私たちが私たちの内に見いだす根源的な知覚と、進化においてその内的原理として浮かび上がってくるものとが絡み合い、互いに侵食したり結び付いたりしているということだ。私たちの内に世界への開けを見いだすのであれ、生命を内部から捉えるのであれ、どちらの場合でも、一つの持続と、それを外から縁取る別の持続のあいだの、同じ緊張があるのである。

したがって一九〇七年〔『創造的進化』の発行年〕のベルクソンには直観の直観が、つまり中心的な直観がみられるのであり、ひとが不当にも言ったように、この直観はおよそ「なにかわからぬもの」や統御不可能な天才の産物などではない。彼がじかに参照し、おのれの哲学の意味を汲み取る源泉は、たんに彼の内的な風景の分節、すなわち彼のまなざしが事物や生命に出合う様式、自分自身や自然や生体との生きられた関係、私たちの内と外における存在との接触などなのではないだろうか。そしてこの汲み尽くしがたい直観にとって、最高の「媒介的イマージュ」[*21]は、まさに『物質と記憶』が描いていた、目に見えて存在する世界そのものなのではないか。上から超越に移行するときでさえベルクソンは、一種の「知覚」を経由することでのみ超越に到達できると考えている。いずれにせよ生命は、私たちの下方にあるものとして、私たちとは別のやりかたで問題をつねに解決するのであり、それは人間的な精神よりも、ベルクソンが事物にかいまみていた、切迫する優越的な視覚に似ているのである。知覚的存在とは、デカルト主義者たちがかえりみなかった自発的ないしは自然的な存在のことである。彼らがこれをかえりみなかったのは、無の地の上に存在を求めたから、そしてベルクソンも言うように、「非存在に打ち勝つ」[*22]ためには、必然的なものを必要としたからである。ベルクソンのほうは構成以前の存在を記述する。それは私たちの反省の地平につねに前提とされ、生まれようとする不安やめまいを防ごうと、つねにすでにそこにあるのだ。

なぜ彼は生命を内側から思考したようには歴史を内側から思考しなかったのか、なぜ歴史に関しては、細分化された事実を、それぞれの時期や出来事において組み合わせ(agencement) てくれるような、単純で不可分な行為を求めなかったのかということは、まさに一つの問題である。各時代はそれがなりうるすべてのものであり、まさに現勢的《アクテュエル》な、全体的な出来事であること、たとえば前ロマン派はロマン派以後の錯覚だと主張することによって、ベルクソンはさまざまな深さの歴史（histoire des profondeurs）を決定的に退けてしまったように思われる。それに対してペギーは、誰かが創始し、誰かがそれに応答するときの、出来事の出現を描いていた。——そしてまた、歴史の成就、すなわち別の世代がかつて創始したことに、ある世代が応答することをも。彼は諸個人と諸時間の接合に歴史の本質をみていた。これは困難な接合だ。というのも、行為や作品や過去は、それらを外からながめる者たちには、その単純さゆえに接近不可能だからだ。——というのも、ある日なされた革命が歴史をなすには何年もかかるのだし、一時間で書かれた一つの頁にも、尽きることない無限の注釈が必要だからだ。誤謬や逸脱や挫折の機会は膨大にある。だが本を書き、行動する者、あるいは公に生活している者——つまり結局のところすべての肉化した精神がなしたことが、別のかたちで成就されることを、他者たちや後継者たちに期待するというのが、そうした者たちにとっての残酷な法則である。——別であると同時に同じ[*23]（un autre et le même）成就を、とペギーは深遠にも語っている。というのも他者たちや後継者たちもまさしく人間であり、この交代において、彼らはみずからを創始者の同類（semblable）に変えるからである。そこには躓き《スキャンダル》がある、とペギーは言う。だがそれは「無罪とされた躓き」、つまり「神秘」である。[*24] 意味《サンス》は、解体されるのを覚悟で作り直される。ベルクソンの意味の定義に合致して、それは饒舌な意味であり、「思考された事物というよりは、思考の運動であり、運動というよりは方向である」[*25]。この呼びかけと応答において、端緒は変容し、成就するが、そこには誰のものでもなく、またすべての者のものでもあるような持続、「公共的持続」[*26]、「世界の出来事の固有なリズムと速度」[*27]があり、これこそが真の社会学の主題なのだとペギーは言う。だからペギーは、歴史についてもベルクソン的な直観が可能であることを事実によって示したのだ。

しかしながら、ペギーは自分の「本質的な思考」[*28]をわかっていたと一九一五年に言っていたベルクソンは、この点では彼に従うことはなかった。ベルクソンには「歴史的記載」がもつ固有な価値も、「呼びかける世代」と「応答する世代」もなかった。あるのは、個人から個人への英雄的な呼びかけ、「神秘体[*29] (corps mystique)」なき神秘主義だけだった。ベルクソンにとって、善と悪が一体であるような、唯一の連続的な生地はない。神秘主義の侵入に貫かれる自然的な諸社会があるだけだ。『道徳と宗教の二源泉』を準備していた長い沈黙の時期においても、彼はかつて生命を吸収したようには、歴史を吸収したとは思えない。私たち自身の持続と通じ合う「悟性の補完的な能力」が、かつて生命において働いているのを見いだしたようには、歴史において働いていることを見いだしはしなかった。

彼は個人や、それが源泉を見いだす能力についてはあまりに楽観的で、社会生活に関することについてはあまりに悲観的だったので、歴史を「無罪とされた躓き」と定義するのを認めることはできなかった。そしてこのように対立するものが後退していくことが、おそらく理論全体に跳ね返っていく。事実、『二源泉』とほぼ同時期の『思考と動くもの』では、「形而上学入門」が哲学と科学、直観と知性、精神と物質のあいだに打ち立てていた含み合いの関係を——たしかに「相互侵食」がなくはないのだが——、両者を明確に区別する方向で修正している。ベルクソンにとって歴史の真理などないことはたしかであり、ペギーのようには人間が相互に含み合っていることを見てとらず、私たちのまわりにある象徴《サンボル》の好意に満ちた存在や、それが担っている奥深い交換を感受せず、——そしてたとえば、民主主義の起源には、「福音的な本質」や、カントとルソーのキリスト教しか見いださないのだが*[30]——、このようにある種の可能性を切り捨て、自分の作品の究極的な意味を決定してしまうやりかたは、彼が持って生まれた趣向を表現しているはずであり、それは彼の哲学の一部をなすのだから、私たちはそれを理解しようとしなければならない。

　彼において媒介と歴史の哲学すべてに対抗するのは、彼の思想のごく古くからの前提、すなわち、人間がめまいや不安を知らないような、「半-神的な」状態*[31]への確信である。歴史についての省察はこの確信の位置を変えたが、弱めることはなかった。『創造的進化』の時期には、自然的な存在の哲学的直観さえあれば、無という偽の問題を消し去るのに十分であった。『二源泉』では、「神的人間」[*32]は「到達不能」[*33]になるが、ベルクソンはあいかわらずそれに基づいて、人間的な歴史を展望している。存在との自然な接触、歓喜、平静さ——静寂主義——などが、ベルクソンでは本質的であり続ける。それらはたんに、権利上一般化可能な哲学者の経験から、別のもう一つの自然、第二の肯定性である神秘主義者の例外的な経験に移される。後者は限界を知らない。自然は能産的自然と所産的自然へと調停不可能なまま二重化し、この二重化こそが『二源泉』においては神と神の世界への働きかけの区別を果たすのだが、これはそれ以前の作品でも潜在していた考え方である。ベルクソンは〔スピノザのようには〕神即自然(*Deus sive Natura*)とは言わないが、それは神がもう一つ別の自然であるからだ[*34]。「超越した原因」を完全に「地上への派遣」から切り離すまさにその瞬間に、ベルクソンは自然という語を書き記す[*35]。それ以後、世界において真の意味で能動的で創造的だったものはすべて神に集中し、それらは結局「停止」や「被造物」でしかない。だがこの〈超自然〉と人間の関係は依然としてこれに先立つ著作が直観と自然的存在に見いだしていた、直接的関係のままでありつづけている。人間という種を作った単純な行為がある。神秘主義には、神の単純な行ない、単純化する行ないがある。それに対し、歴史と悪の領域を打ち立てるような単純な行為はない。それはまさしくあいだ（l'entre-deux）でしかないのだ。人間は二重であるというよりはむしろ、二つの単純な原理によって作られる。所産的自然と能産的自然のあいだをゆらぎながら、歴史は固有の実体をもてずにいる。たしかに歴史は呪われたものではなく、宇宙は「神々を作り出す機械[*36]」でありつづける。結局のところそれも不可能ではない。というのも所産的自然は能産的自然を源泉としているからだ。だがいつの日か、神々を作り出す機械がそれまでつねにやりそこねていたことに成功するならば、それはあたかも停止させられていた創造がふたたび動き出すようなものだろう。そのような〈大いなる春〉を予告してくれるものは何もない。私たちの二つの本性を結び付けてくれるような表徴《シーニュ》は、謎というかたちとしてですら、どこにも読みとることはできない。悪と挫折は意味をもたない。創造は、未来へと向かうドラマではない。むしろそれは、埋没した努力であり、人間の歴史は、大衆《マス》をふたたび動かすための弥縫策になってしまった。

こうしてきわめて個人的で、ある点では前キリスト教的な、おどろくべき宗教哲学が生まれた。神秘主義的経験は原初的な統一の名残であり、それは創造者の努力の「単純な停止」によって被造物が現れたときには崩れてしまっている。私たちの起源である、この背後の壁をどのように乗り越えればよいのか。所産的自然の痕跡をどのようにふたたび見いだせばよいのか。それができるのは知性ではないだろう。被造物によって創造をやり直すことはできないからだ。たとえ私たちの持続を直接に試練にかけたところで、その起源である分裂（fission）を廃棄して、所産的自然そのものに合一することはできない。だからこそベルクソンは、神秘主義的経験が私たちに課す原理は、神そのものなのか、それともそれが地上に派遣したものなのかを問う必要はないと言うのだろう。この経験は「はるかにそれを越えうる」[*37]存在の、同意をともなった侵入をこうむる。全能の存在とさえ言うべきではないだろう。ベルクソンは、全体の観念は、無の概念とおなじくらい空虚であると言い、彼にとって可能態は現実態の影でありつづけている。ベルクソンの神は無限であるというよりは巨大（immense）なのであり、あるいはむしろ質的な無限者なのだ。〔古代に〕水や火が要素《エレマン》であったのと同じ意味で、神は歓喜の要素、愛の要素である。感覚的存在や人間的存在と同じように、それは放射＝輝き（rayonnement）であって、本質ではない。ベルクソンが言うように、形而上学的な諸属性が神を規定するように思われたとしても、それはあらゆる規定と同じように、否定なのだ。万が一この諸属性が可視的になったとしても、いかなる宗教人も、彼が祈りを捧げている神を認めることはないだろう。ベルクソンの神は、宇宙と同じように単一な（singulier）存在であり、巨大なこのもの（*ceci*）である。そしてベルクソンは神学においてさえ、現勢的《アクテユエル》な存在のために作られ、それにしか適用されない哲学という約束を守ったのだ。想像的な計算の領域に入ると、「〔人間という〕

総体が現在そうあるものよりきわめて高度なものであったこともありえた」[*38]と告白しなければならないと彼は言う。誰かの死が、可能な最善の世界の構成要素であるようにすることは誰にもできないだろう。だが誤っているのは古典的な弁神論の解決だけではなく、その問題そのものが、ベルクソンが位置している次元、つまり根源的な偶然性の次元では意味をもたないということなのだ。そこで問題になっているのは、概念的に把握された世界や神ではなく、現実存在する世界や神であり、私たちの内でこの次元を知っているものは、私たちの臆見や発話よりも下にある。いかに悲惨なものであれ、人間が自分の生を愛さないようにできるものは誰もいない。この生命的な裁きは、生命と神とを、糾弾と弁護のこちら側に据えているのだ。そして誰かがベルクソンに、能産的自然が所産的自然を生産したのに、所産的自然が真に実現されないのはいったいどのようにしてなのか、少なくともしばらくのあいだ、創造的な努力が停止したのはなぜなのか、どのような障害に遭遇し、どうして障害が乗り越えがたいものでありえたのかをたずねたとしたら、——生命がおそらくはよりうまく繁栄している別の惑星は別として——、彼の哲学はその種の問いには答えないこと、いやそのような問いを提起する必要もないことを認めたことだろう。結局のところベルクソンの哲学は、世界の創成《ジュネーズ》ではなく——またそのようなものになりかけたこともあったが、存在の「積分と微分」[*39]でさえなく——あえて部分的、非連続的に、そしてほとんど経験的に、複数の存在の発生源を探し当てるものであったのだから。

＊　＊　＊

結局のところ、ペギーがこの哲学者は「はじめて（……）、存在そのものがもつ固有なものと、現在の接合に注意をひいた」[*40]と言うのは、完全に正しいと認めなければならない。生まれつつある存在からは、いかなる表象も私を引き離すことはできない。生まれつつある存在は、私たちがとりうるさまざまな視点、それも不整合だったり共不可能だったりする視点さえもあらかじめ含み、私たちの前に、可能なものや必然的なものより若いと同時に老いたものとして屹立し、そしてひとたび生まれたならば、存在することをけっしてやめることができず、ほかの現在の奥底で存在し続ける。――忘れられていたこの生まれつつある存在とその力を再発見した彼の著作が、ルネサンスとして、哲学の解放として二〇世紀の初めに感じられたことは理解できるし、その意味で彼の著作の力は今も変わらない。起源へのこのまなざしが、さらに情念や出来事や技術や法や言語や文学にも向けられ、それらを記念碑や厳かな人間の予言として、つまり一つの問いかけの精神（un esprit interrogatif）の暗号とみなすことによって、それらに固有な精神的なものを見いだしていたとしたら、すばらしいことであっただろう。ベルクソンは確証と発明を信じ、問いかけの思考は信じなかった。だが彼の領域が限られているまさにそのゆえに、彼は自分が見たものへの忠実さにおいて模範的なのだ。晩年の宗教的な対話において彼の哲学は、実験的な貢献ないしは無償の補足としてではあるが、トマス派の集団に取り囲まれていた。——あたかも、何かを足してしまうと、本質的な何かが失われてしまうことが見えていなかったかのように——。この対話を読んで私が心打たれたのは、ベルクソンがカトリックに個人的に同意し、道徳的にも賛同している瞬間に、哲学としてはきわめて平然と自分の方法を維持していることである。[*41] 嵐〔のような批判〕のなかでおのれの路線を厳格にまもった彼は、最終的な和解においてもそれを維持したのだ。彼の努力と作品は、哲学を現在へと据え直し、今日では存在への接近となりえたものを見せてくれたのだが、それはまた、かつての人間が消えずに残り続けていること、「見せる」ことができることだけしか語ってはならないこと、待機し、待機させ、不興を買い、気に入られさえし、自己であり、真実であることなどをわきまえなければならないことを教えてくれる。——そして人間たちのあいだでは、このような毅然とした態度はけっして呪わしいものではないことをも。なぜならば、真なるものを求めた結果、彼はさらにベルクソン主義というおまけも手に入れたのだから。

原注

(1) このテクストは、「ベルクソン学会」(一九五九年五月一七—二〇日) の最後におこなわれた、ベルクソンをたたえる会議で読まれ、『フランス哲学会誌』に発表されたものである。

訳注

＊1 ペギーについては、本書「序」訳注＊4を参照。ここでは、一九一四年に執筆した「ベルクソン氏とベルクソン哲学についての覚書」および「デカルト氏とデカルト哲学についての付随的覚書」におけるベルクソン擁護が意識されている。後者ではベルクソンについて、以下のような記述がある。「自由をふたたび導入した人間が急進社会党を敵にした。／フランス思想をドイツへの隷属から解放した人間がアクシオン・フランセーズの一派を敵にした。／霊的な生をふたたび導入した人間が信心深い一派を敵にした」(«Note conjointe sur M. Descartes et la philosophie cartésienne», *Œuvres en prose complètes III*, «Pléiade», Paris, Gallimard, 1992, p. 1332)。これは、カトリックのジャック・マリタン、合理主義者ジュリアン・バンダ、右翼の「アクシオン・フランセーズ」の指導者シャルル・モーラスらのベルクソン批判に対する応答であると思われる。

＊2 Georges Sorel (1847-1922) フランスの思想家。プルードン、マルクス、ニーチェ、ウィリアム・ジェイムズに加えてベルクソンの影響を受けた社会理論を展開し、アナルコ・サンディカリズムを基礎付けるとともに、ムッソリーニらイタリアのファシズムにも影響を与える。主著に『暴力論』など。

＊3 ベルクソンは一九〇〇年にコレージュ・ド・フランスの教授となり、一九〇一年に道徳・政

治学学士院《アカデミー》の会員に選ばれ、一九一四年にアカデミー・フランセーズの会員に選ばれる。

＊4　A.-D. Sertillanges（1863-1948）ドミニコ会神父、新トマス主義の哲学者。ベルクソンとカトリックについての著書もある（*Henri Bergson et le catholicisme*, Flammarion, 1941）。

＊5　一九一〇―一九一一年度のコレージュ・ド・フランス講義「人格の理論」の最後の言葉としてジュール・グリヴェ（Jules Grivet）が伝えている言葉。一九一一年の『レ・ゼテュード』誌に出された後、『小論集（*Mélanges*）』に再録されている（Henri Bergson, *Mélanges*, textes publiés et annotés par André Robinet, Paris, PUF, 1972, p. 847）。

＊6　Herbert Spencer（1820-1903）イギリスの哲学者。独自の進化概念を構想し、それを心理学や社会学に応用した。ベルクソンは学生時代よりその『第一原理』を熟読していたが、力学の「究極の観念」を探り得ないという弱点に気づき、「時間」の観念に導かれた、と回想している（前掲邦訳『思想と動くもの』一二ページ参照）。

＊7　coïncidence partielle　たとえば『物質と記憶』において、知覚が事物の中に存在することは、あくまで「権利上」のものであり、「事実上」のものではない、と指摘したうえで「知覚対象」と「知覚主体」の「部分的合致」が語られる（杉山直樹訳、講談社学術文庫、二〇一九年、三一七頁。合田正人・松本力訳、ちくま学芸文庫、二〇〇七年、三一二頁。また同書、杉山訳三一二頁、合田・松本訳三一六頁も参照）。また『道徳と宗教の二つの源泉』合田正人・小野浩太郎訳、ちくま学芸文庫、二〇一五年、三〇三頁（生命の創造的努力との「部分的一体化」と訳されている）も参照。この用語は、『見えるものと見えないもの』の「問いかけと直観」という章においてもふたたび取り上げられる。「合致の経験とは、ベルクソンがしばしば言っているように、「部

分的合致」でしかありえないのだ。それにしても部分的でしかないような合致とは何だろうか。それは、つねに乗り越えられ、あるいはつねに未来にある合致であり、自分にとっては不可能な過去を思い起こし、不可能な未来を先取りする経験であり、言い換えれば、〈存在〉から出現したり、〈存在〉に合体しようとしたりして「それに拠って存在している」が、けっして〈存在〉そのものではなく、したがって二つの積極的な項ないし或る合金の二つの要素について言えるような合致ないし実質的融合ではなく、別個なままであり続ける凹と凸について言える蔽い合いのような経験なのである」(邦訳一七〇頁)。

＊8 出典ははっきりしないが、『意識に直接与えられるものについての試論』第二章において、ベルクソンはメロディを例に以下のように述べている。「その証拠に、メロディーの一つの音を不当に強調して調子を乱すようなことがあると、その誤りを告げ知らせるのは、長さとしては度を越したその長さではなく、そのことによって楽節全体にもたらされた質的変化なのである。したがって、区別のない継起というものを考えることができる。しかも、その各々が全体を表し、ただ抽象することのできる思考にとってのみ全体から区別され、分離される諸要素の相互浸透、緊密な結合、内的な組織化(une organisation intime d'éléments)として考えることができる」(中村文郎訳『時間と自由』岩波文庫、二〇〇一年、一二一—一二三頁)。

＊9 lignes de faits. ligne de faîte(穹窿《ヴォールト》のせりあがる稜線のこと)の誤りとも思われる。

＊10 たとえば以下を参照。「実際、純粋知覚と純粋記憶力を順に研究したあと、なお残っているのは、両者を互いに近づけるという作業だった。純粋記憶はすでに精神であり、純粋知覚はそれが純粋であるかぎりはいまだなお物質の一部であるのなら、われわれとしては、純粋知覚と純粋

記憶の合流点に身を置いて、精神と物質の相互作用に何らかの光を投じるべきである。ところで、実際には、「純粋な」知覚、すなわち瞬間的な知覚とは、一つの理念、一つの「極限〔limite〕」にすぎない。どんな知覚も、一定の持続の厚みを占め、過去を現在に引き延ばしており、かくして記憶力に何かしら与《あずか》っている」（ベルクソン『物質と記憶』杉山訳、三四九―三五〇頁、合田・松本訳、三四七頁）。メルロ＝ポンティは一九四七―一九四八年の『心身の合一――マールブランシュとビランとベルクソンにおける』においても同様の指摘をしている。滝浦静雄・中村文郎・砂原陽一訳、ちくま学芸文庫、二〇〇七年、一六〇頁参照。

＊11　Maurice Blondel（1861-1949）　キリスト教哲学者。主著に『行為』（増永洋三訳、創文社、一九九〇年）がある。メルロ＝ポンティを含めた実存主義者たちとその「存在論」に影響を与えた。

＊12　「〔光点〕Pのイマージュが形成され、知覚されるのは、まさにPにおいてであって、別の場所においてではない」（『物質と記憶』杉山訳、五六頁、合田・松本訳、四六頁）。メルロ＝ポンティは一九五六―一九五七年度のコレージュ・ド・フランス講義「自然の概念」の講義ノートにおいてベルクソンを論じたおりにこの箇所を引用し、この指摘はアニミズムではないことを強調し、以下のように言う。「点Pの知覚は、知覚世界の宇宙に身を置くとき、点Pにおいてなされる。知覚については、それがいかにそれ自身に現れるかを問うこと、もはや実在論的な観点によらず、知覚によって知覚を思考することが重要である」（*La Nature, Notes, Cours du Collège de France*, établi et annoté par Dominique Séglard, Paris, Seuil, 1995, p. 82. 前掲邦訳『自然――コレージュ・ド・フランス講義ノート』七八頁、改訳）。

＊13　eminent　スコラ哲学の流れでデカルトが「第三省察」で使用した用語で、「ものの因果関係において、原因と結果の実在性が同じ場合、原因は結果を形相的 formaliter に含むと言われ、原因の方が大である場合、優越的 eminenter に含むと言われる」（ルネ・デカルト『省察』山田弘明訳、ちくま学芸文庫、二〇〇六年、一八八頁、註解一四四）。

＊14　実際にはベルクソンは「黒い幕（écran noir）」という表現を使う。「宇宙の任意の場所の一つを考えてみると、物質全体の作用はそこを抵抗も減衰もなしに通過しており、万物の写真はそこでは薄白く半透明なままだと言える。イマージュが浮かび上がる背景となる黒い幕が感光板の後ろにないのだ。われわれの言う「非決定性地帯（zone d'indétermination）」は、言ってみればこの幕の役割を果たすだろう」（『物質と記憶』杉山訳、五一頁、合田・松本訳、四〇頁）。またメルロ゠ポンティ『見えるものと見えないもの』「研究ノート」、三六七頁も参照。

＊15　一九二二年四月にベルクソンはフランス哲学会でアインシュタインの前で相対性理論について意見を述べ（Bergson, *Mélanges, op. cit.*, pp. 1540–1547）、その後『持続と同時性』が一九二二年に出版される。一九二三年に発行された第二版には、物理学者からの批判への応答が附録として三編採録されている（花田圭介・加藤精司訳『ベルクソン全集３』所収、白水社、一九六五年）。この論争についてメルロ゠ポンティは『シーニュ』所収の「アインシュタインと理性の危機」でも論じている。

＊16　「われわれが物に対するわれわれの知覚よりも高いところにのぼろうとしないで、知覚を掘り下げ拡げるためにそのなかに沈んでいく（s'enfoncer）と考えてごらんなさい。（……）そうすれば、われわれは感覚や意識の与えられた条件を少しも犠牲にしないような哲学を得ます」（「変

化の知覚」、前掲邦訳『思想と動くもの』所収、二〇九―二一〇頁)。メルロ゠ポンティはこれをコレージュ・ド・フランス開講講義「哲学をたたえて」でも引用している(前掲邦訳『眼と精神』所収、二〇九頁)。

＊17 前掲邦訳『創造的進化』一二頁。「そこにこそ悟性の補完的な能力が宿っているのであって、われわれが自分のなかに閉じ籠もったままでいるときにはそれについてわれわれは混濁した感情しか抱かないが、自然の進化のなかで、いわば自分が作動していることにこれらの能力が気づくときにはそれは解明され、他とは違ったものとなるだろう」(一部改訳。メルロ゠ポンティは「自然の進化」を「自然の作用(opération)」と記している)。

＊18 本書「間接的言語と沈黙の声」訳注＊18参照。

＊19 前掲邦訳『創造的進化』一三〇頁。「とはいえ、これらの器官(環形動物の原基的な眼や鳥の眼など)はすべて、複雑さの度合いは違うが、必然的に同じ連携を示している。こういうわけで、二つの動物種がいくら離れていても、双方で視覚への歩みが同じだけ進んでいるならば、どちらの種にも同じ視覚器官が現れるだろう」。

＊20 前注で引用した箇所の後でベルクソンは、この「視覚への歩み」は、意識的・無意識的な目的の表象をともなう古い合目的論への回帰ではなく、この歩みが「生命の弾み」に含まれていることを示し、生命の弾みとは「生の物質に働きかける傾向」であるとし、そこには偶然性と選択が関わるが、その場合「諸物体の眼に見える輪郭が、それらに対する私たちの可能な働きかけの素描である」のと同じように、「働きかけの可能性は働きかけ以前に生物に素描されている」とし、『物質と記憶』第一章の参照を求めている。

＊21　「哲学的直観」、前掲邦訳『思想と動くもの』所収、一八二頁。「われわれがその〔＝バークリーの学説の〕心に接近するには、まずわれわれが私の先ほど申し上げた媒介となるイメージに到達しなければなりません。――そのイメージはまだ見られる点から言うと物質のようなものでありますが、もう触れられない点から言うと精神のようなものであって（……）これに訴えなければなりません」。

＊22　前掲邦訳『創造的進化』三五〇頁。「存在は無の上に積み重ねられている」、「「無」の表象の方が「何か」の表象より、そこに含まれているものが少ない」という考えに由来する神秘についてベルクソンは以下のように言う。「この神秘は解明されなければならない。事物の基底に持続と自由な選択を置く場合には、なおさらそうする必要がある。なぜなら、持続するあらゆる実在に対する形而上学の軽蔑は、まさに、形而上学が「無」を通って初めて存在に到達すること、形而上学の眼には、持続する存在が、非存在に打ち克って（vaincre l'inexistence）自己措定するほど強くは見えないことから生じるからだ」。

＊23　文字通りの表現は不明であるが、シャルル・ペギー『クリオ――歴史と異教的魂の対話』（宮林寛訳、河出書房新社、二〇一九年）の二四五―二四八頁において、呼びかける世代（邦訳では法廷の比喩を重視して「控訴当事者の世代」と訳されている）と後続の世代とのこのような関係が論じられている。

＊24　同書四九頁参照。『アンティゴネ』やホメロスの作品の後代への受容について、ペギーは以下のように記す。「とんでもない不正義だわ。違うかしら。言語道断とはこのことよ。しかもこれは偶発的な不正義でも、たまたま生じただけの食い違いでもなくて、時間に内在し、時間の領

域に内在し、時間の領域それ自体に組み込まれた、まさに本質的な不正義なのだから手に負えない。有機的で、機械装置のような、つまり時間の仕組みそれ自体に直結するばかりか、技術的な、技術それ自体に直結する、とんでもない不正義。なんたる躓き（scandale）。そしてこう言ってよければ、無罪とされた躓き（scandale justifié）。結果的にどのようになるかと言えば。これは注意して聞いてほしいのだけど、ここには当然ながら大きな神秘（mystère）が隠されているだろうと思うのよ、歴史と、歴史の領域をめぐる本来的な神秘。歴史の根底には不正義がある」（一部メルロ゠ポンティの原文に合わせ訳文を修正した）。

＊25　ベルクソン、前掲邦訳「哲学的直観」一八七頁。

＊26　本書「序」訳注＊25参照。

＊27　前掲邦訳『クリオ』三八九―三九〇頁参照。「世界それ自体に一つの持続があり、この持続を下から支え、記憶に刻んでいくものこそ、ほかならぬ世界の時間なのではないか。しかし世界の持続はそれでもなお世界の時間そのものに符合しているのではないか。世界の出来事に固有のリズムと速度があるのではないか。そして波形のふくらみと、くびれがあるのではないか。そして激動期と安定期があるのではないか。そして世界の出来事を画定する節目があるのではないか」。

＊28　ベルクソンがペギーの死後ファーヴル夫人に送った書簡による。「ペギーは、わたしがまだ表現できないようなかたちで、私の本質的な思考をわかっていました」（*Lettre à Mme Favre*, 1915, cité dans Bernard Guyon, *Péguy*, Paris, Hatier, 1973, p. 110）。

＊29　le corps mystique　キリストの身体の集合としての教会、およびその肢体としての信徒たちのこと。聖パウロの思想に基づく。

＊30　ベルクソンは『道徳と宗教の二源泉』第四章において、古代ギリシアの民主制は奴隷制に立脚した偽の民主主義、「閉じた社会」であるとし、それにたいしフランス革命の「友愛」こそ民主主義に本質的であると考え、以下のように言う。「民主主義は福音的本質を持ち、愛を原動力としていると言うことができるだろう。民主主義の感情的な起源はルソーの魂のなかに、その哲学的諸原理はカントの著作のなかに、その宗教的基盤はルソーならびにカントのうちに発見されるだろう。カントがその敬虔主義に、ルソーが相互に干渉し合ったプロテスタンティズムとカトリックにいかに多くを負っているかは周知のとおりである」（邦訳三八八―三八九頁、一部改訳）。

＊31　無やカオスといった問題について『思想と動くもの』の注でベルクソンは以下のように記している。「私がさまざまな問題の消失する精神状態を推奨するのは、もちろん、われわれを空虚に直面させるために眩暈《めまい》を起こさせるような問題に対してだけである。問題を一つも提出しないものの半動物的な状態と、人間の無力の結果、人工的な問題を出したくなる誘惑を感じない精神の半神的な状態とは別ものである。こういう特に恵まれた思考においては、問題がいつも起こりかけていながら、いつもその問題に固有の悟性的な点において、直観が惹《ひ》き起こす悟性的な半面によって阻止されている」（『思想と動くもの』、「緒論（第二部）」、四〇三頁、註一三）。

＊32　homme divin　ただし『二源泉』ではhumanité divine（神的人類）とある（邦訳三二三頁、三二九頁）。「神秘主義が人類を変形しなければならないとすれば、自分自身の一部を少しずつ、ゆっくり伝達することでしかありえない。神秘主義者たちはこのことをよく承知している。彼らがやがて出会う大きな障害は、神的人類の創造を妨げる障害である」（同書三二二―三二三頁、一部用語と構文を修正した）。

＊33　本論訳注＊32の引用を参照。

＊34　スピノザにおいて神は万物の内在的原因であり、所産的自然（natura naturata）に対する能産的自然（natura naturans）である。『二源泉』においてベルクソンは、人類的友愛と「生の弾み」の相違を指摘したうえで、なおも以下のように言う。「社会的連帯から人類的友愛へと進むことで、われわれはこのようにある自然と決別したが、全自然と別れたわけではない。スピノザの表現の意味を少々変えて、われわれが〈所産的自然〉から離脱するのは、〈能産的自然〉に戻るためであると言えるだろう」（邦訳七七―七八頁）。

＊35　神秘主義と生の弾みの関係について論じた部分でベルクソンは以下のように述べている。「このような努力を行うことができ、また、それにふさわしい魂は、自分が接触している原理は万物を超越した原因なのか、それとも、かかる原因が地上に派遣されたものでしかないかなどと思案することはあるまい。このような魂には、あたかも鉄が炎を赤熱させるように、自分をはるかに越えた能力をもつ存在（un être qui peut immensément plus qu'elle）によってなすすべもなく侵入されながらも、そこに自分の人格が溶解することはないと感じるだけで十分であろう。（……）神秘主義は自然が折り合いをつけねばならなかった数々の障害を物ともしない一方で、生命進化が理解されるのは、それが否応なしに踏み込んだ脇道を度外視するならば、それを到達不能な（inaccessible）何かを追求するものとみなす場合のみだからだ。この何かに偉大な神秘主義者は到達するのだが、もしすべての人間、あるいは多くの人間がこの傑出した人間と同じ高みに昇ることができたなら、自然が停止した（s'arrêter）のは人間種のところではなかっただろう。なぜなら、この傑出した人間は実際には人間以上の存在だからだ」（同書二九一―二九四頁、

一部改訳）。

＊36 『二源泉』の結びの言葉。「実際、歓喜とは、拡散した神秘主義的直観が世界中に伝播させる生の単純さのことであろう。拡張された科学的経験における来世のヴィジョンに自動的に後続する生の単純さも歓喜であろう。（……）人類は自分がなしとげた進歩の重さで半ば押し潰されてうめき苦しんでいる。人類は自分の将来が自分次第であることが十分に分かっていない。第一に、人類はこれからも生き続ける意志があるのか否かを考えてみなければならない。第二に、ただ生きることを望むのか、それとも、ただ生きることに加えて、神々を作り出す機械たる宇宙の本質的な機能が、反抗的な（réfractaire）この地球でも果たされるのに必要な努力を払うことを欲するのかどうかを考えてみなければならない」（邦訳四三六頁）。

＊37 本論訳注＊35の引用を参照。

＊38 同書二九〇頁。

＊39 「形而上学入門」においてベルクソンは、「哲学することとは思考の仕事の習慣的な方向を逆転すること」だとし、微分解析もまさに「できあがったもの（le tout fait）」を「できつつあるもの」（ce qui se fait）に置き換えたという意味でこの逆転から生まれたと言い、以下のように結論する。「哲学は数学のやり方が具体的な事象から借りているものを一段と高い輝きをもって見ることにあり、数学のやり方の方向でなしに具体的な事象の方向を続けていく。ここまでくればここに掲げる命題が謙虚にすぎると同時に抱負が大きすぎるのをあらかじめ和らげた上で、哲学の目的の一つは質的微分積分をおこなうことだ（*opérer des différenciations et des intégrations qualitatives*）と言おう」。

＊40　Charles Péguy, *Notes conjointe sur M. Descartes et la philosophie cartésienne* [posthume], *op. cit.*, p. 1409.

＊41　ジャック・シュヴァリエ『ベルクソンとの対話』（1959）仲沢紀雄訳、みすず書房、一九六九年、二二五頁以下を参照。

マキアヴェッリについての覚書[1]

マキアヴェッリをどう理解すべきだろうか。彼は善良な政治感情に逆らって執筆するが、暴力にも反対していた。〈国家理性〉の信者たちばかりでなく、〈法〉の信者たちも面食らわせる。というのも、通常の道徳《モラル》をひどく傷つけるまさにその瞬間に、厚かましくも美徳＝力量[*1]（vertu）について語るからだ。それは彼が集団生活の絆を記述しているということだ。そこでは純粋な道徳は残酷なものになりかねず、純粋な政治のほうは何かしら道徳のようなものを要求する。だから、諸価値を否定する反道徳者《シニック》とみなすか、行為を捨て去ったお人好しとみなすかで満足するしかないだろう。この難解で偶像なき思想家は愛されない。

むろんのこと彼は反道徳の誘惑にもかられた。世界が「偶然に支配されている」と信じる者の意見から「身を守るのは大変苦労」した、と彼は言う[2]。人類が偶然であるなら、集団生活を支えてくれるのは、政治権力の純粋な強制以外、まずは見当たらないことになるだろう。だから統治者の役割は臣下を制すること以外にはない[3]。統治術はすべて戦争術に帰着し[4]、「よき軍備のあるところには必ずやよき法律がある」[5]。権力と臣下のあいだ、自己と他者のあいだの競合がおさまるような領域はない。強制をこうむるか、課すか、どちらかだ。マキアヴェッリは圧政と攻撃について語る。集団生活は地獄である。

だがマキアヴェッリの独自なところは、闘争の原理を打ち立て、それをけっして忘れることはないが、なおもその彼方へと移行することにある。闘争そのもののうちにも対立関係とは別のものを見いだすのだ。「人間は恐れまいとするあいだに、他人から恐れられ始めるのであり、はねのけようとする攻撃を他人に投げ返す。まるで傷つけるか傷つけられるかどちらかでなければならないのが必然であるかのように」。私が恐れを抱くまさにその瞬間に、私はひとを恐れさせる。私が自分の身からしりぞける攻撃を、私は他人に投げ返す。私をおびやかす恐怖を私は撒き散らし、私が与える危惧において、私は私の危惧を生きる。だが私が原因となっている苦しみは、反作用によって、私の犠牲者と同時に私を引き裂くので、残酷さは解決ではなく、つねに再開されなければならない。だから自己と他人の回路があり、邪悪な〈聖徒たちの交わり〉がある。私が与える痛みを、私は自分に与える。他人に対して戦うとき私が戦っているのは私自身に対してでもある。顔つきはしょせん影や光や色彩でしかないが、その顔がある種の仕方で歪むとき、加虐者はふしぎなことにほっとした気分になる。別の苦悩が彼の苦悩にとって代わってくれたからだ。文などは言表《エノンセ》、すなわち意味《シニフィカシオン》の集合体でしかなく、その意味は、各人が自分に対して感じる独自な面白みには、原則として匹敵しないだろう。しかしながら犠牲者が負けを認めたとき、残酷な人間はその言葉をとおして、別の生が息づくのを感じ、もう一人の自分自身の前に立たされる。こうしたことは、対象間に存在する純粋な力の関係とはまったく異なっている。マキアヴェッリの言葉を使うなら、私たちは「野獣」から「人間」へと移行したのである。[6]

より正確に言えば、私たちはある種の戦い方から別の戦い方へ、つまり「力による戦い」から「法《ロワ》による戦い」へ移行した。[7] 人間的な戦いは動物的な戦いとは異なるが、それでも戦いではある。権力とは剝き出しの力ではなく、ましてや個人間の差異を抹消できるような、各人の意志の誠実な委譲でもない。『君主論』で権力は、世襲によるものであれ、新たなものであれ、異議申し立ての余地があるもの、おびやかされているものとして描かれている。君主の義務の一つは、臣下たちの情動《エモーション》によって問題が解決不可能になってしまう前に、それを解決してしまうことだ。[8] 市民がめざめるのを回避しなければならないかのようだ。絶対に確かな権力などなく、世論《オピニオン》＝臆見の結晶化しかない。それが権力を許容し、すでに獲得されてしまったものとみなす。問題は、この合意が解体するのを回避することだ。この合意は、どのような強制の手段を用いようとも、ある危機の臨界点を超えてしまうと、あっというまに崩れてしまうからだ。権力とは暗黙のもの（tacite）の領域にある。人間は、〈国家〉や〈法〉の許しがたいところを不正義によって意識しないかぎり、それらの地平で生き続けてしまう。正当とされる権力とは、軽蔑と憎悪を避けるのに成功した権力である。[9]「だがしかし、君主は、愛されないまでも、恐れられる存在にならねばならない[10]」。特定の場合に権力が批難されてもたいしたことではない。権力は批判を否認から、議論を不信任から区別する狭間《インターヴァル》に確立される。主体（＝臣下）と権力の関係は、自己と他人の関係と同じように、判断より深いところで取り結ばれ、軽蔑という根本的な異議申し立てにならないかぎりは、異議申し立てにもかかわらず存続するのだ。

たんなる事実でもたんなる法（droit）でもないものとして、権力は強制することも説得することもない。それは籠絡する。――しかも、自由に訴えかけるほうが、恐怖におとしいれるよりうまく籠絡できるものだ。マキアヴェッリは、このような緊張と弛緩、抑圧と合法性の交替を正確に表現している。権威主義的な政体はそうした秘訣をわきまえているが、こうした交替は、さも優しそうな様子をしながら、あらゆる駆け引き《ディプロマシー》の本質をなしている。ひとは大目にみてやっている相手のほうを、よりうまく掌握することがある。「かってただの一度たりとも、新しい君主が自分の臣民の武装を解除した例はなかった。それどころか、武装していないのを見れば、常に彼らを武装させてきた。これほどうまく受け入れられるものはない。なぜなら彼らが武装されるときには、その軍備はあなたのものとなるからである。(……)しかしあなたが武装を解除するときには、あなたはそれだけで彼らの心を傷つけてしまう。すなわち、彼らを信じていないと思わせてしまうから。彼らの憎しみを芽生えさせてしまう」[11]。「自由に慣れた都市を維持したければ、そこの市民に統治させるのが、これほどふさわしいやり方はない」[12]。成員のそれぞれがふしぎなことにおたがいに似かよっていて、一方が疑えばおたがいに疑い深くなり、一方が信頼すれば信頼しあうような社会において、純粋な強制はありえない。専制政治は軽蔑を呼び起こしたが、圧政は反抗を呼ぶだろう。権力の最良の支持者は、それを作った者たちでさえない。彼らは権力に対する権利があると思うか、あるいは少なくとも、自分が安全だと思うからだ。新たな権力が助けを求めるのは、敵たちである。彼らが権力に賛同してくれるかぎりにおいてではあるが[13]。彼らをまるめこむことができないときには権力は中途半端なことはしない。「人民は味方にするか、追い払ってしまうか、そのどちらかにしなければならない。というのは、人はささいな侮辱には仕返ししようとするが、大いなる侮辱に対しては報復しえないからである」[14]。したがって、敗者を誘惑するか根絶するか、勝者は迷いうるのであり、マキアヴェッリは時に残酷である。「〔国を〕維持する唯一の手段は、滅亡させることである。だから、自由を享受し始めた都市の支配者となったのに、その都市を滅ぼさない者は、逆に都市から破滅させられるのを待たなければならない」[15]。しかしながら、純粋な暴力は一時的なものでしかありえない。それは、権力をかたちづくってくれるような深い同意を提供できないし、その代わりにもならないからだ。「どうしても（君主が）誰かを処刑しなければならないとしたら、その動機をあきらかにしなければならない」[16]。ということはつまり、絶対的な権力はないということだ……。

　したがってマキアヴェッリははじめて「コラボラシオン」[*2]の理論、対立する者同士の集結の理論（さらには「第五列」[*3]の理論）を作ったのだ。それらと政治テロの関係は、冷戦と戦争の関係に等しい。だがヒューマニズムにとって、利点はいったいどこにあるのかと問う人もいるだろう。それは第一に、マキアヴェッリが私たちを政治に固有な環境《ミリウ》に引き入れたこと、そして、私たちがそこにいくらかの真理を含ませようとした場合に、課題の大きさを測ることを可能にしたことにある。さらに以下の点もそうだ。マキアヴェッリは人類の始まりを見せてくれる。それは権力が諸意識を誘惑しようとするときにのみ、権力が知らぬ間に、集団生活から出現してくる。集団生活の罠は二つの方向で働く。自由主義的な体制はつねに、ひとがおもうほどは自由主義的ではなく、他の体制はもう少しだけ自由主義的なのだ。だからマキアヴェッリのペシミズムは閉じられたものではない。彼は不正でないような政治の条件を示しさえした。すなわち、民衆を満足させる政治を。といっても民衆がすべてを知っているということではない。そうではなく、もし誰かが潔白であるとしたら、それは民衆だからだ。「非正義に訴えなくても民衆を満足させることはできるが、有力者たちはできない。有力者たちは専制を求めるが、民衆はそれを避けようとする（……）。民衆は抑圧されないことだけを求める」[17]。

マキアヴェッリは権力と民衆の関係について『君主論』ではこれ以上語らない。だが周知のとおり彼は『ディスコルシ――〔ティトゥス・リウィウス〕「ローマ史」論』では共和主義者である。だから彼が君主とその助言者について語っていることを、権力と民衆の関係にひろげて考えることができるだろう。その場合に彼は力量（vertu）の名の下に、他人と生きる手段を記述している。君主は、他人の言うことに従って決断してはならない。そうすると軽蔑されてしまうだろう。孤立したままで統治しようとしてはさらにいけない。孤立は権威ではないからだ。だがこの二つの失敗のあいだで可能な振る舞いがある。「現皇帝マクシミリアンの腹心ルーカ司祭は、この皇帝についてこう述べた。「皇帝は誰にも助言を求めようとしなかったし、そのくせ何ひとつ自分の意見に従って行動もしなかった」と。この場合に皇帝は、先に述べたこととはまったく逆の方向に向かっている。じじつ、この皇帝は秘密好きの人間で、自分の計画を誰にもあかさず、誰の意見も聴こうとしなかった。ところが実行に移すときになると、意見が出てくる。そこで、時間にせかされ、障害に屈して、彼は自分の意見を撤回してしまう」[18]。他人をつぶし――そうして他人を奴隷とするような――、自己主張の仕方がある。自己の行為《アクト》そのものである。他方、他人とのあいだには協議と交換の関係もあり、それは死ではなく、自己の行為そのものである。根源的闘争はつねにふたたび現れようとする。問いを投げかけるのは君主でなくてはならないし、軽蔑されないよう、率直に話すこと(franc-parler)をつねに許可することを誰にもしてはならない。だが少なくとも審議中には、彼は他者たちと交流しており、彼が下す決断に他者たちは賛同できる。ある点ではそれは彼らの結論なのだから。起源にある残忍さが乗り越えられるのは、おたがいのあいだに、共通の営み(œuvre)と共通の運命による結び付きが打ち立てられたときである。そのとき個人は、権力に対しておこなう贈与そのものによって力を増し、個人と権力のあいだに交換が生まれる。敵が領地を蹂躙し、君主とともに都市から逃れた臣下たちが、自分たちの財産が略奪されて失われていくのを見たときにこそ、臣下たちは留保なしに君主に身を献げる。「なぜなら、人間というものは、自分が受ける恩恵と同じように、自分が与える善によって、義務を感じるということを知らない者がいるだろうか」[19]。こんなことはどうでもいいことだと考える人もいるだろう。これは欺瞞にすぎず、人々が負けたときに勝ったと納得させるのは、権力の最大の策略だというわけだ。だがマキアヴェッリは臣下たちがだまされているなどとはどこでも言っていない。彼が描いているのは、自己愛にさまたげられないような、共同生活の誕生である。メディチ家の人々に語りかけながら、マキアヴェッリは自由の助けを求めなければ権力は立ちゆかないことを証明する。こうした転倒により、おそらくは君主こそがだまされた人になる。マキアヴェッリが共和主義者だったと言えるとすれば、それは彼が共同性《コミユニオン》の原理を見いだしていたゆえだろう。社会的権力の起源に紛争と闘争を置きはしたが、彼は合意が不可能だといいたかったわけではなく、欺瞞的ではないような権力、共通の状況への参与であるような権力の条件を際だたせようとしたのである。

こうしてマキアヴェッリの「背徳主義」もその真価を発揮する。誠実さを私的生活に追いやり、権力の利害こそが唯一の政治的原則だとするような、彼の箴言がつねに引用される。だが、政治をたんなる道徳的判断から引き離す根拠を検討してみよう。マキアヴェッリは二つ挙げる。第一に「不誠実な人々のなかで、完璧に誠実であろうとする人は、かならずや遅かれ早かれ身を滅ぼしてしまう」(20)。これは議論として弱い。この議論は私的生活にも適用できるが、マキアヴェッリはそこでは「道徳的」であり続けているからだ。第二の根拠はさらに先に行く。すなわち、歴史的行為において、善意は破局的な結果をもたらすことがあり、残酷さが温厚な気質よりも残酷さが少ないことがあるからだ。「チェーザレ・ボルジア[*4]は、冷酷であるとみられていた。だが、その冷酷さによって彼は、ロマーニャ地方を統一し、長く失われていた、この地方の平和と安定を回復した。このことをよく考えてみれば、フィレンツェ人民が、冷酷非道の悪名をまぬがれようとして、ピストイア[21]が崩壊するのにまかせたのにくらべれば、この君主のほうがはるかに人間的だったのが看て取れるであろう。それゆえ、君主たる者は、おのれの臣民を義務の内に結束させるためには、冷酷という悪評など意に介してはならない。なぜならば、過度の慈悲ゆえに、混乱をまねき、やがては殺戮や略奪をひきおこしてしまう君主にくらべれば、冷酷な君主のほうは、ごくたまの見せしめの残酷さを示すだけで、ずっと人間的になるからだ。なぜならば、これらの混乱は国を損なうが、君主によって実施される処断はいくらかの個人にしか向けられないのだから[22]」。優しさを残酷さに、厳しさを価値に変え、私的な生活の掟をくつがえしてしまうことがあるのは、権力の諸行為が、ある状況下で世論〔＝臆見〕に介入し、その意味を変質させてしまうからだ。それはときには並はずれたこだまを響かせることもある。それは一般的な合意の塊《ブロック》に、目につかない亀裂を開いたり閉じたりして、事態の流れ全体を変容させかねない分子的なプロセスを起動する。あるいはまた、円環上に配置された鏡が、わずかな炎を夢幻劇に変えるのと同じように、権力の諸行為は、諸意識の布置《コンステラシオン》に反射して変形し、反射の反射が仮象《アパランス》を作り出すのだが、結局のところ、この仮象こそが歴史的な行動にふさわしい場であり、要するにその真理なのである。権力のまわりには暈《ハロ》がかかっていて、その不幸は――やはりおのれの姿を知らない民衆の不幸と同じように――、自分が他人にみせる自分自身の像を見ることができないことにある。[23] したがって、仮象のうちに繰り広げられるというのが政治の根本条件なのだ。「人間というものは一般に、目で判断を下すのであって、手で判断することは少ない。なぜならば、目で見ることは誰にでもできるが、少数の人しか手で触れることができないからだ。誰もがみな外見だけを見るが、じっさいにそうであるものを捉える人はほとんどいない。しかも、この洞察のある少数の者は、政権の権威に守られている大多数の人々の意見に、あえて異を唱えようはずもない。そのうえ、すべての人々の内面について、まして君主の内面について判断しようとしても、裁判する所はないわけで、結果だけが注目される。だからひたすらその権威を保持するのがよい。手段は、どのようなものであれ、つねに栄誉あるものと見え、誰にでも称賛されるであろう[24]」。

だからといって、だますことが必要なわけではなく、それが望ましいということでさえない。そうではなく、政治的な諸関係が打ち立てられる場である間隙《ディスタンス》や、その一般性の度合によって、ある伝説的な人物が姿をあらわし、なんらかの所作をし、なんらかの言葉を発するということ、そして人々はこの人物を盲目的に崇拝したり憎悪したりするということだ。君主は詐欺師ではない。マキアヴェッリははっきりと記している。「君主は慈悲深く、寛大で、慈悲深く、誠実で、公正であるという評判を得ようとしなければならず、またこうした好ましい性質を備えていなければならない……」[25]。ということはつまり、たとえ本当のものであるとしても、主君の性質はつねに伝説化しがちだということだ。なぜならば、そうした性質は触れられておらず、見られたものであるからであり、そうした性質を担うはずの生の運動において知られてはおらず、歴史的な態度として凝固してしまっているからだ。だから君主は、自分の言葉や行為が響かせるこだまの感覚をもたなくてはならず、おのれの権力の源のすべてである証人たちと接触を保たなければならない。彼は幻視者として統治してはならず、おのれの力量（vertus）に対してさえ自由であり続けなければならない。マキアヴェッリは、君主は彼が持っているようにみえる性質を持たなければならないと言いつつも、「必要なときには、まったく逆の性質を見せることができるほどに、自己統御しなければならない」[26]と結論する。これは政治的な教えであるが、真の道徳の規則ともなりうるだろう。というのも、仮象にもとづいた公衆の判断は、君主の善良さを弱点に変えてしまうが、おそらくそれほど偽りではないからだ。厳しさを伴いえないような善良さとは何であろうか。みずから善良であろうとする善良さとは何であろうか。

そんなものは、他人を無視し、最終的には軽蔑する、穏健なやり方の一つにすぎない。マキアヴェッリは悪徳や嘘や恐怖や策略によって統治せよと言っているわけではなく、一つの政治的な力量を定めようとしているのである。君主にとってその力量とは、複数の生(la vie à plusieurs)のめまいにとらわれながら彼をとりまいている、沈黙した観客に語りかけることにほかならない。これはまさしく魂の力である。というのもそれは、気に入られようとする意志と挑発のあいだ、おのれ自身に媚びを売る善良さと残酷さのあいだで、すべてのひとが合流できるような歴史的な企てを構想することにほかならないからだ。こうした力量は、説教くさい政治家のように転覆を経験することはない。なぜならそれは、こうした政治家が知らないような他人との関係に、一気に身を置くからだ。マキアヴェッリが政治における価値の表徴《シーニュ》とみなすのはこうした力量であり、成功したかどうかは関係がない。——というのも彼は、成功はおさめなかったが力量(virtù)をもっていたチェーザレ・ボルジアを範例としてあげており、運命(fortune)によって成功したフランチェスコ・スフォルツァのほうは彼に遠く及ばないとしているからだ(27)。厳しい政治家のほうが、あからさまなヒューマニストより、真に人間と自由を愛していることはよくある。だからマキアヴェッリはブルータスを賞賛するが、ダンテは彼を糾弾する。他人との諸関係を支配することによって、権力は人間と人間のあいだの障害をのりこえ、私たちの関係にいくらかの透明さを含ませる。——まるで人間というものは一種の距離においてしか近くに寄ることができないかのように。

マキアヴェッリを理解できなくさせているのは、彼が世界における偶然性や非合理的なものへのこのうえなく鋭敏な感覚を、人間における意識や自由への関心と結び付けている点にある。これほどまで多くの混乱や圧政や想定外の出来事や急変に満ちた歴史を眺めていると、最終的な調和（consonance）を運命付けてくれるようなものは何もみえなくなる。マキアヴェッリが呼び起こしているのは、根源的な偶然性、すなわちどのような知性の持ち主にもどのような強者たちにも捉えられないような、逆行性の観念である。[*5] またたとえこのような悪しき霊を払い除けるとしても、それは超越的な原理によってではなく、たんに私たちの条件において与えられているものに助けを求めることによってなのだ。彼は希望と絶望を同時にしりぞける。逆行性があるとしたら、それは名なきもの、意図を持たぬものであり、私たちはみずからの誤りや過ちによって、出合われる障害を作り上げるのに貢献しているのであり、私たちがみずからの権力を制限できる場所はどこにもない。出来事の与える驚きがどのようなものであれ、私たちは自分の身体と同じように、予見や意識をお払い箱にすることはできない。「私たちは自由意志をもっているので、私たちの行為の半分、いや半分より少し多くの部分を偶然〔原文は「運命」（fortuna）〕が支配していたとしても、残りは統御していることを認めなくてはならないと思われる」[28]。事象の内で敵対的な原理を想定するようなことになったとしても、その計画について私たちは何も知らないのだから、それは無のようなものだ。「人間は何もあきらめるべきではない。なぜなら人間はおのれの目的（fin）を知らないし、それは未知の斜めの（oblique）道からやってくるのだから、つねに希望する理由があるのだし、希望することで、どのような運命においても、そしてどのような危機に陥ろうとも、投げやりになってはならないのである」[29]。私たちが理解することや意志をもつことをやめなければ、偶然性はかたち《フィギュール》をとらない。運命は「堤防が築かれていないところで、猛威をふるうもので、十分に守られていなかった場所へ、集中してその矛先を向けてくる」[30]。事態の動かしがたい流れがあるようにみえるとしても、それは過去においてにすぎない。運命が、あるときは好機とみえ、あるときは不都合なものにみえるのは、人間が、あるときはおのれの時勢を理解し、あるときは理解しないからである。そして同じ性質を持っていても、成功したり失墜したりすることがあるが、それは偶然によるものではない[31]。他人との私たちの関係と同じように、マキアヴェッリは運命との関係において、孤立からも従順さからもかけ離れた力量を定めている。彼は、私たちの唯一の頼みの綱は、他人や同時代への現前であると指摘しているが、この現前ゆえにこそ、私たちは苦しめるのをやめた瞬間に他人を見いだす。――そして果敢に振る舞うのをやめたときに成功を見いだし、同時代を理解したときに運命から逃れるのだ。逆行性でさえ私たちには人間的な姿をとって現れる。運命とは女性である。「私が思うに、過度に慎重であるよりは、むしろ過度に果敢なほうがまだよい。なぜならば、運命は女だから、暴力や果敢さのほうに屈する。運命は冷静な男よりはむしろ粗暴な男に身をゆだねることは経験からわかる」[32]。人間にとって、完全に人間性に反するようなものはまったくない。なぜなら人間性は人間界において唯一のものだからだ。偶発的であって、望むものを手に入れないような人間性という観念こそが、私たちの力量（*vertu*）に絶対的な価値を与える。その瞬間に可能なことのなかで何が人間的に価値あるかを理解したとき、表徴《シーニュ》や予兆がかならず現れる。「天が語る必要があろうか。天はすでに輝かしい表徴《シーニュ》によりそのご意志を示している。海は裂けてその深淵をかいま見せ、雲はあなた方に行く手を指し示した、岩は水を噴きだし、ここにマナは降り注いだ。あとはあなた方にゆだねられている。というのは、神が私たちなしですべてをなさってしまったら、私たちの自由意志に基づく行動が取りあげられてしまうし、私たち人間に残された選択の余地も奪われてしまうからである」[33]。これ以上にラディカルなヒューマニズムがあるだろうか。マキアヴェッリは諸価値を無視したわけではなかった。彼は諸価値が生き生きとしていて、イタリアの創設や蛮族《バルバール》の追放などのある種の歴史的行動に結び付きながら、作業場におけるように音をたてているのを看取していたのである。このような企てを果たす者にとって、その地上の宗教は、もう一つ別の宗教の言葉を見いだす。「飢えている者を良いもので飽きさせ、富んでいる者を空腹のまま帰らせなさる[34]（*Esurientes implevit bonis, et divites dimisit inanes*）」。A・ルノデが言うように、「このローマの慎重な大胆さの徒は、世界史において、霊感や精霊、あるいはプラトンやゲーテが見てとった未知のデーモンの行いが役割を演じていることを否定したことはなかった。（……）だが情念が、権力に助けられて、世界を新たなものにする力量（vertu）をもつためには、それは感情ばかりではなく、弁証法的な確信によっても養われなければならない。マキアヴェッリが実践の領域から詩や直観を排除しなかったとしても、その詩は真理であり、直観は理論と計算から作られているのだ[35]」。

＊　＊　＊

マキアヴェッリにおいて批難されるのは、歴史は闘争であり、政治は原理との関係ではなく、人間たちとの関係であるという考え方だ。だがこれ以上たしかなことがあるだろうか。マキアヴェッリ以降は、マキアヴェッリ以前にもまして、原理はなにものにも導かず、あらゆる目的に屈服してしまうことを、歴史が示してこなかっただろうか。現代史は措いておこう。奴隷制の漸進的な廃止は一七八九年にグレゴワール神父[*6]によって提唱された。

それが国民公会で可決されたのは一七九四年のことだが、まさにそのとき、ある植民者の言葉によれば、フランス全土で「使用人、農民、労働者、日雇い農民らは、皮膚の色による貴族制に反対するデモを行ない(36)」、サン゠ドマング〔現在のハイチ〕から収入を得ていた地方のブルジョワジーはもはや権力を握っていなかったという。自由主義者というものは、都合の悪い結果になりそうなときに、原理を留保する術を知っている。それだけではない。好都合な状況に適用されると、原理は圧政の道具となる。ピット*7が確認したところでは、イギリス〔植民地〕の諸島で雇い入れられた奴隷の五〇パーセントが、フランス植民地に売り渡されたという。イギリスの奴隷商人はサン゠ドマングを栄えさせ、フランスにヨーロッパ市場を提供していた。したがってピットは奴隷制に反対の立場をとる。ジェームズ氏は記している。「ピットはウィルバーフォース*8に、政治活動に加わるよう要請した。ウィルバーフォースはヨークシャー州の重要な地域を代表する議員だった。彼は、たいへん評判のよい人物だった。人間性とか正義とか国辱といった表現を口にするのが彼には合っているだろう。（……）クラークソン*9がパリにやってきて、（黒人友の会の）いまだ秘められた活力をかき立て、助成金を出し、フランスをイギリスのプロパガンダで埋めつくそうとした(37)」。このプロパガンダがサン゠ドマングの奴隷に与えた運命について、幻想を抱くことはできない。というのも、数年後のフランスとの戦争の際に、ピットは平和が回復されるまで植民地をイギリスの保護下におき、奴隷制と黒人差別を回復するような協定に、四人のフランス人入植者とともに調印しているからだ。というわけで、重要なのはどのような原理が選ばれるかではなく、誰が、どのような勢力が、どのような人物がその原理を適用するかということなのだ。もっとあきらかなことがある。同じ一つの原理が、敵対する勢力の双方に有益なこともある。ボナパルトがサン＝ドマングに軍隊を送るが、その軍隊はそこで敗れることになる。そのとき「多くの将校、そしてすべての兵隊たちは革命のために戦っていると信じていた。トゥサン[*10]は、聖職者や亡命者やイギリス人に身を売られた裏切り者だとみなされていたのだ。（……）彼らはまだ革命軍に属していると考えていた。しかし、彼らは夜に何度か、黒人たちが要塞の中で『ラ・マルセイエーズ』や『サ・イラ』などの革命歌を歌うのを聞いた。ラクロワの語るところによれば、この歌を聞いてとまどった兵隊は立ち上がって、次のように言いたげに将校たちの顔を見たという。「正義は、野蛮な敵たちの側にあるのですか。私たちは共和国フランスの兵士ではないのですか。私たちは下劣な政治の道具に成り下がったのですか」と」[38]。とんでもない、フランスは革命の国だったではないか。ボナパルトは、獲得したことを定着させたうえで、トゥサン・ルヴェルテュールに対して戦いを仕掛けたのだ。だからトゥサンが、外国のために働く反革命家であることはあきらかだ、というわけだ。よくあることだが、この場合にも、誰もが自由や正義といった同じ価値の名の下に戦っている。彼らを分かつのは、自由や正義をどんな種類の人間のために要求するのか、誰と協働するかということ、つまり奴隷のためか主人のためかということなのだ。マキアヴェッリは正しかった。諸価値をもつことは必要だが、それだけでは十分ではなく、それらに固執するのは危険でさえある。歴史的闘争における使命として諸価値を担う者を選ばないかぎり、何もしたことにはならない。そして共和国がその植民地に市民権を与えることをこばみ、〈自由〉の名の下に殺害し、法の名の下に攻撃するのは、過去だけの話ではない。もちろんのこと、マキアヴェッリの厳格な知恵は、そんなことを批難したりはしないだろう。歴史とは闘争であり、共和国は戦わなければ消滅してしまうだろう。少なくとも私たちは、手段が依然として残酷で無慈悲で卑劣であることを確認しなければならない。このことを認めないのが、十字軍の究極の策略なのだ。循環を断ち切らなければならないだろう。

あきらかにこの場においてこそ、マキアヴェッリを批判することが可能かつ必要である。権力の問題を強調したのは間違いではない。だが彼は、正義ではない権力を短い言葉で示すことで満足して、それを定義するのにはそれほど熱心ではなかった。彼があきらめてしまうのは、人間は変わらず、政治体制は循環的に入れ替わると思うからだ。(39) つねに二種類の人間がいる。生きている人間と、歴史を作る人間が。一方に、政界から追放されたマキアヴェッリが雑談し、トリックトラック〔バックギャモン〕をしてともに過ごした粉屋やパン屋や宿の主人たちがいる（彼は書いている。「そのとき抗議や、文句や、ののしりの声があがり、一スーをめぐって争いが始まります。その叫び声はサン＝カッシャーノまで届きました。このような貧困に取り囲まれて、私は自分の運命の悪さを味わい尽くしたのです」）。他方では、偉人たちがいて、マキアヴェッリは夕べに宮廷服を着て、その歴史書を読み、それに問いかける。その歴史書はいつも彼に応えてくれる（彼は書く。「そして四時間にわたって、私はもはや退屈さを感じず、あらゆる悲惨さを忘れ、もはや貧困をおそれず、死も私をおそれさせません。私は完全に彼らの内へと入り込んでいるのです[40]」）。おそらく彼は素朴な人間たちと自分を区別するのをやめたことはないだろう。彼らがマキアヴェッリにとって神秘のようなものでなかったら、彼らを眺めながら何日も過ごすことはなかっただろう。つまり、こうした人間たちが、自分が理解したり愛したりしているものと同じものを愛したり理解したりするようなことがありうるはずはない。一方であまりの無分別を、他方であまりに本性的な支配術をみたマキアヴェッリは、一つの人類などなく、歴史的人間と受動的人間がいると考え、――そして自分を前者の一人に加えたくなってしまったのだ。というわけで、ある「軍備ある預言者」[*11]を別の預言者よりも好む理由がないので、もはやマキアヴェッリは行き当たりばったりに行動するしかない。彼は無謀にもロレンツォ・デ・メディチの息子[*12]

に期待をかけるが、メディチ家は、家のしきたりどおり、彼を雇用することなく、たんに巻き添えにする。共和主義者であったにもかかわらず、『フィレンツェ史』[*13]の序文において、共和主義者たちがメディチ家に対して下す判断を批難するが、共和主義者たちのほうはそれを許さず、彼をそれ以上利用することはないだろう。マキアヴェッリの振る舞いは、彼の政治学に欠けていたものをあらわにしている。つまり、さまざまな権力のなかから、期待するに値する何かをもったものを見きわめ、そして、力量（*vertu*）を日和見主義以上のものに決然として高めるための導きの糸が、彼には欠けていたのだ。

公平を期して付け加えておかなくてはならないが、こうした課題は困難だった。マキアヴェッリの同時代人にとってまず問題だったのは、教皇庁の介入がなくなったときに、土地を耕したり生きていったりすることを、フランスやスペインの侵入によっていったいいつまで妨げられ続けるのか、ということであった。理性的に考えて、イタリアの国家《ネイション》と、それを作り上げるための兵隊以外、いったい何を欲することができたであろう。人類を作り上げるために、まずは人間生活のこうした断片を作り上げることから始めなくてはならなかった。まだおのれを自覚してもいないヨーロッパの不協和状態において、そしておのれを調べつくしておらず、ばらばらの国々や人々がまだ目を見合わせてもいないような世界において、イタリアの民衆都市の共犯者となってくれるような普遍的な民族などどこにいたであろうか。すべての国々の民衆はいったいどうやっておたがいを認め合い、協議し、合流し合うことができただろう。世界を横断して、人間による人間の実際の承認を期待することにしか、真摯なヒューマニズムはありえない。だからヒューマニズムは、人類がみずからにコミュニケーションと共同性《コミユニオン》の手段をみずからに与える瞬間より先に進むことはできないのだ。

こうした手段は今日では存在しており、マキアヴェッリが提起した現実的ヒューマニズムの問題は、今から一〇〇年前にマルクスによって取り上げ直された。だがこの問題は解決されたと言えるだろうか。たしかにマルクスは、人類を作り上げるため、つねに曖昧なものである原理とは別の支えを見いだすことを提唱した。彼はもっとも搾取され、抑圧され、権力を奪われている人間たちの状況や生活上の運動において、革命的な権力、すなわち搾取と抑圧を廃棄できるような権力の基盤を求めた。しかしやがてわかったことは、すべての問題は、権力なき者たちの権力を構成することにあるということだ。というのも、プロレタリアの権力であり続けるためには、大衆の意識の流動性に従わなければならないが、そうするとこの権力はすぐに打ち倒されてしまうだろう。それに対して、大衆から逃れようとすると、プロレタリアの利害の裁き手とならなくてはならず、そうするとそれは伝統的な意味での権力をかたちづくり、新たな支配階級を予兆する。解決は、権力が被支配者ともつ、まったく新たな関係においてしかありえなかった。権力を廃棄することなく制御することができるような政治形態を発明しなければならず、政治の根拠を被支配者に説明でき、もし必要ならば、通常は権力が課すような犠牲を彼ら自身から受け取りうるようなリーダーが必要になったのだ。こうした政治形態のきざしはあり、一九一七年の革命ではこうしたリーダーが現れたが、クロンシュタットのコミューンの時代において、革命権力はすでに信頼できる相手であったプロレタリアの一部と接触を断ち切り、紛争を隠蔽するため、嘘をつき始める。[*14] 革命権力は、反乱者の幹部が反革命軍の手に落ちたと宣言するが、これはボナパルトの軍隊がトゥサン・ルヴェルテュールを外国のスパイとみなしたのと同じようなものである。すでに分裂は破壊活動《サボタージュ》に、対立はスパイ活動に偽装された。革命の内部に、すでに乗り越えられたはずの闘争がふたたび出現する。そしてマキアヴェッリの正しさを示すかのように、革命政府が権力の古典的な策略を弄しているあいだに、反対派は、革命の敵においてさえ共感を呼ぶことになる。あらゆる権力は「自立」しようとするのだろうか、そしてそれはあらゆる人間社会の不可避の運命なのか、それともロシア革命という特殊な状況、つまり一九一七年以前の革命運動の非合法的な性格、ロシアのプロレタリアの弱さなどに結び付いた偶然の進化であって、西欧の革命では起きないようなことなのか、こうしたことが本質的な問題なのはあきらかだ。いずれにせよ、クロンシユタットの窮余の策がいまや組織《システム》となり、革命権力は支配層として完全にプロレタリアに置き換わり、統御不能なエリートという権力につきもののさまざまな属性も生まれてしまったのだから、マルクスから一〇〇年経っても、現実的ヒューマニズムの問題はそっくり残っていると結論できるだろうし、このことをかいま見ることしかできなかったマキアヴェッリに対しても、寛容な態度で接することもできるだろう。

もし、他者たちとの関係にいかなる原理上の困難も見いださず、社会機能にもいかなる不透明さも見いださず、政治的な文化を道徳的な勧告に置き換えてしまうような、内面的人間の哲学をヒューマニズムとよぶならば、マキアヴェッリはヒューマニストではない。しかしながら、人間と人間との関係に対して、そして彼らに共通であるような状況や歴史の構成に対して、一つの問題として立ち向かうような哲学をヒューマニズムとよぶならば、マキアヴェッリはあらゆる真摯なヒューマニズムの諸条件を表明したと言うべきだ。そして今日よく見られるようなマキアヴェッリに対する否認は、かえって憂慮すべき意味をもつことになる。それは真のヒューマニズムという課題を無視しようという決断にほかならないからだ。マキアヴェッリを否認するマキアヴェッリ的なやり方というものがあり、それは自分たちの目と私たちの目を諸原理の空に向けさせ、自分たちがしていることから目をそらすための、敬虔なる策略である。それに対して、マキアヴェッリと正反対でありながら、マキアヴェッリを称賛するやり方もある。それは、マキアヴェッリの作品が、政治的な明晰さに貢献した点をこそ、ほめたたえるのである。

原注

（1）一九四九年九月、ローマ・フィレンツェにおける学会「ヒューマニズムと政治学（Umanesimo e scienza politica）」における発表。

（2）*Le Prince*, chap. XXV.〔マキアヴェッリ『君主論』河島英昭訳、岩波文庫、一九九八年、一八三頁。ただしメルロ＝ポンティはフランス語訳を参照しており、邦訳と一致しないことが多い。ここで「偶然」と訳されているのも「運命（fortuna）」のことだと思われる。以下ではできるだけ邦訳を参照しつつ、原則としてフランス語訳から訳出した。〕

（3）*Discorsi*, II, 23. A・ルノデ（Augustin Renaudet）の *Machiavel*,〔*Étude d'histoire des doctrines politiques*, Paris, Gallimard, 1942,〕p. 305からの引用。〔『ディスコルシ――「ローマ史」論』永井三明訳、ちくま学芸文庫、二〇一一年、三九六頁参照。「なぜなら、政府というものは、その臣従する者に、支配者に対して思いのまま害を加えられないか、させてはならぬようにすることが本筋だからである」。オーギュスタン・ルノデ（1880-1958）はフランスの歴史家。コレージュ・ド・フランス教授。彼の『マキアヴェッリ――政治理論史研究』は、歴史家リュシアン・フェーヴルにも評価された。〕

（4）*Le Prince*, chap. XIV.〔前掲邦訳『君主論』一一〇九頁。「君主たる者は、したがって、戦争と軍制と軍事訓練のほかには何の目的も何の考えも抱いてはならない、また他のいかなることを

も自分の業務としてはならない」。〕
(5) *Ibid.*, chap. XII.〔XVIIとあるがXIIの誤り。同書九一頁。〕
(6) Chap. XVIII.〔「君主たる者には、野獣と人間とを巧みに使い分けることが、必要になる」(同書一三一頁)。〕
(7) *Ibid.*〔同書一三一頁参照。〕
(8) Chap. III.〔たとえば以下を参照。「すなわち賢明な君主ならば単に当面の騒乱に対してだけでなく、将来にも備えて、全力を挙げて対策を立てねばならない。なぜならば、早くからこれを予見するならば、容易に治すことができるから」(同書二四頁)。〕
(9) Chap. XVI.〔同書第一六章、一二二—一二三頁〕
(10) Chap. XVII.〔同書第一七章、一二七—一二八頁。〕
(11) Chap. XX.〔原文にはXVとあるが誤り。同書第二〇章、一五五—一五六頁。〕
(12) Chap. V.〔同書第五章、三九頁〕。
(13) Chap. XX.〔XVとあるがXXの誤り。同書第二〇章、一五九頁参照。〕
(14) Chap. III.〔VとあるがIIIの誤り。同書二三頁。〕
(15) Chap. V.〔IIIとあるがVの誤り。同書三九—四〇頁。〕
(16) Chap. XVII.〔同書一二八頁。〕
(17) Chap. IX〔同書七四頁。フランス語訳とはかなりの異同がある〕。これはトマス・モアの『ユートピア』における国家の定義とはそれほど違わない。「公共社会という名と権利を利用して私利をむさぼる金持の共謀のようなもの (quaedam conspiratio divitum de suis commodis

reipublicae nomine tituloque tractantium)」〔トマス・モア『改版 ユートピア』（第二巻「ユートピア人のいろいろな宗教について」）、澤田昭夫訳、中公文庫、一九九三年、二四一頁〕。

(18) Chap. XXIII.〔前掲邦訳『君主論』一七六―一七七頁。〕

(19) Chap. X.〔同書八四頁。〕

(20) Chap. XV.〔同書一一六頁。〕

(21) ピストイアを党派的に分断させている〔パンチャーティチ家とカンチェッリエーリ家の〕二家を抹殺しなかったからである。

(22) Chap. XVII.〔同書一二五―一二六頁。〕

(23) 「人民の本性をよく知るには、君主であることが必要であり、また、君主たちのそれをよく知るためには、人民であることが必要なのですから」（『君主論』「献辞」）。〔同書一〇頁。〕

(24) Chap. XVIII.〔同書一三五頁。〕

(25) Chap. XVIII. 傍点はメルロ＝ポンティによる。〔同書一三四頁。原文にはXVIIとあるが誤り。〕

(26) *Ibid.*〔同書一三四頁。〕

(27) Chap. VII.〔同書五二―五三頁。〕

(28) Chap. XXV.〔同書一八三―一八四頁。〕

(29) *Discorsi*, II, 29. A・ルノデ『マキアヴェッリ』からの引用、p. 132.〔前掲邦訳『ディスコルシ』四三六―四三七頁。ただしフランス語訳とはかなりの異同がある。〕

(30) *Le Prince*, Chap. XXV.〔前掲邦訳『君主論』一八四頁。〕

(31) *Ibid.*〔同書一八五頁。「性質や資質を何ら変えていないのに、ある君主が今日は栄えていたのに、明日には滅びるといった事態を、見かけることがある」。〕

(32) *Ibid.*〔同書一八八頁。岩波文庫版の訳者によれば、この「男尊女卑的」な比喩は、ダンテの詩編、とくに『神曲』地獄篇第七歌の、運命を論じた箇所に基づくという。同書三四五頁、訳注(18)および三三九頁訳注(2)参照。〕

(33) Chap. XXVI.〔同書一九三—一九四頁。前半はフランス語訳との異同が大きい。「マナ(マンナ)」とは『旧約聖書』「出エジプト記」に述べられている奇蹟として、ヘブライの民がモーセと過ごした砂漠生活で、天から降りてきた食べ物のこと。同書三四九頁、訳注(13)。〕

(34) *Discorsi* I, 26. ルノデ『マキアヴェッリ』p. 231 より引用〔前掲邦訳『ディスコルシ』一三三—一三四頁。「ルカによる福音書」I, 53 による〕。

(35) *Machivel*, p. 301.

(36) James : *Les Jacobins noirs*, p. 127.〔C. L. R. James, *The Black Jacobins*, 1938 のフランス語訳。邦訳C・L・R・ジェームズ『ブラック・ジャコバン——トゥサン゠ルヴェルチュールとハイチ革命』青木芳夫監訳、大村書店、一九九一年、一四一頁(ただし以下フランス語訳から訳した)。ジェームズ(1901-1989)は旧イギリス植民地トリニダード出身の作家、西インド諸島の独立のために活動。自伝的著作として『境界を越えて』(本橋哲也訳、月曜社、二〇一五年)がある。一八世紀末ハイチではフランス革命の影響で奴隷が叛乱をおこし、一七九四年に奴隷制は廃止される。「サン゠ドマング」はフランス植民地時代のハイチの名称。〕

(37) *Ibid.*, p. 49.〔同書六四—六五頁。〕

(38) James : *Les Jacobins noirs*, p. 275, p. 295.〔同書三一三頁。〕
(39) *Discorsi*, I. A・ルノデ『マキアヴェッリ』p. 71 からの引用。
(40) フランチェスコ・ヴェットーリ宛書簡、A・ルノデの前掲書 p. 72 による引用。

訳注

＊1　ここではフランス語で vertu と記され、「モラル」と並べられているので「美徳」とも解されるが、マキアヴェッリ用語としての virtù はより広い意味をもち、一般に「力量」と訳される。本書「序」の訳注＊49を参照。以下ではイタリック体の vertu が多く使われるが、virtù が混在していることもあり、適宜指示する。

＊2　collaboration　第二次世界大戦時のドイツ占領期におけるフランス人による対独協力のこと。一般には、同様の状況における敵国への協力者も指す。

＊3　一般にはスパイや対敵協力者を指す。スペイン内戦時に、フランコ軍が四列縦隊であったのに対して、反政府軍のモラ将軍がみずからの活動集団を第五列と呼んだことに由来する。

＊4　Cesare Borgia（1475/1476–1507）　イタリアの政治家。一四九二年バレンシア大司教、ルイ一二世からヴァレンティーノ領を授けられ、ヴァレンティーノ公とも呼ばれる。中部イタリアを征服し、一五〇二年にロマーニャ公となる。マキアヴェッリは一五〇二年に交渉のため彼に出会い、彼の政治的力量をみたことが『君主論』執筆の動機の一つとされる。

＊5　adversité　本書「序」訳注＊46を参照。

＊6　Henri Grégoire（1750–1831）　フランスの聖職者、政治家。一七九〇年聖職者民事基本法に

宣誓、一七九一年ロワール・エ・シェールの立憲司教に任命され、奴隷制廃止を要求する。

＊7 William Pitt（1759–1806）イギリスの政治家。父ピットも首相であったので小ピットとも呼ばれる。

＊8 William Wilberforce（1759–1833）イギリスの政治家、社会事業家。一七八〇年から下院議員。友人小ピットを支持。八五年にキリスト教に改宗し、社会改良事業に尽力、奴隷貿易と奴隷制廃止を唱えた。

＊9 Thomas Clarkson（1760–1846）イギリスの奴隷廃止論者。奴隷貿易に関する情報を議会に提供し、影響を与え、一八〇七年にウィルバーフォースとともに奴隷貿易廃止に尽力した。

＊10 Toussaint Louverture（1743–1803）ハイチの活動家。一七九一年に暴動が起こるとそれを指導し、独立運動を進める。一七九三年にハイチがイギリス軍に占領されるとそれを退け、一八〇一年に全島を統一したが、一八〇三年にナポレオン軍に捕らえられ、獄死。その後ジャン゠ジャック・デサリーヌの指導下にふたたび蜂起が起こり、フランス軍は敗れ、一八〇四年に全島の独立が宣言される。

＊11 前掲邦訳『君主論』第六章、四七頁参照。「この部分をさらに論じようとするならば、したがって、これら改革の側に付く者たちが自分の力で立っているのか、それとも他者の力に依存しているのかを（……）仔細に検討しておかなければならない。（……）ここから生まれた事実によれば、軍備ある預言者はみな勝利したが、軍備なき預言者は滅びてきた。なぜならば、いま述べたことのほかに、人民は本性において変わりやすいので、彼らに一つのことを説得するのは容易だが、彼らを説得した状態に留めておくのは困難であるから」。「軍備ある預言者」としてマキ

アヴェッリは、モーセ、キュロス、テーセウス、ロムルスらの名を挙げている。

＊12 大ロレンツォ（1449–1492）の息子、ジョヴァンニの弟ジュリアーノ（1479–1516）のこと。教皇レオ一〇世が彼を支援して新たな国を興すという情報を受けて、マキアヴェッリは『君主論』の執筆に取りかかるが、ジュリアーノは急逝。こうして『君主論』はロレンツォ二世に捧げられる。

＊13 *Istorie fiorentine*, 1532（齊藤寛海訳『フィレンツェ史』全二冊、岩波文庫、二〇一二年）。マキアヴェッリはその序文において、レオナルド・ブルーニやポッジオ・ブラッチォリーニの歴史書を批判し、そこで対外戦争のみが語られ、城内の紛争が語られていないことを批判している（『フィレンツェ史（上）』一七―一二頁参照）。

＊14 一九二一年のいわゆる「クロンシュタットの反乱」のこと。一九一七年革命で重要な役割を演じたクロンシュタットの水兵たちはボルシェヴィキ政府に失望して反乱を起こすが赤軍によって鎮圧される。

『シーニュ』裏表紙

シーニュ〔記号、表徴、兆し〕とは、一揃いのアルファベットではなく、筋の通った言説でもない。それはむしろ、出来事や書物や事物から、私たちがまなざしのように受け取る、突然の合図《シグナル》である。

いやあるいは、それらから受け取っているように思えるだけかもしれない。私たちもそこに貢献していると信じなくてはならない。というのも、これらのメッセージには、基調《コンスタント》のようなものがあるからだ。哲学においては、視覚《ヴィジョン》、作動する言葉《パロール》、肉という形而上学的な作用、見えるものと見えないものが厳密に同時的であるような交換といった考え方がある。政治においては、息苦しさや麻痺や恐怖のメカニズムが取り返しのつかぬものではなく、おそらく今日の世界（フランスについて語りすぎないようにしよう）は、クラウゼヴィッツの語る「絶対戦争」*のような、死を賭けた闘争としての絶対的な政治から、やはり彼の言う「現実的な戦争」のように、多くの場合象徴的な殺戮にとどまる現実的な政治へと移行しているという感覚がある。

著者がこうしたシーニュを正しく読解したならば、それはそれほど悪い兆候でもないだろう。

＊訳注――Karl von Clausewitz（1780-1831） プロイセンの軍治学者。『戦争論』で知られる。「絶対的な戦争」とは、敵の完全な打倒を目標とする戦争を指し、ナポレオン戦争をモデルとする。それに対して「現実の戦争」は、「ばらばらな二要素がいくらか緊張状態にあって、時々小闘を交える程度の戦争」であるが、後者は戦争における、「おびただしい事物、種々な力や関係など」の絡み合いの介入を示している（篠田英雄訳『戦争論（下）』岩波文庫、1968年、260頁以下参照）。

訳者解題

本書はMaurice Merleau-Ponty, *Signes*, Paris, Gallimard, 1960という論文集から、訳者の判断で重要と思われる哲学論文を精選して訳出したものである。

原著では、刊行時に執筆されたと思われる長い「序」の後に、十一編の哲学的な「試論《エセー》」が収録されている。配置は年代順ではなく、表現論と言語論の後に、社会学と人類学についての論考が続く。さらに哲学史の概説をはさんで、フッサール、ベルクソンという二十世紀初頭の哲学者、モンテーニュとマキアヴェッリというデカルト以前の思想家についての考察が配置される。そして「人間と逆行性」という総括的な文章を媒介に、最後の第十二章では、アランに倣《なら》って「プロポ」と題された、主に政治的な短い随想が十四編収められている。

一般にはこの書はメルロ゠ポンティの中期思想を代表するものとして紹介されることもあるが、一九四七年の「プロポ」がもっとも古く、そこから一九六〇年の「序」に至る、長い時期の論考が収められている。メルロ＝ポンティは一九六一年五月に急逝するので、後者はいわば最晩年のテクストであり、当時彼が執筆しようとしていた『見えるものと見えないもの』という大著の概要も含んでいる。したがって本書の読者は、一九四五年の『知覚の現象学』以後、政治的な発言においても活躍していた時期のメルロ＝ポンティから、哲学を根本から刷新しようとしていた晩年の思索に至る、彼の思想の全貌を知ることができる。

はじめに強調しておきたいが、メルロ＝ポンティの思索の魅力は、その多中心性にある。本書に収められた諸論文だけをみても、その内容も方法も多様であり、それぞれが時代の要請への応答でもある。にもかかわらず、そうした多様性の底に流れる思考の「スタイル」がつねに一定であることも読者は感じとることだろう。『シーニュ』という論文集の魅力は、こうした多様性においてすべてが「同時」であるような「野生の世界」を描き出したことにある。

それぞれの論文は安易な要約を拒む屈折をはらんでいる。むしろここでは、訳出した各論の重要性と魅力を中心に語ってみよう。

「序」（Préface）

この序文には「一九六〇年二月および九月」という日付が付けられている。サルトルが序文を執筆した(鈴木道彦訳『シチュアシオンⅣ』所収、人文書院)ポール・ニザンの『アデン・アラビア』が再刊されたのが一九六〇年三月のことであるから、四節のうちの最終節が九月に脱稿されたと推測される。

まず注目すべきは本序文に流れる一種自伝的な調子である。だがこの「自伝」は、内省的に過去を「見下ろす」ものではなく、マルクス主義やサルトルとのたえざる緊張関係に貫かれてきた自己の語りである。晩年にメルロ゠ポンティが政治から退き、形而上学的な思弁に沈潜したなどと考えるのがいかに誤っているか、この序文は理解させてくれる。最初の二節でメルロ゠ポンティは、当時のマルクス主義における、哲学と政治の悪しき断絶と結合を糾弾する。そこで強調されているのは、マルクス主義者で「ある」ことの困難さである。いまやマルクスは、デカルトと同じように、「古典」になった。だから私たちは革命の「否定性」とその実現という図式にとらわれることをやめ、哲学と歴史との「相互侵食」を学び直さなくてはならない。第二節の終わりでメルロ゠ポンティが「存在」という言葉を語り始めるのは、まさにこの相互侵食の場を名づけるためなのである。

こうして第三節で、彼が練り上げ直そうとしていた「存在論」が素描される。この節が貴重なのは、彼の死によって未完に終わった『見えるものと見えないもの』の全体像が素描されているからである。思考の闇における〈存在〉の「閃光」とともに、すべてが「同時」であるような「垂直的な世界」がかいま見られる。この「野生の世界」の記述は、安易な自然回帰ではない。むしろそれは、他者、言語、公共性についての記述をうながし、新たな歴史論として結実すべきものであった。

「見えるものと見えないもの」の思想は、サルトルの「存在と無」の哲学への批判でもあった。他者や過去は、純粋な否定として、現在の自己の肯定性に対立するのではなく、両者はたがいに「交差」している。ポール・ニザンを「復権」することにおいて、今さらながら絶望と反抗を説いてみせる老いたサルトルの後悔にメルロ゠ポンティが欺瞞を感じとるのも、そうした文脈においてである。転向した「プチブル」であった父のイマーゴに差し押さえられ、幼年時代に幻惑されたまま三五歳で死んだ純粋な反抗者ニザンと、幼年時代を知らず、過去をもたずに「投企」と「アンガジュマン」を説いたサルトルのあいだで、メルロ゠ポンティも生きていた。共産党のまわりで「出来事に打ち捨てられた」ニザンとサルトルを鏡像のように映し合わせたうえで、メルロ゠ポンティは、肯定と否定、隠蔽と開示、過去と現在、自己と他者が交錯する生を肯定し、「なにごとも甘受しない力量」を説く。ここでメルロ゠ポンティが、本書に収められたマキアヴェッリ論で考察される「力量」という言葉を取り上げ直していることに注目しておこう。この屈折した希望の言葉は、翌年五月に急逝するメルロ゠ポンティの遺言のようなものとなってしまった。おそらくこの言葉の具体的な意義を考えるために、『シーニュ』という書物は、さまざまな入口を用意してくれているのである。

「間接的言語と沈黙の声」(Le langage indirect et les voix du silence)

メルロ゠ポンティは一九五〇年代の初頭に『世界の散文への序説』と題された著作の執筆を構想していた。その抜粋は一九五二年の『現代』誌に二回にわたって掲載されたが、けっきょくこの書は出版されず、本書『シーニュ』の冒頭に組みこまれることになった。冒頭のサルトルへの献辞は、これが彼の『文学とは何か』(一九四七年初出)への応答でもあることを示している。

本論は錯綜をきわめており、ある程度の導きの糸がなければ、読者はこの迷宮のごとき記述を前に途方にくれることだろう。論述は「知覚」から「表現」へ、「表現」から「歴史」へと唐突に屈折する。メルロ゠ポンティの論考の中でも、これほど多中心的で重層的なものはない。そこでまず本論の背景をなすメルロ゠ポンティの関心の推移を、一九五〇年代前半のコレージュ・ド・フランスの講義要録を振り返ることで略述しておきたい(滝浦静雄・木田元訳『言語と自然』、みすず書房、一九七九年)。

まず、五〇年代初頭のメルロ゠ポンティの哲学的な課題は、『行動の構造』と『知覚の現象学』で打ち出されていた「知覚」が、「他者とのコミュニケーションと思考」によって、どのように「取りあげなおされ、乗り越えられるか」を検討することにあった(「メルロ゠ポンティの一未公刊文書」『言語と自然』所収、一四二頁参照)。

たとえば一九五二年度の講義は「感覚的世界と表現の世界」と題され、運動する身体の所作がすでに「表現」であることが示される。それと並行してメルロ゠ポンティは「言語の文学的用法の研究」を行ない、ヴァレリーやスタンダールを素材に、言語的コミュニケーションとしての文学が、いかに知覚的世界の「沈黙」を乗り越えつつ維持するかを探求する。このように身体表現と言語表現を相互につきあわせながら、両者の通常の区別を揺るがすことが当時の課題だった。つまり感覚と言語の「関係」を問うというよりは、むしろそれらを媒介するものとして、表現という次元が打ち出されていると考えたほうがよいだろう。こうして絵画と言語活動という二つの表現行為が前景化するのである。

一九五三年度の講義の課題は、感覚とは独立したものとして、言語体系をそれ自体で探求することである。そのため、ソシュール、そしてとりわけヤーコブソンらの音韻論など、構造主義的な言語学が援用される。ちょうどその頃メルロ゠ポンティは『弁証法の冒険』を執筆し、西欧マルクス主義からサルトルに至る歴史概念を徹底的に批判していた。ただしメルロ＝ポンティは、構造主義を援用して歴史哲学を批判しているのではなく、あくまで歴史記述のための新たなカテゴリーをソシュールらに求めていたことは強調しておきたい。

こうした一連の考察は一九五四年度の講義「個人の歴史および公共の歴史における「制度化」」で打ち出される「制度化（institution）」概念においてひとたび完成する。「制度」とはまさに、知覚から政治的行為に至る「表現」が、一種のシンボル活動としておこなわれる媒体のことにほかならない。過去や他者たちと絡み合いながら、新たな行為の場を切り開き、そこに持続的な意味を「沈澱」（フッサール）させたり再活性化させたりする活動が「制度化」と呼ばれる。ここでメルロ＝ポンティは、心理学から出発して記述される「知覚」概念を、放棄していると言ったら言い過ぎならば、少なくとも相対化していると言ってよいだろう。『知覚の現象学』は、「知覚」（感覚や情動）によって言語や歴史を「説明」しようとしていると誤解された。そこでメルロ＝ポンティは、心理学に代えて「象徴的な諸制度」（マルク・リシール）の記述から始め、そこにおける真理の生成を追跡するような方法を練り上げようとする。『見えるものと見えないもの』という著作が、当初は『真理の起源』と題されていたことも指摘しておこう。

こうして講義の内容に沿って一九五〇年代前半のメルロ＝ポンティの探求をたどってき

たのは、これらの諸問題を極度に凝縮するかたちで「間接的言語と沈黙の声」という論考が執筆されているからである。この視点から、本論を理解するためのいくつかのポイントを記しておきたい。

まず冒頭のソシュールの援用に関して注意しておきたいのは、ソシュールの「ラング」と「パロール」という概念のメルロ゠ポンティの理解である。結論から言うならば「ラング」とは、たんなる言語体系ではなく、概念以前の「意味」が生成したり沈澱したりする場のことである。そこにおいて「部分」と「全体」の絡み合いが生起する。部分に全体が「切迫し」、全体が断片としてしか表れないような、パラドクサルな循環のダイナミズムこそが「ラング」なのである。だからそれは、言語体系がそれ自体に折り重なるような、自己媒介的で過剰な場(それを彼は「襞」「渦」「ぶれ」などと呼ぶ)をはらんでおり、自己完結しない。こうしてメルロ゠ポンティは、『知覚の現象学』で語っていた「超越論的領野」を再定義しようとしていると考えられる。

パロールとは、このローカルな渦に巻き込まれ、全体の切迫を感受しながら「意味」を立ち上げるような行為(幼児の初めの言葉、芸術家の表現)のことにほかならない。しばしば誤解されているが、それは社会的で習慣的なシステムを改変するような、個人的で自由な発話の創造性を指し示すものではない。むしろそれは「部分」と「全体」の緊張の場に立ち止まり、それを「跨ぎ越し」、両者の新たな接合回路を創発することによって、ラングそのものの潜在性を実現する、個人的かつ公共的行為のことなのだ。いやむしろラングこそが、パロールを通して垂直的に立ち上がる。それが「間接的言語」である。

この視点からメルロ＝ポンティは、間接的言語を絵画と交差させる。その際メルロ＝ポンティが論争相手として選んだのが、「想像的美術館《イマジネール》」という、写真図版を多用した絵画論を展開したアンドレ・マルローであった。とりわけメルロ＝ポンティが批判するのは、古代や古典主義の絵画が宗教的・集団的・表象的であったのに対し、現代の絵画は個人や主体に回帰しているというテーゼである。このマルローの「個人主義」が、絵画の「世界精神」を仮定するヘーゲル主義に容易に反転することを、メルロ＝ポンティは指摘する。この「個人」と「社会」の対立を媒介する作用を指し示すのが、「スタイル」という概念である。たとえば画家は、与えられた社会的な表象体系のうちでもがきながら、おのれのスタイルを創設しようとする。はじめのうちその営みは、内的独白のような「自己の技法」（フーコー）にすぎないかもしれない。しかしそれはあるとき、外部と接続し、世界そのものの現れに立ち会う。だからこそそれは、「公衆」によっても受容可能な意味を結晶化させる。というよりはむしろ、それを「いつか受容するであろう」公衆が到来する次元を切り開くのだ。

ここで強調すべきは、メルロ＝ポンティがフッサールの「シュティフトゥング（創設）」という用語を援用していることだ。それはたんなる出来事の連鎖でも、歴史の目的論でもない「深さの歴史」において、けっして消え去らない何かが「到来」し、そこに意味生成の痕跡を「記載」（ペギー）することを示す。本来は数学をモデルとしたこの概念をメルロ＝ポンティは、生物学的次元から歴史一般にまで拡張し、先に述べたように、一九五四年度の講義において「制度化」の概念を提唱することになる。その背景には、「芸術や言語という例に基づいて歴史の概念を形成」し、歴史哲学を刷新しようという意図があった。最終節でメルロ＝ポンティは「言語の文学的用法」の問題に踏み込み、「小説の知覚」もまた沈黙の糸に織りなされながら、他者によって共有可能な意味を創設することをスタンダールなどを例に強調する。

こうした作業をとおして、絵画と言語の差異も指摘される。絵画と異なり言語はつねにそれ自体を完全に概念的に掌握しようとする傾向をもつ。その究極の形態が哲学言語である。だがそれもやはり沈黙の糸が織りなす言語体系の限界的な形態にすぎない。『見えるものと見えないもの』の冒頭でメルロ＝ポンティはこの問題を取りあげなおし、「問いかけ」としての新たな哲学言語を構想するのである。

冒頭のソシュールへの言及ゆえ、本論は構造主義的な知見を『知覚の現象学』に接続しようとする試みとして理解されることも多い。だがメルロ＝ポンティの試みはむしろドゥルーズの「非人称的な潜在性」（ラング）と「特異性」（パロール）の哲学や、デリダの「差延」の思想を予告しつつ、さらに広い射程から、いわゆるポスト構造主義とは異なった思想を切り開くことをうながしている。

「モースからレヴィ＝ストロースへ」（De Mauss à Lévi-Strauss）

一般にはメルロ＝ポンティは実存主義を代表し、レヴィ＝ストロースはそれを乗り越えようとした構造主義を代表する思想家とされるが、両者とも一九〇八年生まれであり、高等師範学校以来の友人である。本論は、一九五九年にレヴィ＝ストロースがコレージュ・ド・フランスの「社会人類学」講座の教授となるにあたってメルロ＝ポンティが執筆した推薦文に手を加え、末尾に一節を加えて完成したものである。

一九五九年にはレヴィ＝ストロースはまだ『野生の思考』や『神話論理』を執筆していないので、本論は『親族の基本構造』（1949）、『構造人類学』（1958）に収められた論考、そして『人種と歴史』（1952）などをサーベイするものとなっている。とくに一九五〇年の「マルセル・モース論文集への序文」（有地亨・伊藤昌司・山口俊夫訳『社会学と人類学I』所収、弘文堂、一九七三年）においてレヴィ＝ストロースが、音韻論を参照しながら、モースの『贈与論』を構造主義的な交換論として読み解いていたことが、本論に大きな影響を与えている。

しかしながら本論は、構造主義的な知見のたんなるパッチワークではなく、メルロ゠ポンティなりの現象学的な解釈に貫かれている。そのことに注目していくつかポイントを拾っておこう。

第一は、贈与論があきらかにする社会交換のメカニズムに関して、メルロ゠ポンティがあくまで「経験」を問題にしていることである。それはいわば〈偏差の経験〉である。偏差の経験とは、「自己自身に対する振る舞いと、他者に対する振る舞いへの二重の参照関係」のことである。この二重関係の「渦」に巻き込まれ、社会全体の「切迫」を感受することで、自己は自己となり、社会に参入する。そのとき「構造が「諸主体をもつ」」。この経験は個人と社会の循環的な接合地点を指し示している。

また「構造」とは社会的な構築物ではなく、むしろ自然と文化のあいだにあって、「肉化（受肉）したシステム」、「重々しい意味」をはらんだシステムである。たとえば神話の構造を認識する際には、「明白な内容だけではなく、抑揚や調子やリズムや繰り返しなどを聞く」ことが必要である。構造が「その痙攣的な繰り返しとして感覚されること」があってはじめて、形式化の作業が開始され、それはけっして閉じられたシステムをかたちづくることはない。構造はそのたえざる「ぶれ」において感受されるのだ。

最後に指摘しておきたいが、メルロ゠ポンティにとって重要なのは、自然に文化が「到来」する地点を捉えること、この地点から「歴史」の概念を練り上げ直すことである。「偶然性を担わされた形態が突如として未来の回路を開き、それを制度化されたもの(institué)の権威によって支配するような環境《ミリウ》のことを、歴史と呼ばないとしたら何と呼べばよいのだろう」。メルロ゠ポンティがとらえようとするのは、偶然性と結びつきながら、それが引き起こすローカルな「問題」を解決するような、経験の新しい次元の獲得、そしてその「制度化」のプロセスなのである。

レヴィ゠ストロースの人類学にはすでに『第二の性』のボーヴォワールが注目していたし、メルロ゠ポンティもまた初期から「構造」概念を打ち出し、『知覚の現象学』では、カッシーラーの関係主義と対決しながら、彼自身の「発生的現象学」を練り上げていた。さらにモースに遡るならば、新たな贈与の現象学を模索することもできるだろう。他方、構造主義者ヤーコブソンがフッサールの影響を受けていたことも知られている(エルマー・ホーレンシュタイン『ヤーコブソン――現象学的構造主義』川本茂雄・千葉文夫共訳、白水社、一九八三年)。現象学と構造主義との関係は単純ではなく、いまなお再考の余地を秘めている。両者を受けた現代の人類学(インゴルド、デスコラなど)との突き合わせも興味深いだろう。

「哲学者とその影」(Le philosophe et son ombre)

一九五九年のフッサール生誕百周年を記念してファン・ブレダとジャック・タミニオによって、フェノメノロジカ叢書第四巻として編纂された論集 *Edmund Husserl 1859–1959*, Nijhoff, Den Haag, 1959 に発表された。この論集にはオイゲン・フィンク、カール・レーヴィット、ビンスワンガー、レヴィナス、シュッツ、リクールら錚々《そうそう》たるメンバーが寄稿しており、冒頭で「フッサールの日常の会話も知らず、その教えさえも受けていない」メルロ゠ポンティが、フッサールについて語る無謀さを正当化しようとしているのは、こうした状況を踏まえたものであろう。メルロ゠ポンティ晩年のフッサール論として、もっとも力の入ったものであり、とりわけ『見えるものと見えないもの』で語られる、右手と左手の「反転可能性」(réversibilité) という例の現象学的な意味を知ることができる。

本論はメルロ゠ポンティの思想展開のうちでも重要な転回点を画している。コレージュ・ド・フランスにおいて歴史哲学にかかわる一連の講義をおこなったうえでメルロ゠ポンティは、「自然の概念」についての講義を開始し、これは晩年の一九六〇年まで続けられる。

とくに初年度の一九五六年度の講義においては、デカルト、カント、シェリング、ベルクソンなどの自然概念を検討したうえで、最後にフッサールを論じているが、本論はそれに基づいている。この講義の目的は、フッサールが「もっとも厳密な反省への要求から出発しながら、結局は自然の問題に行きつくことになった道程」を、主に『イデーン』第二巻の読解によって跡づけることである（前掲『言語と自然』八一頁以下。また同書付録二「フッサールと自然の概念（モーリス・メルロ＝ポンティの講義からとられたノート）」一五一―一七九頁、および『自然――コレージュ・ド・フランス講義ノート』松葉祥一・加國尚志訳、みすず書房、二〇二〇年、一〇二―一一四頁参照）。

したがって本論は、晩年の自然の問題系の哲学的位置づけをもっとも厳密に伝えており、メルロ＝ポンティの現象学の最終的な意義を考察するうえでも重要なテクストである。

本論は四節に分かれている。冒頭で明示されているように、メルロ＝ポンティのもくろみは、フッサールにおいて「思考されていないもの」、その「影や反映」を思考し直すことにある。そうしてはじめて、フッサールを内在的にたどりつつ、同時にそれを「別の」思考へと開くことができる。すなわち、フッサールの思想の限界において、彼自身によっても統御されていないものこそが、いわゆる「フッサール思想」をひそかに支えているのだ。フッサールを読むとは、こうした読みえないものを、レリーフのように浮かび上がらせることである。さらにそれをフッサールに投げ返すならば、彼の概念体系に「首尾一貫した変形」を与えることができるだろう。

すでに『知覚の現象学』でメルロ゠ポンティは、現象学的還元を「ラディカルな反省」と理解していた。それは「非反省的なものについての反省」というパラドクサルな構造をもつ。反省は、おのれの端緒である非反省的なものを忘却せず、たえずそれを更新していかなければならない。本論の第二節でメルロ゠ポンティが、反省はおのれ自身を問い糾し、非反省的なものを「遠隔的に」開示すると記しているのもこの意味においてである。同様に現象学的還元も「自然的態度」を単純に乗り越えるものではない。「自然的態度こそが、おのれの歩みをたえず再開しながら、現象学へと移行する」。だから超越論的態度もまたいまだなお「自然的」なのである。

このようなパラドクサルな事態を初期のメルロ゠ポンティは「基づけ」の「両義性」と名づけ、それを時間性のパラドックスへと結びつけていた。だが本論のメルロ゠ポンティは、この事態にミクロな視点で立ち止まり、反省的なものと非反省的なもの、自然的態度と超越論的態度をともに基礎づけるような「根本的なもの」の解明に向かう。そこで例として挙げられるのが、右手と左手の「反転可能性」と呼ばれる出来事にほかならず、まさにこの例において、メルロ゠ポンティはフッサールの「思考されないもの」へと踏み込むのだ。

世界を探索する能動的なものである右手が、左手に触れ、その左手が右手を触れ返す、という一見ささいな出来事の記述が「感覚態《サンシーブル》の存在論的な復権」にいたるとメルロ゠ポンティは言う。触れる右手が、受動的なものの肌理《きめ》に遭遇し、そしてその受動的なものに能動性が住み込むという出来事、すなわち両者が束の間オーヴァーラップすると同時にたちまちすれ違うという二重化の経験における、相互変容こそが重要なのだ。なぜならこの「襞」においてこそ、「空間それ自体が私たちの身体をとおしてみずからを知る」と言えるからだ。身体のミクロな襞における、ある種の全体性の「切迫」、これこそが晩年のメルロ゠ポンティが「世界の肉」と呼ぶものの原形にほかならない。それは「今ここにおいて、汲み尽くしがたい豊かさが閃光のように証されること」なのである。

この感覚態の襞に他者たちも組みこまれていくことになり、「間身体性」の概念が打ち出される。しばしば誤解されるが、これはたんなる身体的な共鳴のような、心理学的に記述されるものではない。そこでも〈偏差の経験〉が作動している。間身体性とは、自己と他者たちが遠隔的に絡み合いながら立ち上がるような場、まさにその差異において絡み合うような場なのである。

こうしてメルロ゠ポンティは、このうえなくミクロな右手と左手の交差の経験に、「すべて」が予告されていると結論する。「フッサールは感覚態を、生《なま》の存在の普遍的形式として再発見する。感覚態とはたんに事物ではなく、たとえその凹みとしてであれ、そこに描き出されるものすべてでもある。またそれは、そこに痕跡を残すものすべて、たとえ偏差としてでさえ、またある種の不在としてであれ、そこに現れるものすべてのことでもある」。「生の存在」とは新たな普遍的な形式の、際限なき書き込みの場なのだ。

最終節においてメルロ゠ポンティは、この「感覚態の存在論的な復権」が、どのような意味で現象学の可能性にかかわるかを検討する。結論から言うならば、意識の哲学としての現象学の最終課題は、「私たちの内で現象学に抵抗するもの――自然的な存在、シェリングの語る「野蛮な」原理」もまた、現象学の内に場をもつことを示すことにある。それは「非‐現象学」を現象学のただなかに生起させることなのだ。

ここで重要なのは、「感覚態」や「間身体性」などの前客観的な「層」は、「論理的客観性」と単純に対立するような「一次的な層」ではないということである。それらのあいだには循環的な「基づけ」の関係がある。「構成」の諸段階のそれぞれのあいだで同様の循環があり、構成のプロセスは連続的とも非連続的とも言えない。「自然」と「身体」と「精神」は「同時的」なのである。

現象学はこのもつれあった同時性を解きほぐそうとするが、それには原理上の困難がともなう。構成を突き動かしているものを意識は捉えることはできない。それはいわば「事物の裏側」を捉えようとする試みであるからだ。「すべてが同時であるような世界」こそが、いわば私たちの内で語っている。

こうしてフッサールは、現象学的な反省の徹底化の果てに「野生の世界」と「野生の精神」を発見する。それは自然への回帰ではなく、精神そのものの刷新であり、文化の再制度化をうながすようなものなのである。

本論を読むならば、晩年の「存在論」と呼ばれるものが、あくまで現象学的方法のメルロ＝ポンティなりの徹底化の帰結であることが理解されるであろう。「存在」が私たちの内で語るとしても、それはフッサール哲学を延長した「問いかけ」に対する、世界の「裏側」からの応答としてなのだ。

今ではとうてい信じがたいことだが、かつてメルロ＝ポンティの思想は、予定調和的な「自然」との原初の契約のようなものを「前提」とするものであり、「現前の形而上学」（デリダ）として脱構築されなければならないとみなされたことがある。だが彼が立ち向かっているのは、自然と身体と精神がもつれ合う「混合体（implexe）」（ヴァレリー）である。

さらに言うならば、かつてこのような安易な批判がおこなわれたのは、「言語論的転回」ゆえに、自然や生命の次元について、真摯な思索がおこなわれていなかったからだろう。「自然の概念」についての講義においてメルロ＝ポンティは、二十世紀の物理学からはじめて、ユクスキュルやコンラート・ローレンツの動物行動学、進化論などの自然科学がどのような意味で存在論を刷新するかを探求していた。それはどのようにそこに「人間的な」意識が、ある種の「行動」として「到来」するかを見きわめるためである。その視点から彼はフロイトやメラニー・クラインの精神分析を再読していた。メルロ＝ポンティ晩年の思想は、いわゆる「生命論的転回」もまた予告していたのである。

「知覚」「言語」「生命」を縦横無尽に横断することと、現象学の厳密な方法論を同居させることは、今日の私たちの思考にも新たな出発点を提供してくれるであろう。とりわけ現象学の「限界」における思考として、たとえばデリダやレヴィナスとは異なる方向性をかいま見ることもできるだろう。

「生成しつつあるベルクソン」(Bergson se faisant)

一九五九年五月のベルクソンについての学会における発表原稿である。本人が述べているように、メルロ＝ポンティの世代は、すでに「規範的な著作家《カノン》」になってしまったベルクソンしか知らない世代である。だが一九五二年のコレージュ・ド・フランスの開講講義

「哲学をたたえて」（滝浦静雄・木田元訳『眼と精神』所収、みすず書房、一九六六年）で、メルロ゠ポンティはベルクソンを詳しく論じる。また上述の「自然の概念」についての一九五六年度の講義においても、『物質と記憶』や『創造的進化』をていねいに読解しており、その成果は本論や『見えるものと見えないもの』で利用される。したがってメルロ゠ポンティは少なくとも五〇年代になって、ベルクソンをあらためて読み直し、彼自身の表現や自然の思想に組みこんでいたのである。

二つのポイントを挙げておきたい。第一は「部分的合致」としての「直観」である。ベルクソンの直観は対象との融合や合一であるべきではない。メルロ゠ポンティは直観の充実の内に、否定性や循環、さらには身体性や空間性や言語を組みこもうとする。それは「過去と現在」「物質と言葉」「世界と私たち」が交換し合うような、真理の閃きの場なのである（前掲「哲学をたたえて」二二二頁参照）。さらに本論では、直観を「部分的だからこそ絶対的なもの」であるとみなす。それは「非合致」としての合致として、すなわち「偏差」における一致として、経験そのものの変容をうながすものなのだ。

また『物質と記憶』でベルクソンは「（点）Pのイマージュが形成され知覚されるのは、他の場所ではなく、まさにPにおいてである」と述べている。メルロ゠ポンティによれば、これは事物をイマージュと考え、意識を事物に拡散させるようなイマージュ一元論を指すものではなく、あたかも「事物の内で行われているような」視覚を意味する。つまりそれは、あらゆる認識に先立って、知覚と同時に生じる「生《なま》の存在」を記述するものなのだ。知覚はそこで生まれ、つねに学びつつあるものとして、事物に沈潜する。メルロ゠ポンティはそこに知覚の「到来」の場をみるのである。こうした読解の延長で、メルロ゠ポンティは『創造的進化』の生命論も論じている。

しかしながらメルロ゠ポンティは、なぜ「生命を内側から思考したようには歴史を内側から思考しなかったのか」という問いをベルクソンに突きつける。シャルル・ペギーが語る「公共的持続」、すなわち「過去と現在」、「呼びかけと応答」の交錯からなる歴史的な変容の場を、ベルクソンは思考しなかった。「情念や出来事や技術や法や言語や文学」において、つまり「制度」においてベルクソンは、生の存在をみとめることはなく、それらに「問いかけ」ることもなかった。つねに生まれつつものでありながら、「ひとたび生まれたならば、存在することをやめないような」存在を、歴史においてみとめることはなかったとメルロ゠ポンティは言う。

一九五九年にメルロ゠ポンティが監修した哲学者事典『著名な哲学者たち』において彼は、ジル・ドゥルーズに「ベルクソン」の項をゆだねる。そこでドゥルーズは「直観」の「方法的な性格」を提示する(『メルロ゠ポンティ哲学者事典　第三巻』加賀野井秀一・本郷均・伊藤泰雄・加國尚志監訳、白水社、二〇一七年、一七六―一九三頁)。この二人の哲学者が交差する地点から新たなベルクソン像を模索することが私たちに求められている。

「マキアヴェッリについての覚書」(Note sur Machiavel)

一九四九年のローマ・フィレンツェにおける学会「ヒューマニズムと政治学」においての発表。本訳書においてはもっとも古い論文である。しかしここで主に論じられるマキアヴェッリの「力量(vertu, virtù)」概念が、「序」の最後で喚起されていたことを思い起こすならば、原著の哲学論文の終わりから二番目にこの論文を配置することでメルロ゠ポンティは、彼の政治思想の原点を提示していると考えることもできよう。とくに本論は一九四七年刊行の『ヒューマニズムとテロル』と共鳴し、そのエッセンスを提示するものとなっている。

まず強調しておきたいが、前述のように、一般にはメルロ゠ポンティ哲学は世界や他者たちとの調和的な関係を前提ないしは目的とするように理解されてきた。しかし本論で語られる「地獄」や「罠」としての「集団生活」、「根源的な闘争」などは、およそ単純に乗り越えられるものではない。メルロ゠ポンティのもくろみは、「複数の生のめまい」にとらわれながらも、根源的闘争の彼方において、「共同性」を発生状態において捉えようとすることにある。

また本論は、マキアヴェッリの権力論・統治論である。問題は純粋な政治でも純粋なモラルでもない。メルロ＝ポンティは、一方で政治に固有な「環境《ミリウ》」を切り取るとともに、他方でたんなるモラルではないような「価値」を規定しようとする。政治的行為の真理と、道徳的価値の共通の根源を求めようとしているのだ。

この文脈において、「他者たち」との関係が中心になる。人間の闘争関係は、死をめぐる闘争であるだけではなく、「もう一人の自分」を他者たちの内に見いだし、それぞれ他者との反転可能性をはらむ関係において、自己が変容することにもある。「同じ」であると同時に「他」でもあるような鏡像的関係が、闘争よりも深い「暗黙の」絆をなしている。メルロ＝ポンティ哲学には「他者がない」という批判がなされたこともあったが、それは彼の問題の設定の仕方自体を誤解しているのである。

むしろ興味深いのは、メルロ＝ポンティがそこにこそ「権力」の介入の場を見いだしていることである。権力は、たんに強制することでも瞞《だま》すことでもないような行為を強いられる。互いに似かよいながら闘争する人間関係の「狭間」に介入し、そこに「目につかない亀裂を開いたり閉じたりして、事態の流れ全体を変容させかねない分子的なプロセスを起動する」ことに、統治者の「力量」がある。そのとき統治者の行為は無限のこだまと反映を響かせる。この「仮象」の世界こそ、歴史的な実践とその真理の場だとメルロ゠ポンティは言う。そこにこそ行為の価値と言葉の意味が結晶化し、「制度化」するからだ。

マキアヴェッリの政治への問いかけはいわゆるハイチ革命においても反復されている。共産主義と自由主義との間でも、同様のことが言えるだろう。いやむしろ「国家」すらなかったイタリアにおいてよりも、現代においてこそ、マキアヴェッリ的な「力量」は価値を発揮するのではないのか。「序」の末尾で「力量」の語をメルロ゠ポンティが記していたのは、おそらくそうした意図に基づくものであろう。

構造主義の世代は実存主義を「ヒューマニズム」「人間中心主義」あるいは「人間学的まどろみ」（フーコー）として批判した。しかしメルロ゠ポンティにとって「人間」とはおよそ自明なものではない。それは、迂回と飛躍、アイロニーと創発をはらんだ、問いかけの場そのものである。アンチ・ヒューマニズムやポスト・ヒューマニズムはこの問いかけをやり過ごしてしまったのではないか。メルロ゠ポンティによる「真のヒューマニズム」こそが、現代の危機に応えるものとならないだろうか。

マキアヴェッリについては、弟子のクロード・ルフォールが一九七二年に大著を執筆し、メルロ゠ポンティの問いを引き継いでいる（Claude Lefort, *Le travail de l'œuvre Machiavel*, Paris, Gallimard, 1972）。また最近ではミゲル・アバンスールが『国家に抗するデモクラシー』(1997, 2004)(松葉類・山下雄大訳、法政大学出版局、二〇一九年)において、メルロ＝ポンティやルフォールを参照しながらマキアヴェッリをマルクスに接続する。またエティエンヌ・タッサンは『ヒューマニズムとテロル』の「複数の生の呪い」という言葉を出発点にメルロ＝ポンティの制度化論をハンナ・アーレントに接続する(Étienne Tassin, *Le maléfice de la vie à plusieurs*, Montrouge, Bayard, 2012)。他にカストリアディスやリオタールの名を挙げることもできよう。これらは多かれ少なかれメルロ＝ポンティの「制度化」概念に想を得たものであるが、それをたえず批判的に意識していたと思われるミシェル・フーコーの権力論・統治論も、本論の延長に位置付けることができよう。

『シーニュ』裏表紙

この論文集がなぜ『シーニュ(*Signes*)』と題されているのか、メルロ＝ポンティはどこでも語っていない。唯一、無署名であるが、初版の裏表紙に書かれた文章は、文体からしても内容からしてもメルロ＝ポンティの手になるものであると推察され、末尾に収録しておいた。

お読みになればわかるとおり、シーニュとはたんにソシュール的な意味での「記号」であるばかりではなく、偶然の出来事が発する合図(signal)と私たちの読解が交差する場に結晶化するものとして、未来を「予兆」する「表徴」でもある。シーニュの読解とは、たんなる意味の解読ではなく、出来事において生まれつつあるものを感受し、それを言葉にもたらすことでもあるのだ。本書の諸論文は、たがいにこだまと反映を生じさせながら、私たちがその布置に参与し、私たち自身が置かれた場を問い糺すことをうながしている。

この意味での「シーニュ」については、ドゥルーズの『プルーストとシーニュ』(宇波彰訳、法政大学出版局、一九八六年)をあわせ読むと興味深いだろう。

＊　＊　＊

訳者が『シーニュ』の精選訳を思い立ったのは、この書が『知覚の現象学』以降のメルロ゠ポンティの思考を凝縮した宝箱のような書物であるからである。『知覚の現象学』の読み直しは活発におこなわれ、現代の心理学や教育学などとの対話も継続されている。また晩年の『眼と精神』のような芸術論も読み継がれている。だが『知覚の現象学』と晩年の思索とのあいだで、言語学、社会学、人類学、生物学、動物行動学、精神分析を参照し、また政治的なさまざまな力をこうむりながら思索したメルロ゠ポンティのたえざる自己彫琢のプロセスは、現在の一般読者には読みとりにくくなっているようにも感じていた。身体の心理学的記述をもとに「生きられた経験」を語っていたメルロ゠ポンティの後に、

「表現」や「制度化」や「自然の概念の刷新」を語るメルロ＝ポンティがあってこそ、晩年の思索があるのだ。

この自己彫琢のプロセスは、『言語と自然』と題されているコレージュ・ド・フランス講義の要録によってのみ知られていた。だがそれは各年度の講義全体の要約であり、読解が困難であったのも事実である。さいわい講義のための自筆原稿がフランス国立図書館に寄贈され、その転記が続けられており、すでに邦訳もいくつか出版されている（『フッサール『幾何学の起源』講義』加賀野井秀一・伊藤泰雄・本郷均訳、法政大学出版局、二〇〇五年。『コレージュ・ド・フランス講義草稿 1959-1961』松葉祥一・廣瀬浩司・加國尚志訳、みすず書房、二〇一九年。前掲『自然――コレージュ・ド・フランス講義ノート』）。この自筆原稿の公開以後、メルロ＝ポンティ研究は新たな段階に入り、晩年の思想の理解も飛躍的に深まった。「ポストモダン思想」にいわば隠されていたメルロ＝ポンティ哲学の可能性が、一挙に解放されたのである。『シーニュ』はそうした時期のメルロ＝ポンティの思索の結晶である。

翻訳にあたってはみすず書房から刊行された『シーニュ』全二巻、および同社の「メルロ＝ポンティ・コレクション」（全七巻）に分散されて収録されている既訳を参考にした。とくに「序」と「間接的言語と沈黙の声」はいくら読み返しても不透明なところの残る文体で書かれているが、質の高い既訳には多くのことを教えられた。ここで訳者の方々に感謝したい。

なお本書の訳出のために必要な文献の収集にあたっては、科学研究費補助金（課題番号19K00100）の援助を受けた。本書はその研究成果の一部である。

最後になるが、本書は、筑摩書房田所健太郎氏との共同作業の産物である。多くのミスを避けられたからばかりでなく、田所氏の応援なくしては、メルロ゠ポンティの屈折した文章に、そもそも立ち向かい続けることはできなかったであろう。この場を借りて感謝申し上げる。

二〇二〇年 八月

廣瀬浩司

ワ 行

マ　行

ヤ　行

ラ　行

タ 行

ナ 行

ハ 行

サ 行

索　引

ア 行

カ 行

本書は、ちくま学芸文庫のために新たに訳出されたものである。

ベンヤミン
ケイギル／コールズ／アピニャネジ
久保哲司訳
〈批評〉を哲学に変えた思想家ベンヤミン。親和力、多孔質、アウラ、廃墟などのテーマを通してその思想の迷宮をわかりやすく解説。詳細な年譜・文献付。

ビギナーズ 哲学
デイヴ・ロビンソン文
ジュディ・グローヴズ画
鬼澤忍訳
初期ギリシャからポストモダンまで。社会思想や科学哲学も射程に入れ、哲学史を見通すビジュアルガイド。哲学が扱ってきた問題が浮き彫りになる！

ビギナーズ 倫理学
デイヴ・ロビンソン文
クリス・ギャラット画
鬼澤忍訳
正義とは何か？　なぜ善良な人間であるべきか？　倫理学の重要論点を見事に整理した、道徳的カオスの中を生き抜くためのビジュアル・ブック。

ビギナーズ『資本論』
マイケル・ウェイン
チェ・スンギョン画
鈴木直監訳　長谷澪訳
『資本論』は今も新しい古典だ！　むずかしい議論や概念を、具体的な事実や例を通してわかりやすく読み解き、今読まれるべき側面を活写する。（鈴木直）

宗教の哲学
ジョン・ヒック
間瀬啓允／稲垣久和訳
古今東西の宗教の多様性と普遍性は、究極的実在に対する様々に異なるアプローチであり応答である。「宗教的多元主義」の立場から行う哲学的考察。

自我論集
ジークムント・フロイト
竹田青嗣編
中山元訳
フロイト心理学の中心、「自我」理論の展開をたどる新編・新訳のアンソロジー。「快感原則の彼岸」「自我とエス」など八本の主要論文を収録。

明かしえぬ共同体
モーリス・ブランショ
西谷修訳
G・バタイユが孤独な内的体験のうちに失うという形で見出した〈共同体〉。そして、M・デュラスが描いた奇妙な男女の不可能な愛の〈共同体〉。

フーコー・コレクション
（全6巻＋ガイドブック）
ミシェル・フーコー
小林康夫／石田英敬／松浦寿輝編
20世紀最大の思想家フーコーの活動を網羅した『ミシェル・フーコー思考集成』。その多岐にわたる思考のエッセンスをテーマ別に集約する。

フーコー・コレクション1
狂気・理性
ミシェル・フーコー
小林康夫／石田英敬／松浦寿輝編
第1巻は、西欧の理性がいかに狂気を切りわけてきたかという最初期の問題系をテーマとする諸論考。〝心理学者〟としての顔に迫る。（小林康夫）

フーコー・コレクション2 文学・侵犯
ミシェル・フーコー 小林康夫／石田英敬／松浦寿輝編
狂気と表裏をなす「不在」の経験として、文学がフーコーによって読み解かれる。人間の境界＝極限を、その言語活動に探る文学論。（小林康夫）

フーコー・コレクション3 言説・表象
ミシェル・フーコー 小林康夫／石田英敬／松浦寿輝編
ディスクール分析を通しフーコー思想の重要概念も精緻化されていく。『言葉と物』から『知の考古学』へ研ぎ澄まされる方法論。（松浦寿輝）

フーコー・コレクション4 権力・監禁
ミシェル・フーコー 小林康夫／石田英敬／松浦寿輝編
政治への参加とともに、フーコーの主題として「権力」の問題が急浮上する。規律社会に張り巡らされた巧妙なるメカニズムを解明する。（松浦寿輝）

フーコー・コレクション5 性・真理
ミシェル・フーコー 小林康夫／石田英敬／松浦寿輝編
どのようにして、人間の真理が〈性〉にあるとされてきたのか。欲望的主体の系譜を遡り、「自己の技法」の主題へと繋がる論考群。（石田英敬）

フーコー・コレクション6 生政治・統治
ミシェル・フーコー 小林康夫／石田英敬／松浦寿輝編
西洋近代の政治機構を、領土・人口・治安など、権力論から再定義する。近年明らかにされてきたフーコー最晩年の問題群を読む。（石田英敬）

フーコー・コレクション フーコー・ガイドブック
ミシェル・フーコー 小林康夫／石田英敬／松浦寿輝編
20世紀の知の巨人フーコーは何を考えたのか。主要著作の内容紹介・本人による講義要旨・詳細な年譜で、その思考の全貌を一冊に完全集約！

マネの絵画
ミシェル・フーコー 阿部崇訳
19世紀美術史にマネがもたらした絵画表象のテクニックとモードの変革を、13枚の絵で読解。フーコーの伝説的講演録に没後のシンポジウムを併録。

間主観性の現象学 その方法
エトムント・フッサール 浜渦辰二／山口一郎監訳
主観や客観、観念論や唯物論を超えて「現象」そのものを解明したフッサール現象学の中心課題。現代哲学の大きな潮流「他者」論の成立を促す。本邦初訳。

間主観性の現象学II その展開
エトムント・フッサール 浜渦辰二／山口一郎監訳
フッサール現象学のメインテーマ第II巻。自他の身体の構成から人格的生の精神共同体までを分析し、真の関係性を喪失した孤立する実存の限界を克服。

間主観性の現象学Ⅲ　その行方
エトムント・フッサール
浜渦辰二／山口一郎監訳

間主観性をめぐる方法、展開をへて、その究極の目的〈行方〉が、真の人間性の実現に向けた普遍的目的論として呈示される。壮大な構想の完結篇。

内的時間意識の現象学
エトムント・フッサール
谷　徹　訳

時間は意識のなかでどのように構成されるのか。哲学・思想・科学に大きな影響を及ぼしている名著の新訳。詳密な訳注を付し、初学者の理解を助ける。

風土の日本
オギュスタン・ベルク
篠田勝英訳

自然を神の高みに置く一方、無謀な自然破壊をする日本人の風土とは何か？　フランス日本学の第一人者による画期的な文化・自然論。（坂部恵）

ベンヤミン・コレクション1
ヴァルター・ベンヤミン
浅井健二郎編訳
久保哲司訳

ゲーテ『親和力』論、アレゴリー論からボードレール論を経て複製芸術論まで、ベンヤミンにおける近代の意味を問い直す、新訳のアンソロジー。

ベンヤミン・コレクション2
ヴァルター・ベンヤミン
浅井健二郎編訳
三宅晶子ほか訳

中断と飛躍を恐れぬ思考のリズム、巧みに布置された理念やイメージ。手仕事的細部に感応するエッセイの思想の新編・新訳アンソロジー、第二集。

ベンヤミン・コレクション3
ヴァルター・ベンヤミン
浅井健二郎編訳
久保哲司訳

過去／現在を思いだすこと――独自の歴史意識に貫かれた《想起》実践の各篇「一方通行路」「ドイツの人びと」「ベルリンの幼年時代」などを収録。

ベンヤミン・コレクション4
ヴァルター・ベンヤミン
浅井健二郎編訳
土合文夫ほか訳

〈批評の瞬間〉における直観の内容をきわめて構成的に叙述したベンヤミンの諸論考――初期の哲学的思索から同時代批評まで――を新訳で集成。

ベンヤミン・コレクション5
ヴァルター・ベンヤミン
浅井健二郎編訳
土合文夫ほか訳

文学、絵画、宗教、映画――主著と響き合い、新たな光を投げかけるベンヤミン〈思考〉の断片を立体的に集成。新編・新訳アンソロジー、待望の第五弾。

ベンヤミン・コレクション6
ヴァルター・ベンヤミン
浅井健二郎編訳
久保哲司ほか訳

ソネット、未完の幻想小説風短編など、ベンヤミンの知られざる創作世界を収録。『パサージュ論』成立の背後を明かすメモ群が注目の待望の第六弾。

ベンヤミン・コレクション7
ヴァルター・ベンヤミン
浅井健二郎編訳

文人たちとの対話を記録した日記、若き日の履歴書、死を覚悟して友人たちに送った手紙――20世紀を代表する評論家の個人史から激動の時代精神を読む。

ドイツ悲劇の根源（上）
ヴァルター・ベンヤミン
浅井健二郎訳

〈根源〉へのまなざしが、〈ドイツ・バロック悲劇〉という天窓を通して見る、存在と歴史の〈星座〉（状況布置）。ベンヤミンの主著の新訳決定版。

ドイツ悲劇の根源（下）
ヴァルター・ベンヤミン
浅井健二郎訳

上巻「認識批判的序章」「バロック悲劇とギリシア悲劇」に続けて、下巻は「アレゴリーとバロック悲劇」に、関連の参考論文を付して、新編でおくる。

パリ論／ボードレール論集成
ヴァルター・ベンヤミン
浅井健二郎編訳
久保哲司／土合文夫訳

『パサージュ論』を構想する中で書きとめられた膨大な覚書を中心に、パリをめぐる考察を一冊に凝縮。ベンヤミンの思考の核を明かす貴重な論考集。

意識に直接与えられたものについての試論
アンリ・ベルクソン
合田正人／平井靖史訳

強度が孕む〈質的差異〉、自我の内なる〈多様性〉からこそ、自由な行為は発露する。後に『時間と自由』の名で知られるベルクソンの第一主著。新訳。

物質と記憶
アンリ・ベルクソン
合田正人／松本力訳

観念論と実在論の狭間でイマージュへと焦点があてられる。心脳問題への関心の中で、今日さらに重要性が高まる、フランス現象学の先駆的著書。

創造的進化
アンリ・ベルクソン
合田正人／松井久訳

生命そして宇宙は「エラン・ヴィタル」を起爆力に、自由な変形を重ねて進化してきた――。生命概念を刷新したベルクソン思想の集大成的主著。

道徳と宗教の二つの源泉
アンリ・ベルクソン
合田正人／小野浩太郎訳

閉じた道徳／開かれた道徳、静的宗教／動的宗教への洞察から、個人のエネルギーが人類全体の倫理的行為へ向かう可能性を問う。最後の哲学的主著新訳。

笑い
アンリ・ベルクソン
合田正人／平賀裕貴訳

「おかしみ」の根底には何があるのか。主要四著作に続き、多くの読者に読みつがれてきた本著作の最新訳。主要著作との関連も俯瞰した充実の解説付。

精神現象学(上)　G・W・F・ヘーゲル　熊野純彦訳
人間精神が、感覚的経験という低次の段階から「絶対知」へと至るまでの壮大な遍歴を描いた不朽の名著。平明かつ流麗な文体による決定版新訳。

精神現象学(下)　G・W・F・ヘーゲル　熊野純彦訳
人類知の全貌を綴った哲学史上の一大傑作。四つの原典との頁対応を付し、著名な格言を採録した索引を巻末に収録。従来の解釈の遥か先へ読者を導く。

象徴交換と死　J・ボードリヤール　今村仁司/塚原史訳
すべてがシミュレーションと化した高度資本主義像を鮮やかに提示し、〈死の象徴交換〉による、その内部からの〈反乱〉を説く、ポストモダンの代表作。

永遠の歴史　J・L・ボルヘス　土岐恒二訳
巨人ボルヘスの時間論を中心とした哲学的エッセイ集。宇宙を支配する円環的時間を古今の厖大な書物に分け入って論じ、その思想の根源を示す。

経済の文明史　カール・ポランニー　玉野井芳郎ほか訳
市場経済社会は人類史上極めて特殊な制度的所産である――非市場社会の考察を通じて経済人類学に大転換をもたらした古典的名著。(佐藤光)

経済と文明　カール・ポランニー　栗本慎一郎/端信行訳
文明にとって経済とは何か。18世紀西アフリカ・ダホメを舞台に、非市場社会の制度的運営とその原理を明らかにした人類学の記念碑的名著。

暗黙知の次元　マイケル・ポランニー　高橋勇夫訳
非言語的で包括的なもうひとつの知。創造的な科学活動にとって重要な〈暗黙知〉の構造を明らかにしつつ、人間と科学の本質に迫る。新訳。

現代という時代の気質　エリック・ホッファー　柄谷行人訳
群れず、熱狂に翻弄されることなく、しかし自分自身の内にこもることなしに、人々と歩み、権力と向きあっていく姿勢を、省察の人・ホッファーに学ぶ。

知恵の樹　H・マトゥラーナ/F・バレーラ　管啓次郎訳
生命を制御対象ではなく自律主体とし、自己創出を良き環と捉え直した新しい生物学。現代思想に影響を与えたオートポイエーシス理論の入門書。

社会学的想像力
C・ライト・ミルズ
伊奈正人／中村好孝訳
なぜ社会学を学ぶのか。抽象的な理論や微細な調査に明け暮れる現状を批判し、個人と社会を架橋する学という原点から問い直す重要古典、待望の新訳。

パワー・エリート
C・ライト・ミルズ
鵜飼信成／綿貫讓治訳
エリート層に権力が集中し、相互連結しつつ大衆社会を支配する構図を詳細に分析。世界中で読まれる階級論・格差論の古典的必読書。（伊奈正人）

メルロ＝ポンティ・コレクション
モーリス・メルロ＝ポンティ
中山元編訳
意識の本性を探究し、生活世界の現象学的記述を実存主義的に企てたメルロ＝ポンティ。その思想の粋を厳選して編んだ入門のためのアンソロジー。

知覚の哲学
モーリス・メルロ＝ポンティ
菅野盾樹訳
時代の動きと同時に、哲学自体も大きく転身した。それまでの存在論の転回を促したメルロ＝ポンティ哲学と現代哲学の核心を自ら語る。

悪魔と裏切者
山崎正一
串田孫一
ルソーとヒュームのどうしようもないケンカの記録。いったいこの人たちはなぜ……。二人の大思想家の常軌を逸した言動を読む。（重田園江）

われわれの戦争責任について
カール・ヤスパース
橋本文夫訳
時の政権に抗いながらも「侵略国の国民」となってしまった人間は、いったいにどう戦争の罪と向き合えばよいのか。戦争責任論不朽の名著。（加藤典洋）

哲学入門
バートランド・ラッセル
高村夏輝訳
誰にも疑えない確かな知識など、この世にあるのだろうか。近代哲学が問い続けてきた諸問題を、これ以上なく明確に説く哲学入門書の最高傑作。

論理的原子論の哲学
バートランド・ラッセル
高村夏輝訳
世界は原子的事実で構成され論理的分析で解明しうる——急速な科学進歩の中で展開する分析哲学。現代哲学史上あまりに名高い講演録、本邦初訳。

現代哲学
バートランド・ラッセル
高村夏輝訳
世界の究極的あり方とは？ そこで人間はどう描けるのか？ 現代哲学の始祖が、哲学と最新科学の知見を総動員。統一的な世界像を提示する。本邦初訳。

ちくま学芸文庫

精選《せいせん》　シーニュ

二〇二〇年九月十日　第一刷発行

著　者　モーリス・メルロ＝ポンティ
編訳者　廣瀬浩司（ひろせ・こうじ）
発行者　喜入冬子
発行所　株式会社　筑摩書房
東京都台東区蔵前二―五―三　〒一一一―八七五五
電話番号　〇三―五六八七―二六〇一（代表）
装幀者　安野光雅
印刷所　中央精版印刷株式会社
製本所　中央精版印刷株式会社

ISBN978-4-480-51002-0 C0110